詳細解説
研究機関の公的研究費
管理・監査ガイドライン
Q&A

EY 新日本有限責任監査法人 編

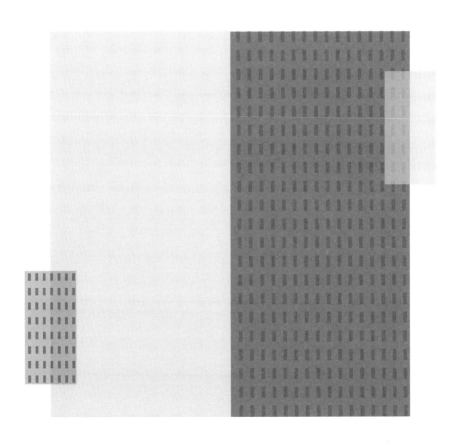

NPO 法人 学校経理研究会

はしがき

　現在、日本の一般会計において社会保障費と国債費の合計は歳出の過半を大きく超え、少子高齢化の進行や新型コロナウイルス対策費の増大により、益々これらの負担が大きくなる事が予想される。このため、これまで当たり前のように配分されてきた予算についても、改めて財政投入するに足るものかどうかを多面的に検討されるようになっており、公的研究費を例にとると、当該研究の必要性と同時に研究者が所属する機関が適正に研究や研究費の管理をする能力を持つ存在であるかどうかが重要な検討要因となっている。

　これまで幾度となく、科学研究費補助金を中心とする公的研究費不正が新聞紙上を賑わせ、その都度公的研究費に関する指導等が行われてきたが、数年もすると新たな不正が報告され、残念な事に不正と指導が繰り返される結果となっている。これを受けて今回のガイドラインの改正は、研究者の倫理観と所属する研究機関の管理体制（ガバナンス体制）にフォーカスし、要求事項をより具体化しているところに特徴がある。しかしそれでも研究機関の判断に任せる部分が多くみられるため、管理体制の強化をするにあたっては、管理責任者の悩みが尽きない事が推察される。

　本書は、研究機関において実際に管理を担当する実務者の判断の拠り所になる事を目的に作成されている。本書を通じて、日本の将来を担う研究を管理される皆様の一助になることを、筆者一同願うものである。

　　2021（令和3）年11月

　　　　　　　　　　　EY新日本有限責任監査法人

　　　　　　　　　　　　　公認会計士　濵口　慎介

□　目　　次　□

第0節　はじめに

第1節　機関内の責任体系の明確化

第2節　適正な運営・管理の基盤となる環境の整備

第3節　不正を発生させる要因の把握と不正防止計画の策定・実施

第4節　研究費の適正な運営・管理活動

第5節　情報発信・共有化の推進

第6節　モニタリングの在り方

第7節　文部科学省による研究機関に対するモニタリング等及び文部科学省、配分機関による体制整備の不備がある機関に対する措置の在り方

第8節　文部科学省、配分機関による競争的研究費等における不正への対応

凡　例

【基準・指針等の略記】

ガイドライン ・・・ 研究機関における公的研究費の管理・監査のガイドライン（実施基準）
（平成19年2月15日、令和3年2月1日改正　文部科学大臣決定）

ガイドラインFAQ ・・・ 研究機関における公的研究費の管理・監査のガイドラインに関するFAQ
（令和3年2月1日版）

科研費FAQ ・・・ 日本学術振興会の科研費FAQ（R3.3.版）

適化法 ・・・ 補助金等に係る予算の執行の適正化に関する法律

学教法 ・・・ 学校教育法

国大法 ・・・ 国立大学法人法

地独法 ・・・ 地方独立行政法人法

私学法 ・・・ 私立学校法

助成法 ・・・ 私立学校振興助成法

予決令 ・・・ 予算決算及び会計令

役員会等 ・・・ 重要事項を審議する役員会、理事会等

第0節
はじめに

Q1　公的研究費の管理・監査のガイドラインの目的とは

A

　昨今、公的研究費の不正事案が多く報道されるなか、税金を原資とする公的研究費の適正な執行について、社会的な関心が集まっている。研究費不正が発生すれば、国民の研究者への信頼や期待を大きく損なうこととなり、公的研究費制度の基盤を揺るがしかねない。また、研究費不正は優秀な研究者の喪失に繋がり、わが国の科学技術・学術の発展のためには研究費不正を根絶することが喫緊の課題となっている。

　研究費不正を未然に防ぐため、文部科学省では、文部科学省または文部科学省が所管する独立行政法人から配分される競争的資金を中心とした公募型の研究資金について、配分先の研究機関がそれらを適正に管理するために必要な事項を示した「研究機関における公的研究費の管理・監査のガイドライン（実施基準）」（以下、ガイドラインという）を策定している。2021（令和3）年2月には、依然として研究費不正が発生している要因を踏まえて当該ガイドラインが大幅に改正され、同年4月から運用が開始されている。

　改正後のガイドラインでは、不正防止体制整備のチェック機能を強化する要請や、体制整備が不十分な研究機関への間接経費削減を措置する方針に加えて、より一層のガバナンスの強化、意識改革、不正防止システムの強化が求められている。また、より実効的な取組を促すために従前の記述が具体化・明確化されており、各研究機関では形式的な取組ではなく「真に実効性のある対策」を実施する必要がある。

　研究費不正根絶のためには、各研究機関において全ての構成員の意識を高め、不正を起こさない、起こさせない組織風土を作り上げることが極めて重要である。ガイドラインにおいては、研究費不正の防止が各研究機関の組織や研究者を守ることに繋がることを認識し、機関の長のリーダーシップの下、それぞれの研究機関の組織風土に合った、創意工夫ある主体的な不正防止策を組織全体として講じることが強く求められている。

Q2　2021（令和3）年ガイドライン改正の経緯と不正防止対策強化の3本柱とは

A

1．2021（令和3）年ガイドライン改正の経緯

ガイドラインの歴史的経緯は下記の図0-1のとおりである。

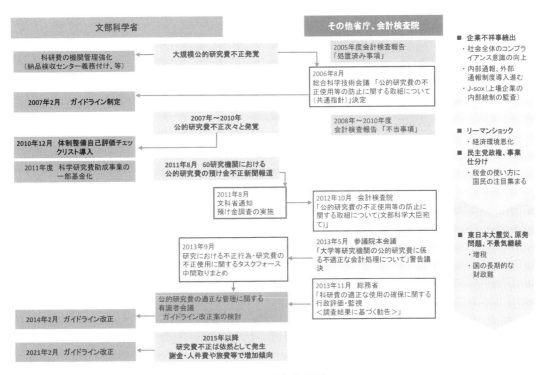

図0-1　歴史的経緯

2．不正防止対策強化の3本柱

　改正ガイドラインでは、研究機関全体の意識改革を図り、研究費不正の防止に関する高い意識を持った組織風土を形成するとともに、組織風土に合わせた防止策で実効的かつ効率的な対策を実現するために、①ガバナンスの強化、②意識改革、③不正防止システムの強化の3項目を柱として不正防止対策が強化されている。3本柱にはそれぞれ、監事の役割の明確化、不正防止の組織風土形成に資する啓発活動の実施、専門的知識を有する者の活用による内部監査の質の向上等が盛り込まれ、具体的な内容は図0-2のとおりに整理されている。

ガバナンスの強化 〜不正根絶に向けた最高管理責任者のリーダーシップと役割の明確化〜	✓ **最高管理責任者**による不正根絶への強い決意表明と役員会等での審議の要件化 ✓ **監事**に求められる役割として、不正防止に関する内部統制の状況を機関全体の観点から確認し意見を述べることを要件化 ✓ 効果的な内部統制運用のため**不正防止の PDCAサイクルを徹底**【不正防止計画への内部監査結果の反映等】
意識改革 〜コンプライアンス教育・啓発活動による全構成員への不正防止意識の浸透〜	✓ **統括管理責任者**が行う対策として、不正を防止する組織風土を形成するための総合的な取組のプロデュースを要件化 ✓ 不正根絶に向けた**啓発活動**（意識の向上と浸透）の継続的な実施を要件化 ✓ 啓発活動は、**コンプライアンス教育と併用・補完**し内部監査の結果など認識の共有を図る
不正防止システムの強化 〜監査機能の強化と不正を行える「機会」の根絶〜	✓ **内部監査**の実施にあたり専門的な知識を有する者（公認会計士等）の参画を要件化 ✓ **監事・会計監査人・内部監査部門**の連携を強化し、不正防止システムのチェック機能を強化 ✓ コーポレートカードの利用等、**研究者を支払いに関与させない支出方法の導入**等

図0-2　不正防止対策強化の3本柱
出典：文部科学省公表資料「改正の概要」を基に作成

　これらの3本柱が適切に機能しない場合には、図0-3に示すようにリスクが生じるだけでなく、研究費不正が発生した際には、組織として社会的な信用を失うことになりかねない。それゆえに、各研究機関においては、最高管理責任者による不正根絶への強い決意表明のもとガバナンスを強化し、全構成員の意識改革を体系的・継続的に実施するとともに、不正防止システムを強化する等、「実質的な対策」の実現が強く求められている。

3本柱がきちんと機能しない場合・・・

ガバナンスの強化	機関内の運営・管理に関わる責任者の役割や、責任の所在・範囲と権限といった責任体系が明確化されていない場合、不正防止のPDCAサイクルの運用、意識の徹底、内部統制・牽制機能の発揮等の取組が十分に行われない。
意識改革	構成員の意識の向上と浸透を図るためのコンプライアンス教育や啓発活動、及び必要な改善指導などを実施していない場合、不正につながる動機や、不正を正当化する気持ちを生じさせる余地を、構成員に与えてしまう。
不正防止システムの強化	執行ルール等の内部統制や、内部監査等の内部牽制が脆弱であった場合、構成員が不正を働く機会を提供してしまう。

不正が発生すると・・・

- 組織の信用に大きな傷がつく
- 研究費返納金や加算金など、金銭的な負担が発生する
- 多様なステークホルダーへの説明責任が発生する
- 再発防止策の検討や関係者の処分等の手続が必要となる

図0-3　3本柱が適切に機能しない場合のリスク

Q3　今回の改正により研究機関が対応すべきことは

A

　改正後のガイドラインは2021（令和3）年4月から運用が開始されているが、2021（令和3）年度は各研究機関でこれまでの取組の再点検を行い、体制整備を推進するための「不正防止対策強化年度」と位置付けられている。文部科学省によれば、今回の改正で追加または具体化・明確化された対応すべき事項の骨子は図0-4の下線のとおりである。

研究機関における公的研究費の管理・監査のガイドライン（実施基準）骨子

第1節 機関内の責任体系の明確化

（1）競争的研究費等の運営・管理に関わる責任体系の明確化
　　　※最高管理責任者及び統括管理責任者の役割を追加
（2）監事に求められる役割の明確化【新設】

第2節 適正な運営・管理の基盤となる環境の整備

（1）コンプライアンス教育・啓発活動の実施（関係者の意識の向上と浸透）
　　　※啓発活動が新設されるとともに（3）から（1）に繰り上げ
（2）ルールの明確化・統一化
（3）職務権限の明確化
（4）告発等の取扱い、調査及び懲戒に関する規程の整備及び運用の透明化

第3節 不正を発生させる要因の把握と不正防止計画の策定・実施

（1）不正防止計画の推進を担当する者又は部署の設置
　　　※不正防止計画推進部署と内部監査部門の連携の強化
（2）不正を発生させる要因の把握と不正防止計画の策定及び実施
　　　※不正防止計画へ内部監査結果を反映させることを追加

第4節 研究費の適正な運営・管理活動

　　※コーポレートカードの利用等による不正防止対策の強化

第5節 情報発信・共有化の推進

第6節 モニタリングの在り方

　　※内部監査における専門的知識を有する者（公認会計士や他の機関で監査業務の経験のある者等）の活用の要件化
　　※監事・会計監査人・内部監査部門の連携
　　※内部監査結果の周知と機関全体としての再発防止の徹底

第7節 文部科学省による研究機関に対するモニタリング、指導及び是正措置の在り方

第8節 文部科学省、配分機関による競争的研究費等における不正への対応

図0-4　改正後ガイドラインの骨子
出典：文部科学省公表資料「改正の概要」を基に作成

　ガイドライン改正により対応すべき事項の一覧は、表0-1に示すとおりである。各研究機関においては、ガイドラインで文末が「望ましい」という表現になっている事項を除き、「機関に実施を要請する事項」及び「実施上の留意事項」は全て、研究機関の性格や規模、コストやリソース等を考慮して実効性のある対策として実施する必要がある。

表0-1　ガイドライン改正により対応すべき事項の一覧

第1節　機関内の責任体系の明確化		該当Q
新規	研究費不正の根絶を実現するためには、最高管理責任者の強力なリーダーシップの下、機関全体で取り組むことが求められ、最高管理責任者が不正防止に向けた取組を促すなど、構成員の意識の向上と浸透を図る必要がある。 　また、監事は、機関の業務運営等を監査し、機関の長に直接意見を述べる立場にあることから、競争的研究費等の運営・管理についても重要な監査対象として確認することが求められる。	7
1　競争的研究費等の運営・管理に関わる責任体系の明確化		
新規	（機関に実施を要請する事項） （1）イ　不正防止対策の基本方針や具体的な不正防止対策の策定に当たっては、重要事項を審議する役員会・理事会等（以下「役員会等」という。）において審議を主導するとともに、その実施状況や効果等について役員等と議論を深める。 　　　ウ　最高管理責任者が自ら部局等に足を運んで不正防止に向けた取組を促すなど、様々な啓発活動を定期的に行い、構成員の意識の向上と浸透を図る。 （3）ウ　自己の管理監督又は指導する部局等において、定期的に啓発活動を実施する。	7
明確化	（実施上の留意事項） ③　最高管理責任者は、<u>研究費不正根絶への強い決意を掲げ、</u>不正防止対策を実効性のあるものとするために、定期的に各責任者から報告を受ける場を設けるとともに、<u>強力な</u>リーダーシップの下、必要に応じて基本方針の見直し、必要な予算や人員配置などの措置を行う。 　基本方針の見直しに当たっては、・・・単に厳格化するのではなく、機関として<u>不正を起こさせない</u>ような組織風土が形成されるよう、・・・	9
新規	④　統括管理責任者が行うべき対策として、不正防止計画の策定だけでなく、コンプライアンス教育や啓発活動等を通じて構成員の意識の向上と浸透を促し、組織全体で不正を防止する風土を形成するための総合的な取組が重要である。 　そのため、統括管理責任者には、競争的研究費等の運営・管理に関わる構成員を対象としたコンプライアンス教育や啓発活動等の具体的な計画を策定・実施することが求められる。コンプライアンス教育や啓発活動の実施計画については、対象、時間・回数、実施時期、内容等を具体的に示すものとする。	11

第1節　機関内の責任体系の明確化		該当Q
2　監事に求められる役割の明確化		
明確化	（機関に実施を要請する事項） （1）監事は、不正防止に関する内部統制の整備・運用状況について<u>機関全体の観点から確認し</u>、意見を述べる。 （2）監事は、特に、<u>統括管理責任者又は</u><u>コンプライアンス推進責任者</u>が実施するモニタリングや<u>内部監査によって明らかになった不正発生要因が不正防止計画に反映されているか</u>、また、<u>不正防止計画が適切に実施されているか</u>を確認し、意見を述べる。 （実施上の留意事項） ① <u>監事が上記（1）及び（2）に示す役割を十分に果たせるよう、内部監査部門、不正防止計画推進部署及びその他の関連部署</u>は、監事と連携し、適切な情報提供等を行う。 ② 監事は、<u>上記（1）及び（2）で確認した結果について、役員会等において定期的に報告し</u>、意見を述べる。	13

第2節　適正な運営・管理の基盤となる環境の整備		該当Q
1　コンプライアンス教育・啓発活動の実施（関係者の意識の向上と浸透）		
新規	（機関に実施を要請する事項） （2）コンプライアンス教育の内容は、各構成員の職務内容や権限・責任に応じた効果的で実効性のあるものを設定し、定期的に見直しを行う。 （5）コンプライアンス推進責任者は、統括管理責任者が策定する実施計画に基づき、競争的研究費等の運営・管理に関わる全ての構成員に対して、コンプライアンス教育にとどまらず、不正根絶に向けた継続的な啓発活動を実施する。	12 14
明確化	（1）<u>コンプライアンス推進責任者は、統括管理責任者が策定する実施計画に基づき、競争的研究費等の運営・管理に関わる全ての構成員を対象とした</u>コンプライアンス教育を実施する。 （3）実施に際しては、<u>あらかじめ一定の期間を定めて定期的に受講させるとともに、</u>対象者の受講状況及び理解度について把握する。	12 14

第2節　適正な運営・管理の基盤となる環境の整備		該当Q
1 コンプライアンス教育・啓発活動の実施（関係者の意識の向上と浸透）		
新規	（実施上の留意事項） ① コンプライアンス教育と啓発活動は、相互に補完する形で実施することが必要である。 　コンプライアンス教育は、不正防止対策の理解の促進を目的として、競争的研究費等の運営・管理に関わる全ての構成員を対象とした説明会やe-learning 等の形式により実施し、受講状況及び理解度を把握することが求められる。 　啓発活動は、コンプライアンス教育の内容を踏まえて意識の向上と浸透を図ることを目的とし、機関の構成員全体に対して、不正防止に向けた意識付けを広く頻繁に繰り返し行うことが求められる（下記⑤及び⑥を参照）。 ② ・・・事務職員に対しては、公的資金の適正な執行を確保できるよう専門的能力（業務に関する知識・能力）を向上させるとともに、研究活動の特性を十分理解しつつ、研究者が研究を遂行するために適切かつ効率的な事務を担う立場にあるとの意識を浸透させることが重要である。 ⑤ 啓発活動は、役員から現場の研究者や事務担当者に至るまで、構成員の意識の向上と浸透を図り、不正を起こさせない組織風土を形成することを目的として、実施計画に基づいて実施するものであり、コンプライアンス教育と併用・補完することにより、組織全体での取組について、その実効性を高めるものである。 　啓発活動の内容は、不正防止計画や内部監査の結果、実際に発生した不正事案（他機関の事案も含む）及び不正発生要因等に関する検討と認識の共有を可能とするものでなければならない。その上で、最高管理責任者が構成員の意識向上を促進させる取組を実施するなど、不正を起こさせない組織風土の形成を図ることが重要であり、随時柔軟に見直しながら実施する必要がある。 ⑥ 啓発活動は、不正を起こさせない組織風土の形成のために、全ての構成員に対して継続的に実施することが重要である。 　部局長等会議、教授会等の既存の会議を活用するほか、メーリングリストの活用やポスター掲示等により、全ての構成員を対象として組織の隅々まで伝わるよう実施するとともに、少なくとも四半期に1回程度、機関又は各部局等の実情に合わせ定期的に実施していくことが求められる。 　また、競争的研究費等により謝金、旅費等の支給を受ける学生等に対しても実施することが望ましい。	16
明確化	③ ・・・<u>オンラインによる開催</u>、機関内の e-learning を<u>随時活用</u>することにより、実効性のある取組とすることが重要である。 ⑦ 行動規範の内容は、<u>不正防止対策の基本方針における考え方を反映</u>させたものとする。構成員の<u>意識の向上と浸透</u>のため、個々の事象への対応ではなく、機関の構成員としての取組の指針を明記し、上記の教育の中で周知徹底するものとする。	14
2 ルールの明確化・統一化		
新規	（機関に実施を要請する事項） （4）競争的研究費等により謝金、旅費等の支給を受ける学生等に対してもルールの周知を徹底する。	18
新規	（実施上の留意事項） ① ・・・また、ルールが形骸化しないよう、第6節に掲げるモニタリング等の結果も踏まえ、必要に応じて見直しを行うこととする。更に、機関内ルール全体を通して定期的に点検・見直しを行うことが望ましい。	19

第3節　不正を発生させる要因の把握と不正防止計画の策定・実施		該当Q
1 不正防止計画の推進を担当する者又は部署の設置		
新規	（機関に実施を要請する事項） （3）防止計画推進部署は監事との連携を強化し、必要な情報提供等を行うとともに、不正防止計画の策定・実施・見直しの状況について意見交換を行う機会を設ける。	23
明確化	（2）防止計画推進部署は、統括管理責任者とともに機関全体の具体的な対策（不正防止計画、コンプライアンス教育・啓発活動等の計画を含む。）を策定・実施し、実施状況を確認する。	24
明確化	（実施上の留意事項） ① 防止計画推進部署は、統括管理責任者がその役割を果たす上での実働部門として位置付けるとともに、最高管理責任者の直属として設置するなどにより、機関全体を取りまとめることができるものとする。 　また、機関の内部監査部門とは別に設置し、密接な連絡を保ちつつも内部監査部門からのチェックが働くようにすることが必要である。	24
2 不正を発生させる要因の把握と不正防止計画の策定・実施		
新規	（機関に実施を要請する事項） （2）最高管理責任者が策定する不正防止対策の基本方針に基づき、統括管理責任者及び防止計画推進部署は、機関全体の具体的な対策のうち最上位のものとして、不正防止計画を策定する。	23
明確化	（1）防止計画推進部署は、内部監査部門とも連携し、不正を発生させる要因がどこにどのような形であるのか、機関全体の状況を体系的に整理し評価する。 （3）不正防止計画の策定に当たっては、上記（1）で把握した不正を発生させる要因に対応する対策を反映させ、実効性のある内容にするとともに、不正発生要因に応じて随時見直しを行い、効率化・適正化を図る。 （4）部局等は、不正根絶のために、防止計画推進部署と協力しつつ、主体的に不正防止計画を実施する。	24
明確化	（実施上の留意事項） ① ・・・その他、各機関の実態に即した特有のリスクにも留意する。 ・競争的研究費等が集中している、又は新たに大型の競争的研究費等を獲得した部局・研究室	25

第4節　研究費の適正な運営・管理活動		該当Q
新規	・・・また、研究費の執行に関する書類やデータ等は機関の定めた期間保存し、後日の検証を受けられるようにする必要がある。	28
新規	（実施上の留意事項） ⑥ 検収の際は、発注データ（発注書や契約書等）と納入された現物を照合するとともに、据え付け調整等の設置作業を伴う納品の場合は、設置後の現場において納品を確認する。 ⑫ 旅費の支払いに当たっては、コーポレートカードの活用や旅行業者への業務委託等により、研究者が支払いに関与する必要のない仕組みを導入することが望ましい。	32 37 38

第6節　モニタリングの在り方		該当Q
明確化	（機関に実施を要請する事項） （2）内部監査部門は、最高管理責任者の直轄的な組織としての位置付けを<u>明確化するとともに、実効性ある権限を付与し強化する。</u> （5）内部監査の実施に当たっては、<u>過去の内部監査</u>や、<u>統括管理責任者及びコンプライアンス推進責任者が実施するモニタリングを通じて把握された不正発生要因に応</u>じて、監査計画を随時見直し、効率化・適正化を図る<u>とともに、専門的な知識を有する者</u>（<u>公認会計士や他の機関で監査業務の経験のある者等</u>）を活用して<u>内部監査の質の向上を図る。</u> （6）<u>内部監査部門は</u>、効率的・効果的かつ多角的な内部監査を実施するために、監事及び会計監査人との連携を強化し、<u>必要な情報提供等を行うとともに、機関における不正防止に関する内部統制の整備・運用状況や、モニタリング、内部監査の手法、</u>競争的研究費等の運営・管理の在り方等について定期的に意見交換を行う。 （8）内部監査結果等については、コンプライアンス教育<u>及び啓発活動にも活用するなどして周知を図り、機関全体として同様のリスクが発生しないよう徹底</u>する。	44 46
明確化	（実施上の留意事項） ① 内部監査部門<u>の体制</u>を強化するため、高い専門性を備え、機関の運営を全体的な視点から考察できる人材を配置すること<u>が望ましい。</u> ⑥ <u>内部監査部門</u>は、防止計画推進部署から不正発生要因の情報を入手した上で、監査計画を適切に立案する<u>とともに、防止計画推進部署においては、内部監査結果等を不正防止計画に反映させる。</u> ⑦ 内部監査部門<u>及び監事</u>は、監査の効果を発揮できるよう、機関のコンプライアンスを包括する部署や外部からの相談を受ける窓口等、機関内のあらゆる組織と連携する<u>とともに、不正に関する通報内容を把握し、機関内で適切な対応がとられているかを確認すること</u><u>が望ましい。</u>	47

Ｑ４　ガイドラインの強制力はどこまであるか。「望ましい」という表現の意味は

Ａ

１．概要

　ガイドラインによれば、ガイドラインの各節に示す「機関に実施を要請する事項」及び「実施上の留意事項」に掲げる内容は、機関の性格や規模、コストやリソース等を考慮して実効性のある対策として実施されることが必要である。なお、文末が「望ましい」という表現になっている事項は、より対策を強化する観点から例示しているものであり、それぞれの機関のリスクやコスト、リソースなどを踏まえ、実施することが考えられるとしている。（ガイドラインはじめに（本ガイドラインの構成と留意事項）→P188）

２．留意点

　ガイドラインは、公的研究費の適正執行を確保するために作成されたものであり、公的研究費を受ける研究者の所属する全ての研究機関に向けて汎用的に記述されている。このため、全ての研究機関に具備を強制するものは「必要である」や「定める」等の言葉で記述されているのに対して、判断の余地がある記述として「望ましい」が位置付けられていると考えられる。ガイドラインにおける個々の要求事項の目的は、最終的には公的研究費の適正執行確保であるため、結果的に当該事項に関して不正や誤謬等が発生しなければ良いと言える。具備を強制する要求事項は、その重要性から他で代替できない事項であるのに対して、判断の余地のある要求事項は研究機関毎の特性に応じて導入すべきかを検討する事になる。およそ「望ましい」との記載の要求事項は、リスクが発生した場合の重要度が高い事を前提に提案されているため、まずは研究機関毎の発生可能性、発生した場合の金額的、質的（風評被害等）重要度を推定する必要がある。その際、他の内部統制手続きが効果的に機能しており、当該リスクの発生の可能性が十分に低く抑えられていると考えられる場合には、要求事項を望まれる方法ではなく、他の内部統制で代替可能であると言えよう。

　上記検討の際に考慮すべき要因として、たとえば研究資金や執行科目の規模、事務組織の分担範囲、設置場所等の管理体制等が考えられる。これらを総合的に勘案して、研究機関全体で研究費不正のリスクを低減させることが必要である。

　なお、望ましいとされる要求事項を導入しないとした場合でも、当該要求事項が防止を想定するリスク要因について、内部監査やモニタリングの実施対象項目として抜き打ちで検証する等の手続き強化が望まれる。

Q5　ガイドラインが対象とする研究費の範囲は

A

1．概要

　ガイドラインの対象となる競争的研究費等は文部科学省又は文部科学省が所管する独立行政法人から配分される競争的資金を中心とした公募型資金である（ガイドラインはじめに　本ガイドラインの目的と改正の背景　→P186）。この文部科学省が所管する競争的研究費は「令和３年度　ガイドライン対象制度一覧」として文部科学省ホームページに公表されている（https://www.mext.go.jp/content/20210527-mxt_sinkou02-134904_21_4.pdf）。

　令和3年度ガイドライン対象制度は下記のとおりであるが、この一覧は年度毎に更新されるため、研究資金がガイドラインの対象に該当するか否かについては、文部科学省ホームページにて確認されたい。

表0-2　令和3年度　主なガイドライン対象制度

競争的研究費制度	
科学研究費助成事業	ゲノム医療実現バイオバンク利活用プログラム
創発的研究支援事業	課題設定による先導的人文学・社会科学研究推進事業
戦略的創造研究推進事業	防災対策に資する南海トラフ地震調査研究プロジェクト
未来社会創造事業	次世代火山研究・人材育成総合プロジェクト
研究成果展開事業	情報科学を活用した地震調査研究プロジェクト
国際科学技術共同研究推進事業	海洋情報把握技術開発
国家課題対応型研究開発推進事業	海洋生物ビッグデータ活用技術高度化
ムーンショット型研究開発事業	気候変動適応戦略イニシアチブ
次世代がん医療創生研究事業	次世代領域開発
新興・再興感染症研究基盤創生事業	スーパーコンピュータ「富岳」成果創出加速プログラム
先端的バイオ創薬等基盤技術開発事業	
研究開発に係る公募型の資金制度（研究費を配分するものを除く）	

出典：文部科学省ホームページ「令和3年度　ガイドライン対象制度一覧」より抜粋

２．留意事項

　文部科学省が所管する競争的研究費以外にも、他の府省または他の府省の独立行政法人が所管し配分する競争的研究費等が存在するが、それぞれの競争的研究費等は当該府省が公表するガイドラインに基づき管理することが求められる。

　ガイドラインの改正は、文部科学省において実施されるが、ガイドラインの改正内容については関係府省間で共有し、可能な限り統一的な運用等がなされるように働きかけが行われている（ガイドラインFAQ A002→P231）ことから各府省間での取り扱いに相違はない。例えば、農林水産省のガイドラインは2021（令和3）年3月1日に、厚生労働省のガイドラインは2021（令和3）年3月4日に、文部科学省のガイドラインと同じ内容の一部改正が行われている。

Q6　公的研究費不正とは

A
1．概要

　ガイドラインにおける公的研究費不正とは、どのような行為を指すであろうか。ガイドラインの公的研究費不正の定義は「故意若しくは重大な過失による競争的研究費等の他への用途への使用または競争的研究費等の交付の決定の内容やこれに付した条件に違反した使用」（ガイドラインはじめに（6）不正より抜粋→187）とされる。

2．留意事項

（1）不正の定義
　ガイドライン及びガイドラインFAQに基づき、研究費不正の定義について整理した図は以下のとおりである。

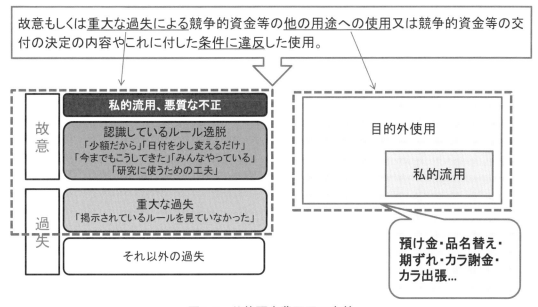

図0-5　公的研究費不正の定義

　自己の便益のために研究費を流用する私的流用のみならず、交付決定を受けた研究活動以外の研究活動等に使用する目的外使用も不正に該当する。

　また、それ以外の過失、すなわち、研究者及び研究機関に重大な過失がなく、公的研究費不正に該当しない場合は、研究費不正のペナルティはないものの、原則として資金

の返還は必要となるため、それ以外の過失も生じないように、研究機関は内部統制の構築や啓発活動等の意識向上への対応を行うことが必要である。

（2）不正使用事案の傾向と主な不正種別

　2014（平成26）年2月の改正以降、取引業者等を介した物品・役務関係の不正事案は顕著に減少した一方で、謝金・人件費や旅費等に係る不正事案は増加傾向にある等、研究費不正は依然として様々な形で発生している。

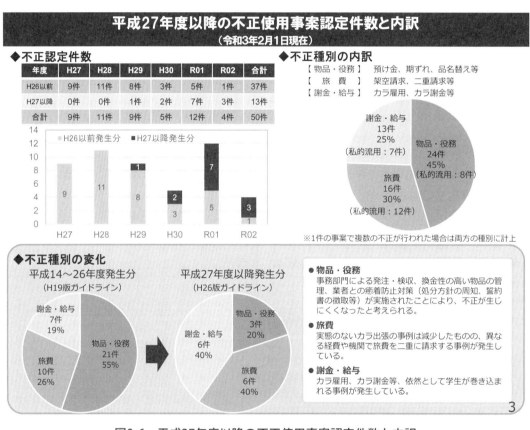

図0-6　平成27年度以降の不正使用事案認定件数と内訳

出典：文部科学省公表、研究機関における公的研究費の管理・監査のガイドライン（実施基準）の改正に関する説明動画（令和3年3月）説明資料P3より抜粋

　研究機関における不正使用事案は、文部科学省ホームページに研究機関名、年度、種別、研究費の額及び最終報告書の概要が公表されており、不正の具体的な手法や私的流用の認定判断を確認することができる（https://www.mext.go.jp/a_menu/kansa/houkoku/1364929.htm）。当該不正事例にみられる主な不正種別は下記のとおりである。

表0-3　研究機関における不正使用事案みられる主な不正種別

不正の種別	不正使用の内容	研究費の科目例	不正使用の例示
私的流用	自己の便益を享受するために研究費を研究機関に支払わせること	物品・役務旅費給与・謝金	研究費を財源として研究者が自己の便益を享受するため、私的な旅行にかかった交通費を研究目的の学会参加のための旅費と偽って申請し、旅費を支出
預け金	架空発注を行い、物品の納入もしくは役務提供がなされていないにも関わらず研究機関に研究費を支払わせ、代金を業者に管理させること	物品・役務	研究者の自由に研究に使用できる現金を捻出し、別の用途に使用するため、研究者と取引業者が共謀し、物品を購入したように装い、研究費を支出 業者に当該代金を預け金としてプールさせ、翌年度以降に使用
品名替え	契約内容及び研究機関に研究費を支払わせた申請内容とは異なる物品の納品又は役務提供を受けること	物品・役務	研究費を別の用途に使用するため、研究者と取引業者が共謀し、消耗品を購入したように装い、研究費を支出 業者に対して消耗品とは別の品目であるパソコンを納入するように指示
期ずれ	契約内容及び研究機関に研究費を支払わせた申請内容とは異なる年度において物品の納品又は役務提供を受けること	物品・役務	研究期間内に納品又は役務提供が完了しないため、取引業者に協力を要請し、当年度に完了したように装い、研究費を支出 業者には翌年度に役務提供するように指示
目的外使用又は架空請求（カラ出張）	実体のない研究行為に対する費用を研究費として研究機関に支払わせること	旅費	研究者の自由に研究に使用できる現金を捻出し、別の用途に使用するため、出張を取りやめたにもかかわらず、研究機関に対して虚偽の出張報告を提出し、旅費を支出
二重請求	同一の費用に関して重複して研究費を申請し、研究機関に支払わせること	旅費	研究者の自由に研究に使用できる現金を捻出し、別の用途に使用するため、領収書を再発行して同一の交通費の申請を二重に行い旅費を支出

目的外使用又は架空請求（カラ雇用・カラ給与）	採択された研究課題以外の業務又は実体のない業務に対する給与を研究費として研究機関に支払わせること	給与	研究者の自由に使用できる現金を捻出し、別の用途に使用するため、研究補助者として雇用しているアルバイトに対して勤務実体のない日に勤務実体があったかのように虚偽の出勤表・勤務報告を作成し、賃金を支出 アルバイトが受け取った賃金を研究者へ還流させるように指示
架空請求（カラ謝金）	実体のない作業に対する謝礼を研究費として研究機関に支払わせること	謝金	研究者の自由に研究に使用できる現金を捻出し、別の用途に使用するため、研究協力者に対して作業実態のないのに作業実体があったかのように虚偽の作業報告を作成し、謝礼を支出 研究協力者が受け取った謝礼を研究者へ還流させるように指示
代替請求	受給権者以外の者が代替して研究費の請求手続を行い研究機関に支払わせること	給与・謝金	研究者又は受給権者の事務手続の都合により、研究機関が定めたルールを逸脱して、給与・謝金を受領する権利者以外の者が代替的に署名して給与・謝金を支出

出典：文部科学省ホームページ「研究機関における不正使用事案」より作成

第1節
機関内の
責任体系の明確化

Q 7　責任体系の明確化が必要な理由とは

A
1．ガイドライン概要

　研究費不正根絶のためには、各研究機関において全ての構成員の意識を高め、不正を起こさない、起こさせない組織風土を作り上げることが極めて重要である。そのためには、最高管理責任者の強力なリーダーシップの下、機関全体で取り組むことが求められ、最高管理責任者が不正防止に向けた取組を促す等、構成員の意識の向上と浸透を図る必要がある。

　また、監事は、機関の業務運営等を監査し、機関の長に直接意見を述べる立場にあることから、競争的研究費等の運営・管理についても重要な監査対象として確認することが求められる。

　機関が、競争的研究費等の運営・管理を適正に行うためには、機関内の運営・管理に関わる責任者が不正防止対策に関して機関内外に責任を持ち、積極的に推進していくとともに、その役割、責任の所在・範囲と権限を明確化し、責任体系を機関内外に周知・公表することが必要である（ガイドライン第1節→P189）。

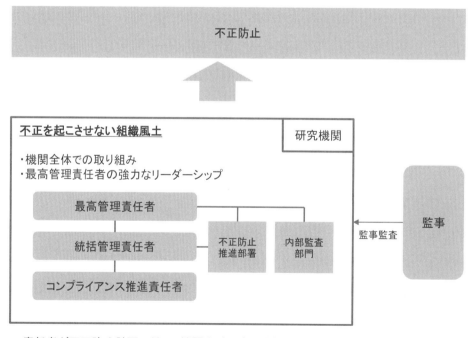

- 責任者が不正防止計画に対して機関内外に責任を持ち積極的に推進
- 役割、責任の所在・範囲と権限を明確化し、責任体系を機関内外に周知・公表

図1-1　責任体系の明確化

2．留意点

　リーダーシップにより機関全体のガバナンスを統括する最高管理責任者と、機関全体のガバナンスの状況をチェックする立場にある監事がそれぞれの役割を果たすことにより、ガバナンスの強化や適正化を図ることが出来ると考えられる。機関が、その役割、責任の所在・範囲と権限を明確化し、責任体系を機関内外に周知・公表することでガバナンスが強化され、研究費不正根絶に繋がると考えられる（ガイドラインFAQ A101→P234）。

　さらに、機関が、コンプライアンス教育や必要な改善指導等を実施していないと、機関の管理責任を問われるとともに、不正を行った者の責任を追及できないことになりかねない。

　このため、機関内の管理責任の明確化の観点から、各責任者の役割（責務）等を定めた内部規程等を整備し、それらの管理監督の責任が十分果たされず、結果的に不正を招いた場合には処分の対象となることも内部規程等において明確に位置付け、内部に周知徹底することも必要である（同ガイドライン第1節1（実施上の留意事項）②→P190）。

3．具体的事例

　最高管理責任者、統括管理責任者、コンプライアンス推進責任者に誰を充てるかは、研究機関の法人形態等によって制度設計が異なるため、ガイドラインにおける各責任者の役割を理解した上で研究機関の実態に応じて決定する。国立大学、私立大学、公立大学における主な事例は以下のとおりである。

表1-1　各責任者の主な事例

区分	最高管理責任者	統括管理責任者	コンプライアンス推進責任者
国立大学	・ 学長（＝法人の長）	・ 副学長 ・ 研究担当理事	・ 部局長（学部長、部門長等名称は様々）
私立大学	・ 理事長（＝法人の長） ・ 理事長兼学長 ・ 学長（法人の長である理事長とは別）	・ 学長（最高管理責任者が理事長の場合） ・ 副学長 ・ 研究担当理事	
公立大学	・ 学長（法人の長である理事長とは別）	・ 副学長 ・ 事務局長	

Q8　善管注意義務とは何か

A

1．善管注意義務とは

　善管注意義務とは、一般に委任契約上の受任者が負う義務であり、受任者が、委任の本旨に従い、善良な管理者の注意をもって、委任事務を処理する義務をいう（民法644条）。

　最高管理責任者や統括管理責任者に学校法人の理事（理事長や学長である理事など）が就任することが少なくないと思われるが、後述のように、学校法人の理事は善管注意義務を負っているため、理事会として機関内の責任明確化を図ることはもちろん、最高管理責任者や統括管理責任者としての役割を果たす際にも、善管注意義務に違反しないようにする必要がある。

　また、善管注意義務に類似する概念として、忠実義務や事業遂行義務などがあるので、それらについても紹介する。

2．学校法人の理事の善管注意義務

（1）理事の善管注意義務

　学校法人と理事は委任の関係にあるとされている（私学法35条の2）。そのため、学校法人の理事は、学校法人に対し、受任者としての善管注意義務を負うこととなる（民法644条）。理事の善管注意義務とは、委任を受ける者の職業や専門家としての能力、社会的及び経済的地位等から考えて通常期待される程度の注意義務を意味している（松坂2020）。損害が発生したから全て責任を負うというものではなく、注意義務に違反する必要があるという意味で結果責任ではないが、報酬の有無にかかわらず責任を負う可能性はあるので、たとえ無報酬であっても善管注意義務に違反しないよう、注意が必要である。

（2）理事の損害賠償責任

　善管注意義務に違反した場合には、理事としての「任務を怠った」ことになる（任務懈怠）。その任務懈怠と相当因果関係にある損害が学校法人に発生した場合には、理事は当該学校法人に対し、損害賠償責任を負う（私学法44条の2第1項）。例えば、投資対象の安全性に疑問があったにもかかわらず、理事長が何ら調査等することなく漫然と投資に賛成したことにより、資産運用に失敗して法人に多額の損失が発生した事案にお

いて、当該理事長が善管注意義務違反により法人に対し損害賠償責任を負うことが考えられる[1]。

　また、任務懈怠につき悪意または重過失があり、その任務懈怠と相当因果関係にある損害が第三者に発生した場合には、理事は当該第三者に対し、損害賠償責任を負う（私学法44条の３第１項）。例えば、借入金の返済が困難になることを認識しながら理事長が銀行からさらなる借入れを行ったことにより、当該法人が後に破綻した際に当該銀行が貸付金を回収できなくなった事案において、当該理事長が善管注意義務違反により当該銀行に対し損害賠償責任を負うことが考えられる[2]。

（3）責任体系の明確化におけるポイント

　ガイドライン第１節１→P189では、競争的研究費等の運営・管理に関わる責任体系の明確化のために機関に実施を要請する事項として、「最高管理責任者」、「統括管理責任者」、「コンプライアンス推進責任者」を定め、それぞれの役割を果たさせることが挙げられている。学校法人の理事会としては、各責任者を定めるなどして、法人内の責任を明確化する必要があると考えられる。仮に理事会が上記責任者を漫然と設置しないなど管理体制に不備があった結果、研究費不正が発生し、当該学校法人に通常よりも甚大なペナルティ等の損害が発生した場合には、理事が善管注意義務違反として損害賠償責任を負うことになる場合も考えられる。

　したがって、理事会としては、学校法人としての体制を構築するのか、設置する大学としての体制を構築するのかを論議した上で、学校法人としての体制を構築する場合には、各責任者を定め、適宜監督していく必要があろう。

　また、学校法人の理事が最高管理責任者や統括管理責任者に就任する場合もあると思われる。そのような場合には、ガイドラインに定められた役割を適切に果たしていない場合には、善管注意義務違反として損害賠償責任を負うことになる場合も考えられる。したがって、最高管理責任者や統括管理責任者に就任した理事は、ガイドラインに定められた役割を適切に果たしていく必要があろう。

３．善管注意義務と類似する義務

（1）学校法人の理事の忠実義務

　学校法人の理事は、学校法人に対し、忠実義務も負っている（私学法40条の2）。忠実義務とは、法令及び寄附行為を遵守し、学校法人のため忠実にその職務を行わなければならないという義務のことである。もっとも、忠実義務は民法上の善管注意義務と同

1　東京地方裁判所平成27年3月30日判決 D1-Law.com 判例体系登載参照。
2　山口地方裁判所平成25年1月16日判決 LLI/DB 判例秘書登載参照。

様であると解されているため（松坂2020）[3]、善管注意義務と別個の検討は特段不要であると考えられる。

(2) 国立大学法人・公立大学法人の理事等の忠実義務

　国立大学法人の場合には、学長及び理事は忠実義務を負っており（国大法35条、独立行政法人通則法21条の４）、その義務に違反した場合には、法人に対し、損害賠償責任を負うとされている（国大法35条、独立行政法人通則法25条の２第１項）。学校法人の場合と完全に同等と考えてよいかは明らかでないが、忠実義務の内容は概ね学校法人と同義であり、さらに学校法人において忠実義務と善管注意義務とは同質のものと考えられていることから、国立大学法人の学長及び理事の忠実義務及び損害賠償責任については、基本的には学校法人の善管注意義務違反及び損害賠償責任に準拠して考えればよいと思われる。

　公立大学法人の場合も同様である（地独法15条の２・19条の２第１項）。

(3) 大学の事業遂行義務

　理事長個人だけでなく大学（厳密には国立大学法人、公立大学法人、学校法人など）も、補助事業者等あるいは間接補助事業者等として、法令の定め並びに補助金等の交付の決定の内容及びこれに附した条件その他法令に基づく各省各庁の長の処分に従い、あるいは、法令の定め及び間接補助金等の交付または融通の目的に従い、善良な管理者の注意をもって補助事業等あるいは間接補助事業等を行わなければならないとされている（適化法11条）。

　ここにいう「善良な管理者の注意」は民法の善管注意義務と実質的には同様と考えられている（小滝2016）。したがって、不注意により補助事業等が継続できなくなった場合には、本条の事業遂行義務（実質的には善管注意義務）違反として、交付決定の取消し（適化法17条）、補助金の返還（同法18条）等を命じられることになろう。

【参考文献】
松坂浩史（2020）:『逐条解説　私立学校法　三訂版』学校経理研究会、pp.305-306
小滝敏之（2016）:『補助金適正化法解説〔全訂新版（増補第2版）〕』全国会計職員協会、
　　pp.204-205

3　株式会社における議論であるが、判例や多数説は、忠実義務の規定は取締役の善管注意義務を敷衍しかつ明確にしたものに過ぎず、両者は同質の義務であって、より高度な義務を課したものではない、と解している。

Q9　最高管理責任者は具体的に何をすればよいか

A
1．ガイドライン概要

　最高管理責任者は、「機関全体を統括し、競争的研究費等の運営・管理について最終責任を負う者」として定められ、職名は公開することとされている。また、原則として、機関の長が当たるものとされている（ガイドライン第1節1（1）→P189）。

　最高管理責任者は、以下の役割を担う。

> ア）不正防止対策の基本方針を策定・周知するとともに、それらを実施するために必要な措置を講じ、適切にリーダーシップを発揮する。
> イ）不正防止対策の基本方針や具体的な不正防止対策の策定に当たっては、重要事項を審議する役員会・理事会等（以下「役員会等」という。）において審議を主導するとともに、その実施状況や効果等について役員等と議論を深める。
> ウ）最高管理責任者が自ら部局等に足を運んで不正防止に向けた取組を促す等、様々な啓発活動を定期的に行い、構成員の意識の向上と浸透を図る（ガイドライン第1節1（1）→P189）。

2．留意点

　最高管理責任者は、研究費不正根絶への強い決意を掲げ、不正防止対策を実効性のあるものとするために定期的に各責任者から報告を受ける場を設けるとともに、強力なリーダーシップの下、必要に応じて基本方針の見直し、必要な予算や人員配置等の措置を行う。

　基本方針の見直しに当たっては、研究活動そのものの効率の低下を招かず、構成員の負担の軽減、機関の管理コストの低減といった多面的な視点から、単に厳格化するのではなく、機関として不正を起こさせないような組織風土が形成されるよう、実態を踏まえ、柔軟に基本方針を見直し、その実効性を確保することが重要である。このため、間接経費等を効果的に活用し、研究支援体制と管理体制の二つの側面から必要な予算や人員配置等の措置を行い、競争的研究費等がより効果的かつ効率的に活用される環境を醸成することも求められる（ガイドライン第1節1（実施上の留意事項）③→P190）。

　さらに、研究費不正使用によって間接経費措置額の削減等の措置を受けた場合、最高管理責任者は、再発防止の観点から、機関内においても、不正が発生した部局等に対す

る措置を講じるとともに、不正に関与していない部局等や構成員の研究活動の遂行に影響を及ぼさないよう、必要な措置を講じなければならない。また、大学等の教育機関にあっては、併せて、学生の教育研究活動・環境に影響を及ぼさないよう、最大限の努力を払わなければならない（ガイドライン第１節１（実施上の留意事項）⑤→P191）。

３．具体的事例

　競争的研究費等の運営・管理について最終責任を負うのは最高管理責任者であることから、研究費不正根絶に向けて機関全体で取り組むためには、最高管理責任者がリーダーシップを発揮し、必要な予算措置や人員配置等を行って取組を促していくことがあげられる（ガイドラインFAQ A104→P234）。

　また、最高管理責任者の下で機関の管理責任が果たされていない場合には、機関に対して管理条件を付し、その対応状況に応じて段階的に間接経費を削減する等の措置を講じる不正防止計画の策定時に審議を行うほか、不正防止の PDCA サイクルを徹底する観点から、不正防止対策の取組状況や効果等の点検・評価やその結果を踏まえた改善の検討の際には、役員会等においても単に報告を受けるのみでなく議論を行うといったことがある（ガイドラインFAQ A103→P234）。

　その他、配分機関から一定割合の間接経費の削減措置を受けた場合に、再発防止の観点から、機関内で間接経費を部局等に再配分する際、全ての部局等に一律に同じ割合の間接経費の削減措置を講じるのでなく、不正に関与していない部局や構成員に対する削減割合を小さくする（あるいはゼロにする）等の措置を講じることがある。この前提として、機関の間接経費の配分ルール等をあらかじめ整備しておくことも必要となる（ガイドラインFAQ A107→P235）。

　なお、最高管理責任者は、競争的研究費等を適正に管理する上で、実質的にその責任を担うべき組織単位の長、という責務を考慮して定めることとなる。学校法人等、理事長、学長のどちらを最高管理責任者とするかは、法人の実態に応じて適切に定めていればどちらでもかまわない（ガイドラインFAQ A102→P235）。

　社会的に透明性確保が求められている中、最高管理責任者は研究費不正を絶対に起こさないという強い決意を持ち、組織の構成員の意識を変えていく必要がある。自ら各学部の教授会に行き、定期的に研究費不正根絶を語る等、意識を変えるべく力強くメッセージを発信していくことが求められている。

> **Q10**　国立大学法人の場合には最高管理責任者が学長となるのが原則と思われるが、学校法人の場合も学長が最高管理責任者となるべきなのか。それとも理事長か

A

1．ガイドラインにおける最高管理責任者の定め

　ガイドライン第1節1（1）では、「最高管理責任者は、原則として、機関の長が当たるものとする。」とされており、同ガイドライン参考資料1「大学における責任体系図の例」では「最高管理責任者（学長）」とされている。これらの点からすると、大学における最高管理責任者は学長が想定されているように見受けられる。

　この点、ガイドライン FAQ A102→P234では、「競争的研究費等を適正に管理する上で、実質的にその責任を担うべき組織単位の長という責務を考慮し適切に最高管理責任者を定めていただければ、どちらを最高管理責任者としていただいても構いません。」とされているので、結論としては、いずれとしても問題ない。もっとも、いずれにすべきかを検討するに際し、学校法人における理事長と学長の位置付けについて理解する必要があるので、以下、紹介する。

2．学校法人の理事長と学長

　国立大学法人の場合には、原則として、学長が法人を代表し、その業務を総理するとともに、設置する国立大学の学長としての職務[4]を行う[5]（国大法11条1項）。

　一方、学校法人の場合には、理事長が学校法人を代表し、その業務を総理するが（私学法37条1項）、設置する私立大学の学長を兼任することは必須ではなく、実際に理事長と学長が別人物であることが少なくない。

　この場合、学校法人の理事長・学長は法的にはどのような位置付けにあるか。

　まず、学校法人の最高意思決定機関は理事会であり（私学法36条2項）、法人全体の事項はもちろん、大学などの各設置校の事項についても最終的な意思決定権を有していると解される。もっとも、理事会は会議体であり、自ら業務を執行することができないので、法人の業務を総理し、対外的に法人を代表する者として理事長が置かれている。

4　大学の学長の職務は、国公私立の別を問わず、校務をつかさどり、所属職員を統督することとされている（学教法93条3項）。

5　例外的に、大学の長として大学総括理事を、法人の長として理事長を、それぞれ別人物として置く場合には、国大法上の学長が存在しないことがある（国大法10条1項・3項）。

　次に、大学は学校法人によって設置されており（私学法2条3項）、その長が学長である。学長は校務をつかさどり、所属職員を統督することとされているため、理事会との関係が問題となるが、法的には、学校の運営管理業務に関して理事会から委任（民法643条）を受けていると解される。裏を返せば、学校の業務については、もちろん委任者である理事会の意思に最終的に反することはできないものの、基本的には学長に意思決定の権限が委託されていることが通常といえる。研究は大学の業務であることから、公的研究費の管理業務もその一環として委託されていると考えれば、学長が最高管理責任者となるのが親和的であろう。

　一方、公的研究費は国民の税金を原資とするものであり、特に高度な管理体制が求められることからすれば、公的研究費の管理については学校法人の業務を総理する理事長を最高管理責任者とすることも考えられるところである。設置する大学が複数あり、その統括した立場の者が管理する必要がある場合などは、特にそのようなことが言えるだろう。

　学校法人の場合に誰を最高管理責任者とするのかについては、このような観点の検討を通して決することが望ましいといえよう。

Q11   統括管理責任者は具体的に何をすればよいか

A
1．ガイドライン概要

　統括管理責任者とは、「最高管理責任者を補佐し、競争的研究費等の運営・管理について機関全体を統括する実質的な責任と権限を持つ者」として定められ、職名は公開することとされている。

　統括管理責任者は、「不正防止対策の組織横断的な体制を統括する責任者であり、基本方針に基づき、機関全体の具体的な対策を策定・実施し、実施状況を確認するとともに、実施状況を最高管理責任者に報告する」という役割を担う（ガイドライン第1節1（2）→P189）。

2．留意点

　統括管理責任者が行うべき対策として、不正防止計画の策定だけでなく、コンプライアンス教育や啓発活動等を通じて構成員の意識の向上と浸透を促し、組織全体で不正を防止する風土を形成するための総合的な取組が重要である。そのため、統括管理責任者には、競争的研究費等の運営・管理に関わる構成員を対象としたコンプライアンス教育や啓発活動等の具体的な計画を策定・実施することが求められる。コンプライアンス教育や啓発活動の実施計画については、対象、時間・回数、実施時期、内容等を具体的に示すものとする。

3．具体的事例

　研究機関におけるコンプライアンス教育や啓発活動の実施計画の例は、あくまで参考であり、統括管理責任者は、各機関の性格や規模、コストやリソース等を考慮するとともに、実効性のあるものとなるような計画を策定し、実施していくことが重要である。これらの実施にあたっては、使用ルールの紹介にとどまらず、各機関の状況や社会の環境の変化に応じて適切な手段・内容を検討する必要がある（ガイドラインFAQ「大学におけるコンプライアンス教育・啓発活動の実施計画の例」）。

　また、法人によってさまざまではあるが、研究担当理事が統括管理責任者となっていることが多い。

対象者	コンプライアンス教育	啓発活動
全構成員共通	—	・意識調査の実施とフィードバック ・コンプライアンス強化月間設置
役員	・理解度チェックテストの実施とフォローアップ	・役員会等で不正防止に関する議題を扱い、意見交換
研究者事務職員	・研究費使用ルール説明会 ・コンプライアンス研修会 ・理解度チェックテストの実施とフィードバック	・部局長会議、教授会等で不正防止に関する議題を扱い、役員会等の議論を共有 ・不正事例や不正防止取組の情報共有

　これらのコンプライアンス教育や啓発活動は実施することが目的ではなく、研究機関の風土や構成員の意識を変えることが目的である。構成員の立場や意識はそれぞれ異なるため、実施計画の策定にあたっては対象を明確にし、それぞれに具体的な施策を構築する必要がある。

　なお、実施計画の詳細は本書Q18を参照されたい。

Q12　コンプライアンス推進責任者は具体的に何をすればよいか

A

1．ガイドライン概要

　コンプライアンス推進責任者は、「機関内の各部局等における競争的研究費等の運営・管理について実質的な責任と権限を持つ者」として定められ、職名は公開することとされている（ガイドライン第1節1（3）→P190）。

2．留意点

　コンプライアンス推進責任者は、統括管理責任者の指示の下、以下の役割を担う。

> ア）自己の管理監督または指導する部局等における対策を実施し、実施状況を確認するとともに、実施状況を統括管理責任者に報告する。
> イ）不正防止を図るため、部局等内の競争的研究費等の運営・管理に関わる全ての構成員に対し、コンプライアンス教育を実施し、受講状況を管理監督する。
> ウ）自己の管理監督または指導する部局等において、定期的に啓発活動を実施する。
> エ）自己の管理監督または指導する部局等において、構成員が、適切に競争的研究費等の管理・執行を行っているか等をモニタリングし、必要に応じて改善を指導する。

　コンプライアンス推進責任者は、イ）コンプライアンス教育を実施するのみならず、不正根絶に向けた継続的な ウ）啓発活動（意識の向上と浸透）を実施することが求められている。コンプライアンス教育と啓発活動の詳細は、Q14からQ18を参照されたい。

　多くの大学において、コンプライアンス推進責任者は部局長が任命されている。組織規模・部局等の構成員の数等を踏まえ、大学の学科、専攻等のレベルで複数の副責任者を任命し、日常的に目が届き、実効的な管理監督を行い得る体制を構築することが想定されている。上記 エ）の競争的研究費等の管理・執行に関しては、事務部門に副責任者を任命することも必要とされている（ガイドライン第1節1（実施上の留意事項）→P190）。コンプライアンス推進責任者・副責任者については、各機関における位置付けを明確化する観点から、内部規程に定めることが求められている（ガイドラインFAQ A008→P232）。

　コンプライアンス推進責任者・副責任者は、部局の執行部として、理事層と現場をつなぐ結節点の役割を果たす。したがって、部局の実情を踏まえ、研究現場における倫理意識を向上させていくことが肝要である。例えば、役員会等における不正防止に関する議論を部局内の会議体（部局執行部会議や教授会等）で共有し、自部局における対応を協議することが考えられる。

Q13　監事は具体的に何をすればよいか

A
1．ガイドライン概要

　監事は、機関の業務運営等を監査し、機関の長に直接意見を述べる立場にあることから、競争的研究費等の運営・管理についても重要な監査対象として確認することが求められる（ガイドライン第1節→P189）。

　今般のガイドライン改正では、監事の役割を明確化することにより、ガバナンスの強化・適正化をはかることを目指した。

　ガイドラインにおいて、監事は、以下のことが求められている（ガイドライン第1節2→P192）。

> ア）不正防止に関する内部統制の整備・運用状況を確認する
> イ）不正防止計画が不正発生要因※に対応しているかを確認し、また、不正防止計画が適切に実施されているかを確認し、意見を述べる
> ウ）不正防止計画推進部署・内部監査部門、会計監査人と連携する
> エ）役員会等において定期的に報告し、意見を述べる

※不正発生要因は、統括管理責任者またはコンプライアス推進責任者が実施するモニタリングや内部監査によって明らかになる。

2．留意点

　監事は、内部監査部門及び会計監査人と連携して監事監査に必要な情報を入手するとともに、機関における不正防止に関する内部統制の整備・運用状況やモニタリング、内部監査の手法等について内部監査部門及び会計監査人と定期的に意見交換を行うことが求められている（ガイドライン第6節（機関に実施を要請する事項）（6）→P209）。

　監査の効果を発揮できるよう、機関のコンプライアンスを包括する部署や外部からの相談を受ける窓口等、機関内のあらゆる組織と連携するとともに、不正に関する通報内容を把握し、機関内で適切な対応がとられているかを確認する（ガイドライン第6節（実施上の留意事項）⑦→P209）。

　さらに、防止計画推進部署との連携も求められる。すなわち、不正防止計画の策定・実施・見直しの各段階で適時に報告を求め、意見交換を行うことが重要である（ガイド

ライン第3節→P201)。

　なお、内部監査部門、監事、会計監査人との連携については、Q47を参照されたい。

3．事例

　研究機関の不正防止に係るPDCAサイクルにおいて、監事がどのように関与すべきかを例示する。

　監事は、内部監査部門や会計監査人と連携してモニタリングに当たることになるが、決して他人任せにせず、各組織による対応が不十分と考えた場合や、リスクがあると想定される部局・研究室に対しては、自らの目で確かめた上で、研究機関の長や統括管理責任者に意見を述べることが重要である。

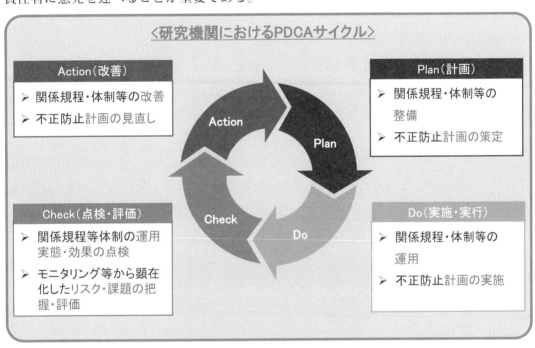

図1-2　研究機関におけるPDCAサイクル

出典：文部科学省ホームページ

（1）Plan（計画）段階

　統括管理責任者及び防止計画推進部署と協議し、前期までに役員会等であがった関係規程・体制等の改善点、不正防止計画の見直し事項が当期の規程・体制等、不正防止計画に反映されていることを確かめる。また、研究機関全体の観点のみならず、不正発生要因が生じている部局・研究室については、当該部局レベルでも見直しが適切になされていることを確かめる。

　研究不正に対する取組みは継続的に見直すことが重要である。直近の他研究機関で発

生した不正事例や自身の他組織での監査経験も活かして第三者の視点から見直すことが重要である。

（2）Do（実施・実行）段階

研究者による研究費の執行及び不正防止計画の実施段階であるため、実施・実行段階において監事の関与は特に想定されない。

（3）Check（点検・評価）段階

監事は、次のような各担当者が実施する点検・評価の状況を確認する。

①【統括管理責任者】統括管理責任者及び防止計画推進部署における各部局の防止計画実施状況

②【各部局】コンプライアンス推進責任者及び副責任者（事務職員を含む）による研究費執行のモニタリング・改善指導の状況

③【内部監査部門】内部監査部門におけるモニタリング状況（部局・研究室において生じている異常点の有無、分析状況の把握を含む）

④【会計監査人】会計監査人監査の実施状況

上記監査は、実務上、書類による確認や、統括管理責任者・コンプライアンス推進責任者等への質問が主となると考えられるが、当該質問において、特に以下のような部局・研究室に対して、十分なモニタリングがなされているかを確かめることが望ましい。

【特に注意して検討すべき部局・研究室】

①過去に不正が発生した部局・研究室

②各種分析により異常な点（※）が見られた部局・研究室

③（他の業務監査等の結果を踏まえ）組織体制が脆弱と思われる部局・研究室

※　分析により判明する異常点の例

○教員発注が認められる水準に近い金額で、大量の物品・役務発注がある場合

○特定の教職員の時間外労働が著しく多い場合（不正の隠蔽等に時間を要している可能性がある）

○非常勤雇用者の割合が多い場合、離職率が高い場合

○複数年度研究費が措置された場合において、研究終了年度に相当する巨額のプロジェクトがある場合

○月次決算書類等、学内提出書類の提出遅延・修正が度々発生している場合

　上記異常点がそのまま研究不正に結びつくものではないが、不正のリスクが高い

部局・研究室を抽出する際に参考となる視点として例示した。また、上記異常点については、内部監査部門や会計監査人が知見を有していることが多いため、三者間で情報共有することが有意義である。

　なお、統括管理責任者・コンプライアンス推進責任者のモニタリングが不十分であると判断した場合、監事自ら当該部局・研究室の研究者や事務職員に対して直接ヒアリングすることも考えられる。

（4）Action（改善）段階
　（2）Check段階で判明した規程・体制等の改善点や、不正発生要因について、次年度の関係規程・不正防止計画の改訂に織り込まれていることを確認する。

　当該確認は、研究機関全体に対して実施することは必須であるが、（3）において例示した【特に注意して検討すべき部局・研究室】に対しては、最低限部局単位（場合によっては研究室単位）で不正防止計画が見直されていることを確かめる。

第2節
適正な運営・管理の基盤となる環境の整備

Q14　コンプライアンス教育って何

A
１．ガイドライン概要

（1）コンプライアンス教育の定義

　ガイドラインでは、コンプライアンス教育について以下のように定義されている。

　「不正を事前に防止するために、機関が競争的研究費等の運営・管理に関わる全ての構成員に対し、自身が取り扱う競争的研究費等の使用ルールやそれに伴う責任、自らのどのような行為が不正に当たるのか等を理解させることを目的として実施する教育」（ガイドライン　はじめに（7）→P188）

　コンプライアンス教育は、2014（平成26）年2月の改正から研究機関に要請されたものであり、「公的研究費の適正な管理に関する有識者会議」における改正内容検討の過程において、当初は「研究における不正行為・研究費の不正使用に関するタスクフォース」中間取りまとめに従って「倫理教育」としていたが、「コンプライアンス教育」に改められた経緯がある。ここでいうコンプライアンスは狭い意味の「法令遵守」ではなく、「社会からの要請に応じながら、組織目的を実現していくこと（社会的要請への対応）」という意味と考えられる。不正使用の防止の観点からは、「ルールを守る」といった受け身の姿勢ではなく、「社会的要請に応えていく」という前向きで積極的な姿勢を構成員に根付かせる意識の啓発と浸透が重要とされたものである。すなわち、研究機関毎の制度やルール等を周知するだけでなく、公金を原資とする競争的研究費等の配分を受ける研究者・構成員として、社会的にどのような期待や要請が向けられているのか、自分たちの行動はそれら期待や要請に応えたものになっているのかを考え、意識を高める行動が求められているものと考えられる。

【参考文献等】
「研究における不正行為・研究費の不正使用に関するタスクフォース」中間取りまとめ（2013（平成25）年9月26日）
文部科学省「公的研究費の適正な管理に関する有識者会議」（第7回-第11回）配布資料及び議事要旨

（2）コンプライアンス教育の具体的な内容

　コンプライアンス教育は、実施計画に基づいて実施されることになる（実施計画の詳細は後述Q18を参照）。なお、コンプライアンス教育の具体的な内容については、ガイドライン第2節1の「実施上の留意事項」に記載されており、それらをまとめると以下の表2-1のとおりとなる。

表2-1　コンプライアンス教育の具体的な内容

コンプライアンス教育の具体的な内容	
対象	競争的研究費等の運営・管理にかかわる全ての構成員 ※構成員には事務職員も含まれる
目的	不正防止対策の理解や意識を高めること
実施方法	➤ 対面またはオンラインでの開催 ➤ E-learningによる学習 ※受講機会の確保を目的として複数回の開催もある
実施頻度	あらかじめ一定の期間を定めて定期的に受講させる ※対象者の受講状況及び理解度についての把握が必要
内容	➤ 不正の具体的な事例・懲戒処分 ➤ 不正が起こった場合の機関への影響 ➤ 研究費使用等の運用ルール・手続・告発等の制度などの遵守すべき事項 ➤ 不正が発覚した場合の機関の懲戒処分・自らの弁償責任 ➤ 配分機関における申請等資格の制限、研究費の返還等の措置 ➤ 機関における不正対策としてモニタリング等を実施している ➤ 過去の不正を機関に自己申告した場合には、懲戒処分等において情状が考慮されることがある　　　　　　　　　　　　等

　コンプライアンス教育の内容は定期的に見直しを行うこととされているため、各研究機関においては内容のアップデートをしていくことが求められる。

　また、事務職員もコンプライアンス教育の対象とした目的は、公的資金の適正な執行を確保できるよう専門的能力（業務に関する知識・能力）を向上させるとともに、研究活動の特性を十分理解しつつ、研究者が研究を遂行するために適切かつ効率的な事務を担う立場にあるとの意識を浸透させることにある。全ての研究者と事務職員が意識を高め、不正を起こさない組織風土を作り上げることが重要であり、各研究機関は、コンプライアンス研修の対象者の範囲を積極的に拡大するよう留意する必要がある。

（3）コンプライアンス教育の受講管理等

　ガイドラインでは、コンプライアンス教育対象者の受講状況及び理解度について把握することが求められている。コンプライアンス教育の実施にあたっては、受講状況をどう管理するのか、研修を踏まえた理解度の測定をどのように実施するのか検討する必要がある。

2．コンプライアンス教育の留意点

（1）コンプライアンス教育の効果
　ガイドラインFAQでは、コンプライアンス教育の効果について以下のように記載している。

- ・コンプライアンス教育はルールの遵守に繋がる
- ・ルールが遵守されるためには、単にルールの内容を知っているだけでなく、ルールの目的・必要性について理解、納得すること、さらには、ルールを遵守しなければ処分の対象になることについて十分認識することが必要
- ・不正を事前に防止する対策が整っていること等を説明し、研究機関が不正に対して断固たる姿勢で臨んでいることを示すことにより、不正に対する意識の向上等を期待

　したがって、コンプライアンス教育の実施にあたっては、各研究機関それぞれのルールや当該ルールが制定された目的・必要性、処分の内容、不正に対する断固たる姿勢を対象者に伝えることが重要である。

（2）自らの過去の不正について研究機関に自己申告した場合の処分について
　ガイドラインでは、コンプライアンス教育における説明内容の例として、「自らの過去の不正について機関に自己申告した場合には、懲戒処分等において情状が考慮されることがあること」を挙げているが、ガイドラインFAQでは当該内容をもって処分が不当に軽減されることを推奨するものではないとされている。不正が起こった場合の研究機関の処分については、本書Q49を参照されたい。

3．コンプライアンス教育の事例

　コンプライアンス教育には、不正防止計画等説明会、研究費使用ルール説明会、コンプライアンス研修会、理解度チェックシートの実施等がガイドラインFAQで取り上げられている。コンプライアンス教育を実施するにあたり、資料や講師の手配等において実務上最も悩ましいであろうコンプライアンス研修会の事例をここでは取り上げる。
　コンプライアンス研修会の実施方法として、①研究機関で実施と②外部の専門家を活用して実施する方法がある。

（1）研究機関独自で実施する方法
　自研究機関で準備をする場合には、上記1（2）で記述した具体的な内容を反映させた上で、不正防止対策の理解や意識を高めるような研修資料の作成や講師を手配しなけ

ればならない。

　研修資料については、文部科学省のホームページにて「研究機関における公的研究費の管理・監査のガイドライン（実施基準）」に係るコンプライアンス教育用コンテンツが公開されているため、これらを活用し資料を作成することが考えられる。

　講師については、公的研究費に運営・管理に責任と権限を有する統括管理責任者やコンプライアンス推進責任者、不正防止計画推進部署に所属する事務職員が実施することが考えられる。

（2）外部の専門家を活用して実施する方法

　外部の専門家として、法律や会計だけでなく、ガバナンス・内部統制にも精通している弁護士や公認会計士等に依頼する方法が考えられる。

　外部の専門家を活用した場合、以下のような内容を織り込むことができる。

①不正事例だけでなく、不正が起こった後の研究機関の対応状況やルール改正の状況を伝えることによって、不正の発生を事前に予防することの重要性について説得力をもって説明する。

②他の研究機関の事例を踏まえた研究機関毎の「立ち位置」を伝えることができる。

　具体的には、事務局側が頭を悩ませる研究者からの質問の1つに「他の研究機関では実施していないルールなのに、どうして自分のところでは実施しているのか」というものがある。ガイドラインでは、各研究機関にルールを整備することを求めており、研究規模・体制等によってルールが異なることが想定されるが、それを事務局から説明して研究者に納得してもらうのが困難な場合もある。その際には、外部の専門家に自機関の状況を分析させ、自機関のルールがなぜ必要なのかについて、根拠に基づいた説明をさせることが考えられる。

③制度の趣旨や制度化された背景等を専門的知見等から噛み砕いて説明することで、受講者の納得感を高めることができる。

Q15 構成員より提出が求められる誓約書等って何

A
1．ガイドライン概要

（1）誓約書等とは

　ガイドラインでは、コンプライアンス教育の内容を遵守する義務があることの理解を深め、意識の浸透を図るために、競争的研究費等の運営・管理に関わる全ての構成員に対し、受講の機会等に誓約書等の提出を求めることとしている。

　誓約書等の提出を求める趣旨として、ガイドラインでは以下のように考えている。

　「競争的研究費等の運営・管理に関わる全ての構成員から、誓約書等を求めていないと、受講内容等を遵守する義務があることの意識付けや不正を行った者に対する懲戒処分等が厳正に行えないことにもなりかねない。」（ガイドライン第2節1 （4）→P198）

（2）誓約書等の内容

　誓約書等の内容は、それぞれの研究機関の内部規程等により内容を明確化する必要がある。ガイドラインで挙げられている内容については、第2節1の「実施上の留意事項」に記載されており、それらをまとめると以下の表のとおりとなる。

表2-2　内部規程等により明確化すること

内部規程等により明確化すること
誓約書等の提出
誓約書等の内容 　・　機関の規則等を遵守すること 　・　不正を行わないこと 　・　規則等に違反して、不正を行った場合は、機関や配分機関の処分及び法的な責任を負担すること
誓約書等の提出を競争的研究費等の申請の要件とすること
提出がない場合は競争的研究費等の運営・管理に関わることができないこと

　なお、誓約書等は原則として本人の自署によることとされているが、本人が内容を確認していること、本人の意思に基づいて誓約されたことが担保でき、実効性のある方法であれば、自署に限るものではないとされている。

　また、新規採用者や転入者等については、コンプライアンス教育の受講にかかわらず、都度、提出を求めることとされている。

２．誓約書等の留意点

（１）構成員から誓約書等の提出を拒否された場合、どのように対応すればよいか。

　ガイドラインFAQでは、誓約書等の提出が拒否されたことのみをもって、何らかの処分を講じることは不当な処分とみなされる可能性があるため、研究機関内において構成員のコンセンサスを形成した上で、誓約書等の提出について内部規程やその他適切な方法で明確に定めておくことが必要とされている。そうすることにより、構成員から誓約書等の提出を拒否された場合でも、研究機関のルールに沿った対応をすることが可能となる。なお、誓約書等が提出されない場合には、研究機関の管理責任が果たされているかという観点から、少なくともコンプライアンス教育の受講管理の記録等を整理しておくことが必要であるとされている。

　この点、コンプライアンス教育において誓約書等の提出の必要性やその背景を丁寧に説明し、構成員の理解を得ることも考えられる。

（２）構成員に提出を求める誓約書等は一度提出されれば、誓約書等の内容が同じであれば、再度提出を求める必要はないか。

　ガイドラインFAQでは、意識付けの観点から、ルールやコンプライアンス教育の内容等を見直した際、また、昇格や配置転換等による業務の変更時等、特定の機会に改めて提出を求めることが望ましいとされている。

　ただし、実務的には、コンプライアンス研修会の出席者に対し、出席票を兼ねて誓約書の提出を求める方法も考えられる。

Q16　啓発活動って何

A
１．ガイドライン概要

（1）啓発活動の定義

　啓発活動は、2021（令和3）年2月のガイドライン改正で新規に追加された項目である。ガイドラインでは、啓発活動を以下のように定義している。

　「不正を起こさせない組織風土を形成するために、機関が構成員全体に対し、不正防止に向けた意識の向上と浸透を図ることを目的として実施する諸活動全般」（ガイドラインはじめに（8）→P188）

（2）啓発活動の具体的な内容

　啓発活動は、実施計画に基づいて実施されることになる（実施計画の詳細は後述Q17及び18を参照）。なお、啓発活動の具体的な内容については、ガイドライン第2節1の「実施上の留意事項」に記載されており、それらをまとめると以下の表のとおりとなる。特に、全ての構成員に対して継続的に実施することを強調している。

表2-3　啓発活動の具体的な内容

啓発活動の具体的な内容	
対象	役員、現場の研究者、事務担当者を含む全ての構成員 ※科研費等から謝金、旅費等の支給を受ける学生等に対しても実施することが望ましい
目的	構成員の意識の向上と浸透を図り、不正を起こさせない組織風土を形成すること
実施方法	➢ 部局長等会議、教授会等の既存の会議 ➢ Webサイト・メーリングリスト ➢ ポスター掲示 ➢ 意識調査の実施　等
実施頻度	少なくとも四半期に1回程度 ただし、機関又は各部局等の実情に合わせ定期的に実施
内容	➢ 不正防止計画の内容 ➢ 内部監査の結果 ➢ 実際に発生した不正事案（他機関の事案も含む） ➢ 不正発生要因等に関する検討と認識の共有 ※内容については随時柔軟に見直しながら実施

出典：ガイドライン第2節１実施上の留意事項⑤及び⑥及び文部科学省公表資料から著者作成

　なお、啓発活動の内容は、不正を起こさせない組織風土の形成を図る観点から、活動内容を柔軟に見直すことが求められている。

２．啓発活動の留意点

　ガイドラインFAQでは啓発活動の効果として、不正防止に向けた機関の制度や取組の周知、事例の共有、意識調査等を通じて、全ての構成員に対して不正防止意識の浸透を図ることにより、不正を起こさせない組織風土の形成に繋がるとされている。

　ただし、ガイドラインに記載されている啓発活動の例を形式的に実施するだけでは、事務作業の手間ばかりが増え、形骸化を招くおそれがある。不正を起こさせない組織風土の形成に繋がる実効性のある啓発活動を実施するためには、まず各機関の現状把握をすることを目的として意識調査を実施し、そこから顕在化した課題に対して周知活動を実施することが望まれる。

３．啓発活動の事例

　上記1（2）において、啓発活動の実施方法が4つ記載されている。ただし、ガイドライン改正に併せてこれらの4項目を同時並行に実施するだけでは、ガイドラインで求めている不正を起こさせない組織風土を形成するための啓発活動、すなわち、研究機関が構成員全体に対し、不正防止に向けた意識の向上と浸透を図るものにはならない。実施計画を作成する基礎資料として、まずは意識調査を行い、各研究機関の現状把握をすることが有効である。ここでは、意識調査の事例として、「研究者に対するアンケート調査」と「インタビュー調査」の2点について取り上げる。

【意識調査の事例】
（1）アンケート調査
　アンケート調査は、4つのフェーズに分けられる。フェーズ1はアンケートの設計、フェーズ2はアンケートの実施、フェーズ3は結果の集計・分析、フェーズ4は対応策の検討である。
　それぞれフェーズごとの実施概要は表2-4のとおりである。

表2-4　アンケート調査のプロセス

フェーズ1 アンケートの設計	フェーズ2 アンケートの実施	フェーズ3 結果の集計・分析	フェーズ4 対応策の検討
・アンケートの仕様（目的、対象者、スケジュール、実施方法など）を決定 ・仕様に基づき、設問及びアンケート依頼文などのツール類を作成	・事務局より、対象者に対して、依頼文書及び用紙を配付し、アンケートを実施	・アンケート結果を事務局にて集計 ・分析を実施し、報告書としてとりまとめ	・分析の結果、把握された課題について、各関連部局とのディスカッションを通じて、対応策を検討 ・検討の結果は課題対応策としてとりまとめ

　アンケート調査においては、フェーズ１アンケートの設計で実施する設問の作成が重要である。単に対象者に聞きたいことを設問に載せるのではなく、それぞれの設問について調査の視点（研究・職場環境の適否を問いたいのか、意識の浸透度合いを計りたいのか、制度やルールの理解度を計りたいのか等）や設問の結果得られる効果（現状把握なのか、教育的効果などか等）を丁寧に紐づけることで、設問毎の目的を明確にすることができる。このアンケート結果は単純に集計するだけでなく、回答者の属性別に集計分析する等により、検討課題が明らかになり、効果的かつ効率的な対応策を講じることが可能となる。

項目		設問	選択肢①	選択肢②	選択肢③	選択肢④	効果
研究者の意識等	環境	自組織は、倫理的な行動が尊ばれる組織文化だと思いますか。	そう思う	どちらかといえばそう思う	あまりそうは思わない	そう思わない	現状把握
	意識	研究費を使用する上での研究者の責務は、法令等の遵守であり、研究者には、研究費の支出の適正性に関して説明責任が生じます。	そう思う	そう思わない	そう思わない理由を記載ください		意識の醸成
	周知	捏造、改ざん、盗用等の研究活動の不正行為を行った場合、研究者への罰則として、「競争的資金等の返還、申請制限」や「本学規程に基づく処分」だけでなく、大学への罰則として、「間接経費等の削減」が行われる可能性があることを知っていますか。	知っている	知らない			現状把握／周知促進

図2-1　アンケートの設問例

　さらに、アンケート調査を定期的に実施することで、過去の調査結果との比較による浸透度の把握や、当該期間で実施した施策の効果を数値として確認することができる。

（2）インタビュー調査

　インタビュー調査は、公的研究費を採択している研究者から対象者を抽出し、研究課題への取組状況、資金の管理状況、研究費使用マニュアルの利用状況、研究費使用において困ったときに問い合わせをする窓口、通報窓口の認知、罰則の理解、事務部門への要望等について直接インタビューを行うものである。

　この調査により、各研究機関が不正防止対策として実施している施策の認知度合いやその効果、改善要望を知ることができる。また、インタビュー調査は、抽出ではあるものの直接研究者と話をすることにより、アンケート調査では浮かび上がらないような潜在的な課題を顕在化することも期待できるとともに、事務局からモニタリングされているという認識を持たせることで牽制効果を得ることができる。

　なお、アンケート調査、インタビュー調査の実施に当たっては、専門的知識をもった外部の専門家に委託する事により質問が専門的となる事に加え、他の研究機関との比較も可能となる事から、有効な方法であると言えよう。

Q17　統括責任者が策定する実施計画って何

A

1．実施計画の概要

　コンプライアンス教育や啓発活動の実施計画は、各研究機関にコンプライアンス教育や啓発活動の具体的な内容を定めたものであり、統括責任者が策定するとされている。この実施計画に基づき、コンプライアンス推進責任者は、競争的研究費等の運営・管理に関わる全ての構成員に対して実施することになる。

図2-2　実施計画のイメージ

2．コンプライアンス教育と啓発活動の関係

　コンプライアンス教育と啓発活動は、不正使用防止計画やルールを理解し、不正を起こさない組織風土を形成するため、相互に補完する形で実施することが有効であるため、全体的な実施計画策定にあたっては、この点を留意することが必要である。

　各機関においては、不正防止対策の理解の促進を目的としたコンプライアンス研修の内容を踏まえ、啓発活動では不正防止に向けた意識づけを研究機関の構成員全体に実施することが求められる。

- 　「コンプライアンス教育」と「啓発活動」は相互に補完するもの
- 　コンプライアンス教育で周知した知識と啓発活動で定着した知識により、関係者の意識の向上と維持・浸透を図ることができる

図2-3　コンプライアンス教育と啓発活動の関係

Q18　実施計画はどうやって作成したらよいのか

A
1．ガイドラインFAQにおける実施計画の例

　ガイドラインFAQにおいて、「大学におけるコンプライアンス教育・啓発活動の実施計画の例」が公表されている。ただし、当該ひな形に沿って各研究機関が実施計画の作成をすることや記載されている内容について一律にすべてを実施することを求めているものではなく、各研究機関の性格や規模、コストやリソース等を考慮し、実効性のあるものとなるような計画を策定することが必要である。また、本実施計画は、意識調査や理解度チェックテストの結果を踏まえ、適宜見直しをしなければならない。

　なお、ガイドラインFAQの実施計画の例のポイントとして、以下の3点が挙げられる。

・対象者を「全構成員共通」「役員」「研究者」「事務職員」「研究費から謝金、旅費等の支給を受ける学生等」の5つに区分し、それぞれの対象者に対して実施する内容を記載
・1年間の活動を3か月ごとの四半期に区分し、四半期ごとに実施する内容を記載
・コンプライアンス教育や啓発活動は、それぞれ一つずつではなく複数の内容を記載

2．実施計画に記載する内容

　「大学におけるコンプライアンス教育・啓発活動の実施計画の例」の内容をまとめると、表2-5のとおりとなる。

表2-5

対象者		コンプライアンス教育	啓発活動
全構成員共通		−	・ 研究費に関する意識調査 ・ コンプライアンス強化月間
役員向け		・ 理解度チェックテスト	・ 役員会等（審議又は意見交換）
研究者向け	各組織の管理者向け （学部・学科・専攻等の長）	・ 不正防止計画等説明会 ・ 研究費使用ルール説明会 ・ コンプライアンス研修会 ・ 理解度チェックテスト	・ 部局長会議等 ・ 情報提供等
	研究者・研究補助者向け （研究費の管理・運営に関わる学生アルバイト等を含む）	・ 初任者向け研修会 ・ 研究費使用ルール説明会 ・ コンプライアンス研修会 ・ 理解度チェックテスト	・ 教授会 ・ 面談 ・ 情報提供等
事務職員向け	各事務組織の管理者向け （事務長・部課長等）	・ 不正防止計画等説明会 ・ 研究費事務職員向け説明会 ・ コンプライアンス研修会 ・ 理解度チェックテスト	・ 事務責任者連絡会議等 ・ 情報提供等
	事務職員・事務補助職員向け （研究費の管理・運営に関わる学生アルバイト等を含む）	・ 初任者向け研修会 ・ 研究費事務職員向け説明会 ・ コンプライアンス研修会 ・ 理解度チェックテスト	・ 研究費事務担当者連絡会 ・ 面談 ・ 情報提供等
研究費から謝金、旅費等の支給を受ける学生等向け		−	・ 基本的なルールと不正事例の周知 ・ 不明点やルールに反した行為に関する相談窓口の周知

　また、一例ではあるが、対象者別の具体的な実施内容は、文部科学省のホームページで公表している「大学におけるコンプライアンス教育・啓発活動の実施計画の例」によれば下記のとおりである。

（1）全構成員共通

　全構成員共通を対象としている啓発活動として、研究費に関する意識調査とコンプライアンス強化月間がある。研究費に関する意識調査については、2～3年に1回の頻度とされている。この意識調査の効果として各機関の現状を把握し、リスクを洗い出すということだけでなく、設問を通じて模範意識の浸透を図る効果が期待される。また、意識調査の分析結果は、本実施計画の見直しや不正防止計画全体の見直しにも活用できる。

　さらに、コンプライアンス強化月間を設定し、学生や教職員に向けて不正防止ポスターを掲示することや相談窓口・告発制度の周知を強化することで、不正防止に向けた構成員の意識の向上が図られる。

（2）役員向け

　役員を対象にしている内容として、理解度チェックテスト（コンプライアンス教育）と役員会等での審査または意見交換（啓発活動）がある。

　理解度チェックテストについては、コンプライアンスを推進する立場にあることを踏まえた理解度の確認を行い、適宜フォローアップをするものである。

　役員会等においては、少なくとも四半期に1回は不正防止に関する議題を扱う。議題の内容としては、監事監査や内部監査の計画や結果、競争的研究費等の採択状況、コンプライアンス教育・啓発活動の実施状況、意識調査の実施案や分析結果、不正防止計画に関すること等がある。また、役員会等において単に報告を受けるのみではなく、意見交換等を行うことで、役員に対する啓発活動として位置付けられるとされている。さらに、他研究機関で不正事例が発生した場合、随時その不正事例を踏まえて自研究機関におけるリスクと対応実施状況について意見交換をする。

（3）研究者向け

　研究者を対象としている内容は、「各組織の管理者（学部・学科・専攻等の長）」「研究者・研究補助者（研究費の管理・運営に関わる学生アルバイト等を含む）」を対象に区分される。

①各組織の管理者（学部・学科・専攻等の長）

　コンプライアンス教育として不正防止計画等説明会、研究費使用ルール説明会、コンプライアンス研修会、理解度チェックテストがある。

　不正防止計画等説明会では、管理者を対象としていることを鑑み、管理者の役割や不正防止計画に基づき各部局で実施すべき取組、コンプライアンス教育・啓発活動の年間実施計画、相談・告発を受けた場合の説明を実施し、毎年開催する。研究費使用ルール説明会では、当該年度の使用ルールの変更点や前年度の不正使用事例等の説明を実施し、毎年開催する。また、コンプライアンス研修会では、コンプライアンスの基本的理解のアップデートを実施し、研究機関を取り巻く状況等に変化がなければ、3年に1回程度の開催とすることも考えられる。

　理解度チェックについては、当該年度のコンプライアンス教育の内容について理解度を確認することを目的として毎年実施する。この理解度チェックにおいて、理解度が低い場合には適宜フォローアップを実施する。

　啓発活動は、全学的な会議体である部局長会議等において、少なくとも四半期に1回は、役員会等における議論内容の共有、各部局における不正防止の取組の情報共有や実施状況の報告、内部監査等の結果を踏まえた課題と問題点の共有を行い、全学的な取組を共有するとともに、部局を超えて情報や認識を共有する。

②研究者・研究補助者向け

　研究費の管理・運営に関わる学生アルバイト等を含む研究者・研究補助者を対象としているコンプライアンス教育として研究費使用ルール説明会、コンプライアンス研修会、理解度チェックテストがある。それぞれの内容は各組織の管理者（学部・学科・専攻等

の長）と同様である。

　啓発活動としては、全学的な不正防止の取組を各部局で実行するため、まず各部局に設置された、例えば教授会等において、少なくとも四半期に1回は、役員会等における議論の共有や自部局における不正防止の取組の周知及び実施状況の報告、内部監査等の結果を踏まえた課題と問題点の共有を行う。教授会等に出席しない研究者・研究補助者に対しては、教授会等の出席者から当該内容を共有する。なお、年に1回程度は、最高管理責任者が直接教授会に赴き、不正防止のビジョンの周知・意見交換を行う。

　また、研究費で雇用される者に対しては、新規雇用時のほか定期的に事務担当者との面談を実施し、不正に関する注意喚起や相談窓口の案内等を行う。

（4）事務職員向け

　事務職員を対象としている内容は、「各事務組織の管理者（事務長・部課長等）」「事務職員・事務補助職員向け（研究費の管理・運営に関わる学生アルバイト等を含む）」に区分される。

①各事務組織の管理者（事務長・部課長等）

　各事務組織の管理者を対象としているコンプライアンス教育として、不正防止計画等説明会、研究事務職員向け説明会、コンプライアンス説明会、理解度チェックテスト等がある。

　研究者向けの実施内容との相違点として、研究費事務職員向け説明会においては、研究費の管理・事務処理手続きにおける留意点を追加することやコンプライアンス研修会において、リスクと対策の検討についてのディスカッションを実施する。

　啓発活動は、既存の全学的な事務組織の管理者が参加する会議体を活用し、役員会等における議論の共有、当該年度の使用ルールの変更点、前年度の不正使用事例、各部局における不正防止取組の情報共有や実施状況の報告、ヒヤリ・ハット事例等を踏まえた事務手続きの改善について意見交換等を行い、全学的な取組を共有するとともに、部局を超えて情報や認識を共有する。

②事務職員・事務補助職員

　研究費の管理・運営に関わる学生アルバイト等を含む事務職員・事務補助職員を対象とするコンプライアンス教育は、不正防止計画説明会を除き、各事務組織の管理者と同様の内容である。

　啓発活動は、研究費事務担当者連絡会等の既存の会議体を活用し、役員会等における議論の共有や不正防止取組の周知とともに、事務担当者向けのマニュアル周知、事務処理対応事例の共有や事務手続きの改善の検討等を行う。

（5）研究費から謝金、旅費等の支給を受ける学生等向け

　研究費から謝金、旅費等の支給を受ける学生等を対象とする啓発活動として、本人が支給を受ける経費（謝金、旅費等）に関する基本的なルールと不正事例の周知や不明点やルールに反した行為に関する相談窓口の周知がある。これらはリーフレットの配布や学生向けポータルサイトへの掲示等により随時実施する。

Q19　事務処理手続きのルールの見直しの方法はどうするのか

A

1．ガイドライン概要

　事務処理手続のルールについては、見直しを行い、明確かつ統一的な運用を図ることが求められているが（ガイドライン第2節2→P196）、2021（令和3）年2月のガイドライン改正で、下表のとおり、内部監査等を活用して見直しを行うこと、定期的に点検・見直しを行う旨の記載が追加され、対応が強化された項目である。

表2-6

事務処理手続きのルールの点検、見直しの強化	
ガイドライン改正前	ガイドライン改正後
（実務上の留意事項①）	（実務上の留意事項①）
➢ 機関内ルールは、業務が最も効率的かつ公正に遂行できるものとする	➢ 機関内ルールは、業務が最も効率的かつ公正に遂行できるものとする
	➢ モニタリング等の結果も踏まえ、必要に応じて見直しを行う 　⇒**内部監査等を活用することを明確化**
	➢ 機関内ルール全体を通して定期的に点検・見直しを行う 　⇒**定期的な見直しを行うことを明確化**

出典：ガイドライン第2節2「実施上の留意事項」①

　事務処理手続きのルールは、一般的に規程、細則、要領、マニュアル等の形で明文化し、各担当者に周知することが考えられるが、研究分野の特性の違い等、合理的な理由がある場合には複数の類型を設けることも可能とされ、実態を踏まえた対応が認められている。ただし、ルールの解釈は統一的運用を図る必要があり、また、例外的な処理は極力避ける必要がある。仮に例外的な処理を認めざるを得ない場合でも、例外処理の指針を定め、手続を明確化して行う必要がある。

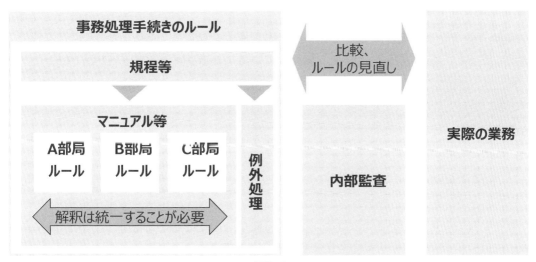

図2-4

出典：ガイドラインを要約して作成

２．事務処理手続きのルールの見直しの留意点

　ルールの策定や周知にあたり、「分かりやすいこと」が求められていることから、研究者、事務職員等、それぞれの職務に応じた視点からハンドブックやマニュアル等を作成することが考えられる。

　ただ、ガイドラインが対象とする制度は様々なものがあり、各担当機関や事業によって詳細な事務処理手続が異なるため、自らの研究機関が扱っている制度を把握し、当該制度が求めている事務処理手続を満たすハンドブックやマニュアル等とする必要がある。したがって、毎年、改正項目を網羅的に把握し、ハンドブックやマニュアル等に反映させることが望ましい。

表2-7

主な制度ごとの事務処理手続の一覧		
制度名	**担当機関**	**事務処理手続**
科学研究費助成事業	文部科学省研究振興局 （独）日本学術振興会	科研費ハンドブック
創発的研究支援事業 戦略的創造研究推進事業　等	（独）科学技術振興機構	研究者向けハンドブック ※事業ごとに作成されている場合があります。
革新的先端研究開発支援事業 医療分野研究成果展開事業　等	（独）日本医療研究開発機構	募集要項等 ※事業ごとに募集要項等に記載されている場合があります。

出典：文部科学省公表資料、各機関の公表資料から抜粋

　なお、すべての構成員に対して、ルールの理解度を確認するための理解度テストを実施するなどし、分かりやすいルールとなっているのか確認することが望まれる。

　また、一般的に大枠を定めている規程等は、詳細な事務処理の手続きを定めたマニュアル等に比べて見直しの頻度は少なくなる傾向にあるが、法令の改正等を適宜に反映する必要がある。

3．事務手続のルールの見直しの事例

　事務手続のルールの見直しにあたっては、法令等の改正項目を把握し、規程やマニュアル等の改正が必要ないか網羅的に把握する必要がある。そのためには、下記のように、まずは論点を洗い出す作業が必要となる。規定類の改定を適時に実施しない場合には、規定に従ったために法令等の要求事項に脱漏が生じる恐れがあるため、最低限、年1回は期日を決めて改定検討会議を持つことが望まれる。

表2-8　令和3年2月のガイドライン改正に関する論点洗い出しの事例

改正前	改正後	論点	方針
第2節 適正な運営・管理の基盤となる環境の整備	第2節 適正な運営・管理の基盤となる環境の整備		
（1）ルールの明確化・統一化	（2）ルールの明確化・統一化		
（新規）	④ 競争的研究費等により給与、謝金、旅費等の支給を受ける学生等に対してもルールの周知を徹底する。	➢ 留意事項から要請事項に格上げ ⇒重要度が増したことによる対応が必要	➢ 学生への周知活動について、不正防止活動への追加を検討する ➢ 学生研究参加前にルール説明を実施する
（実務上の留意事項）	（実務上の留意事項）		
（新規）	①また、ルールが形骸化しないよう、第6節に掲げるモニタリング等の結果も踏まえ、必要に応じて見直しを行うこととする。さらに、機関内ルール全体を通して定期的に点検・見直しを行うことが望ましい。	➢ 内部監査の活用を検討 ➢ 「定期的」な点検・見直しが必要	➢ 現状で実施済のため、対応不要

Q20　不正防止体制に係る職務権限の明確化とは

A
1．ガイドライン概要

　不正を防止するためには、適切なチェックが必要となり、現場でのチェックが適切に行われる体制を構築することが必要である（ガイドライン第2節3　「実施上の留意事項」①　→P197）。

　また、研究者の理解を促進するためにも、構成員の権限と責任については、機関内で合意形成し、明確に定めて理解を共有する必要がある。一般的には、職務分掌規程等で職務権限を定めることが考えられるが、実際の業務と乖離が生じないように、必要に応じて適切に見直す必要がある。また、職務権限に応じた明確な決裁手続きを定める必要があるが、簡素なものとし、責任の所在を反映した実効性のあるものとしなければならない。

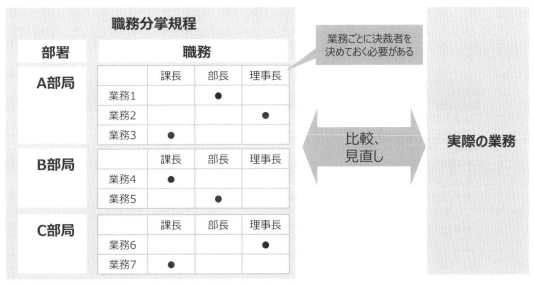

図2-5

　なお、一定金額の範囲内で研究者による発注を認める場合には、その権限と責任が当該研究者にあることを明確化するとともに、あらかじめ理解してもらうことが必要となる。

2．不正防止体制に係る職務権限の明確化の留意点

　事務処理の各段階において、事務処理に関わる構成員の権限を明確化する必要がある。

一般的には、職務分掌規程等で定めておくことが望まれる。

購買プロセスの事務処理の場合

購入依頼		発注		検収		支払い	
実施者：●●		実施者：●●		実施者：●●		実施者：●●	
決裁者：		決裁者：		決裁者：		決裁者：	
～●円	●●	～●円	●●	～●円	●●	～●円	●●
●～●円	●●	●～●円	●●	●～●円	●●	●～●円	●●
●円～	●●	●円～	●●	●円～	●●	●円～	●●

図2-6　ガイドラインFAQを基にしたイメージ図

出典：著者作成

3．不正防止体制に係る職務権限の明確化の事例

（1）執行分析による職務権限の検討

職務権限を決定する際は、執行状況を分析し、決裁が形式的なものとならないよう、実行可能な件数となるように金額の範囲を決定することが重要である。また、金額的な影響も加味することも望ましいといえる。

区分	決裁者	件数割合	金額割合
●●万円以上	副理事長	0.0%	11.2%
●●万円以上 ●●万円未満	事務局長	0.3%	26.0%
●●万円以上 ●●万円未満	財務課長	3.1%	36.6%
●●万円以上 ●●万円未満	管理課長	7.4%	14.6%
●●万円未満	予算権者	89.2%	11.5%

決裁者別の執行件数

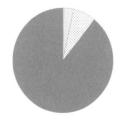

□副理事長 □事務局長 □財務課長 ▨管理課長 ■予算権者

決裁者別の執行金額

□副理事長 □事務局長 □財務課長 ▨管理課長 ■予算権者

図2-7

　上記は購入承認に関する執行額の状況を分析した事例であるが、発注や検収等のそれぞれの段階で分析し、決裁の基準を定めることが有効といえる。

（2）研究者発注を認めている金額基準の考察

　一般的に、研究者本人に発注権限を認めると、研究費の利便性が向上し事務手続きも簡素化されるというメリットがある一方、研究費不正が起きる可能性が高くなるというデメリットがある。このため、一定金額以下の経費支出については研究者本人による発注を認める規定を採用する研究機関もある。ここでいう一定金額は各研究機関の実情に応じて決定されるものである。

　では、ここでいう各研究機関の実情とは何を表しているのか必要な考慮要素を2点記載する。

　1点目は検収や支払い時における各研究機関のルールである。検収事務や支払事務においてどのくらい事務部門が関与しているかは重要な視点である。

　2点目は、研究費全体に占める研究者発注の比率である。例えば、機関Aでは100万円未満を基準額として研究者発注を認めているが、その比率は研究費全体で1割であったとする。一方、機関Cでは基準額が10万円未満であるが、研究者発注比率は9割であるとする。金額的には機関Cの基準額が厳しいものであるが、研究者発注率は逆であり機関Cでは大半の経費支出が事務部門を通さずに発注ができている状態となっており、これが適当か判断を要する。

　なお、金額基準を設けて研究者発注を認める場合、研究者本人と特定の業者との癒着を防ぐために、次のような取組を実施している機関もある。

　▶研究機関が審査、指定登録した業者に対してのみ研究者本人の発注を認める

　▶研究費執行のモニタリングで、特定の業者への発注の多い研究者に対してヒアリングを実施する

　▶納入業者からの伝票だけでなく、メーカーからの出庫伝票等も提出させる

Q21   告発を受けた場合の取り扱いはどうするのか

A
1．ガイドライン概要

　日本公認会計士協会（経営研究調査会）が公表している「上場会社等における会計不正の動向（2021年版）」（経営研究調査会研究資料第8号）によると、2017（平成29）年3月期から2021（令和3）年3月期において、会計不正の発覚の事実を公表した上場会社等159社の会計不正（うち、不正の発覚経路が判明するもの）のうち、発覚経路が内部通報であった割合は14.6%と一定の割合を占めている。このように、告発は不正を発見するための手段として機能していることが窺がわれ、ひいては不正の防止にも役立っていると考えられる。したがって、ガイドラインにおいても、告発等の取り扱いは詳細に定められている。

　まず、告発等を受け付ける窓口を設置するとともに、不正等に係る情報が、窓口担当者から迅速かつ確実に最高管理責任者に伝わる体制を構築する必要がある。そして、告発等を受け付けてから報告まで、以下のように処理するための体制、手続等を明確に示

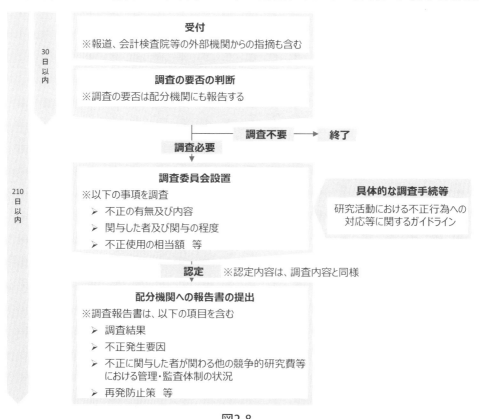

図2-8

した規程等を定める必要がある。

　調査の実施に際しては、調査方針、調査対象及び方法等について配分機関に報告、協議する必要があり、調査の過程で不正の事実が一部でも認識された場合には、速やかに配分機関に報告する必要がある。また、調査の要否の判断、報告書の提出にはそれぞれ期限が設けられているが、報告書の提出については、期限までに調査が完了しない場合には中間報告の提出が求められている。さらに、調査結果は公表する必要があり、少なくとも以下の内容を含む。

- ▶不正に関与した者の氏名・所属（合理的な理由がある場合は非公表が可能）
- ▶不正の内容・手段
- ▶研究機関が公表時までに行った措置の内容
- ▶調査委員の氏名・所属

　このような告発等の制度を機能させるためには、告発等の窓口や方法を内部の構成員だけでなく取引業者を含む外部者に対しても周知する仕組みが重要であり、ホームページ等で積極的に公表することが望まれる。また、告発者の保護も重要であり、積極的に窓口を顧問弁護士等の外部の第三者機関等に設置することも必要と考えられる。

　なお、不正を行った者またはその管理監督に適正を欠いた者を公正かつ厳正に処分する必要があることから、懲戒処分等を内部規程として整備し、普段から構成員に周知しておくことも必要となる。

２．告発を受けた場合の留意点と調査方法

　告発を受けた場合不正に関与した者や時期、研究資金名等が一部でも特定できる情報があれば、調査対象とすることが望まれる。不正の実施時期が過年度で会計書類の保存年限を超える場合も同様である。

　不正の調査手続については、「研究活動における不正行為への対応等に関するガイドライン」に準じて整備・見直しを行う必要がある。同ガイドラインでは、告発に係る事案の調査について、表2-10のように規定している。

表2-10

「研究活動における不正行為への対応等に関するガイドライン」で規定されている告発の調査

調査を行う機関	➢ 原則、研究者の所属する機関 ※1　研究者が複数の機関に所属する場合、告発された事案に係る研究活動を主に行っていた機関を中心に合同で実施 ※2　研究者が現に所属する機関と異なる機関で行った研究活動に係る告発の場合は、前者と後者の両機関で合同で実施 ※3　研究者が離職してからどの機関にも所属していない場合、告発された事案に係る研究活動を行っていた機関が実施
調査委員会	➢ 調査委員の半数以上は外部の有識者で構成 ➢ 告発者と被告発者との間に直接の利害関係がない者で構成
調査方法	➢ 各種資料の精査 ➢ 関係者へのヒアリング ➢ 被告発者の弁明の機会を与える必要がある
説明責任	➢ 被告発者は、調査委員会の調査に対して、適正な方法と手続であったことを説明する責任がある
不服申し立て	➢ 不正行為が認定された場合でも、被告発者には不服申し立ての機会が設けられている

　「公的研究費の管理・監査のガイドライン」では、調査委員会の第三者委員は弁護士、公認会計士等を想定している。また、調査中は、必要に応じて、被告発者等の調査対象となっている者に対して、調査対象制度の研究費の使用停止を命ずることとなっている。

3．告発を受けた場合の事例

（1）平成28年度～令和2年度の告発により発覚した不正使用事案
　ガイドラインでは、参考資料3として、報告書のひな形を規定している。また、文部科学省では、ホームページにて研究機関における不正使用事案を公表している。（https://www.mext.go.jp/a_menu/kansa/houkoku/1364929.htm）
　直近5年間の告発（通報）よって発覚した不正使用事案は以下のように推移している。

表2-11　研究機関における不正使用事案の推移

単位：件（件数）、百万円（金額）

	平成 28 年	平成 29 年	平成 30 年	令和元年	令和 2 年
件 数	2	7	3	11	3
金 額	13	46	14	510	1

出典：文部科学省ホームページ「研究機関における不正使用事案」https://www.mext.go.jp/a_menu/kansa/houkoku/1364929.htm

(2) 相談窓口及び告発等の窓口の公表について

　ガイドライン第2節4の「実施上の留意事項」① →P199 では、取引業者等の外部者に対しては、相談窓口及び告発等の窓口の仕組み（連絡先、方法、告発者の保護を含む手続等）について、ホームページ等で積極的に公表し、周知することが求められている。

　2020（令和2）年度に科学研究費助成事業の採択数が上位150位以内であった機関（研究者の所属する機関別）において、公的研究費の運営・管理の取組を自機関で公表している149機関の相談窓口及び告発等の窓口の開示状況を調査すると、148機関（99.3％）で相談窓口及び告発等の窓口をホームページで開示している。どの研究機関も、積極的に情報開示を行っていることが窺われる。

　なお、研究機関別の開示状況は以下の表のとおりである。

表2-12　期間別の相談窓口及び告発等の窓口の開示状況

研究機関種類	研究機関数	開示状況
国立大学	65	64
私立大学	55	55
大学以外の研究機関	16	16
公立大学	13	13
総計	149	148

※2021（令和3）年10月時点の各研究機関のホームページにて著者が調査

Q22　ガイドラインと公益通報者保護法との関係は

A
1．ガイドラインにおける告発等の定め

　ガイドライン第2節4（→P198）では、研究費不正を根絶する仕組みの1つとして、機関内外からの告発等（機関内外からの不正の疑いの指摘、本人からの申出など）が定められている。詳細は本書Q21で述べているとおりであるが、機関に実施を要請する事項として、告発等の受付窓口の設置、不正に関する情報の伝達体制の構築、告発等の取扱いをはじめとする不正調査の体制・手続等を明確に示した規程等の制定などが挙げられている。特に、告発等の主体はガイドライン上も「機関内外」とされており、通報を広く受け付けていくことが想定されているといえる。

2．公益通報者保護法の概要

　一方、公益通報者保護法は、公益通報をしたことを理由とする公益通報者の解雇の無効、不利益取扱いの禁止、公益通報に関し事業者及び行政機関がとるべき措置等を定めている。
　なお、2020（令和2）年に公益通報者保護法が改正され（令和2年法律第51号）（以下、令和2年改正という。）、公益通報への保護が拡大されることとなった。施行日は2022（令和4）年6月1日が予定されており、施行日以降の公益通報に上記改正法が適用されることとなるが、本書執筆時点では旧法が適用されているため、基本的には旧法を前提に説明することとする。

（1）保護される対象
　同法で保護される対象である「公益通報」は、公益通報者保護法2条1項に定められている。要約すると、労働者が労務提供先について、所定の法律に違反する犯罪行為または最終的に刑罰に繋がる行為を所定の通報先に通報することが挙げられている[1]。

①　通報の主体
　通報の主体は労働者に限定されている。したがって、例えば労務提供先と無関係の第

1　2020（令和2）年に公益通報者保護法が改正され（令和2年法律第51号）、公益通報の主体が退職後1年以内の退職者や役員に、保護される通報が刑事罰の対象から行政罰の対象に、それぞれ拡大されることとなった。

三者からの通報や、犯罪行為等にはならない通報については、保護の対象とはならない。

　なお、令和2年改正により、公益通報の主体が退職後1年以内の退職者や役員に拡大されることとなった。

②　通報の対象となる「労務提供先」

　通報の対象となる「労務提供先」は、以下のとおりである。

> ア）　雇用元（勤務先）で働いている場合→雇用元（勤務先）の事業者
> イ）派遣労働者として派遣先で働いている場合→派遣先の事業者
> ウ）雇用元の事業者と取引先の事業者の請負契約等に基づいて当該取引先で働いている場合→取引先の事業者

③　通報の対象となる行為

　通報の対象となる行為は、所定の法律に違反する犯罪行為または最終的に刑罰につながる行為である。

　対象となる法律は公益通報者保護法の別表に掲載されており、刑法、廃棄物処理法、個人情報保護法、学教法等が対象となっている。例えば、大学以外の教育機関が大学との名称を用いることは禁止されており（学教法135条1項）、違反した場合には10万円以下の罰金が科されることとなっているが（同法145条）、そのような名称使用は公益通報者保護法で保護される通報の対象となる行為に該当する。

　最終的に刑罰につながる行為とは、違反事実について直接刑罰が科されることはないが、違反に対する行政処分に対して違反することが刑罰の対象となっている場合などをいう。

　なお、令和2年改正により、通報の対象となる行為に行政罰の対象も含まれることとなった。

④　通報先

　通報先は、事業者内部、行政機関、報道機関などの事業者外部である。

(2) 保護の内容

　同法で保護される内容としては、解雇の無効（公益通報者保護法3条）、解雇以外の不利益な取扱いの禁止[2]（同5条1項）、労働者派遣契約の解除の無効・不利益な取扱いの禁止（同4条・5条2項）がある。

　なお、令和2年改正により、保護の内容についても、役員を解任された場合の損害賠

2　例えば、降格、減給、訓告、自宅待機命令、給与上の差別、退職の強要、専ら雑務に従事させること、退職金の減額・没収などが挙げられる。

償請求や、公益通報者に対する損害賠償の制限が追加されることとなった。

（3）違反した場合の行政的・刑事的制裁

公益通報者保護法に違反した場合の行政的・刑事的制裁は特にない。

もっとも、令和2年改正により、報告徴収・公表等の行政処分や刑事罰などが定められたので、留意が必要である（令和2年改正後の公益通報者保護法15条〜22条）。

（4）小結

このように、公益通報者保護法では、あらゆる通報について包括的なかたちで保護されているわけではなく、所定の通報について一定の行為を禁止等するなど、限定的な内容となっている[3]。

なお、消費者庁により「公益通報者保護法を踏まえた内部通報制度の整備・運用に関する民間事業者向けガイドライン」（2016（平成28）年12月9日）（以下、内部通報制度ガイドラインという。）が策定されている。当該ガイドラインでは、内部通報制度の整備・運用の方策[4]や、通報者等の保護に関する留意点[5]等について、具体的に定められており、また、必ずしも公益通報者保護法の対象に限られない方策が紹介されている。

また、令和2年改正に伴い、「公益通報者保護法第11条第1項及び第2項の規定に基づき事業者がとるべき措置に関して、その適切かつ有効な実施を図るために必要な指針」（令和3年8月20日内閣府告示第118号）（以下、事業者指針という。）が定められた[6]。

3．ガイドラインと公益通報者保護法との関係

上記のとおり、ガイドラインの対象となる告発等は必ずしも公益通報者保護法が適用される通報に限定されているものではなく、同法が直接適用とならない告発等も存在する。その意味で、ガイドラインの適用対象は公益通報者保護法より広いという関係にあるといえる。

3　ただし、同法は保護を受けるための要件を明確化して公益通報者の保護を図ろうとしたものであり、たとえ公益通報者保護法の対象とならない通報であったとしても、例えば当該通報を理由に解雇した場合に、労働契約法に基づき解雇が無効となることもあるなど、他の法令等によって通報者が保護されることもあり得る点には留意が必要である。

4　外部の通報窓口の活用や利益相反関係の排除、内部通報制度の仕組みの周知など。

5　通報にかかる秘密保持の徹底、自主的に通報を行った者に対する処分等の減免など。

6　令和2年改正により、従業員数300人を超える事業者には、公益通報対応業務従事者の設置、内部通報窓口の設置など必要な体制整備が義務となったので（従業員数300人以下の事業者にとっては努力義務）、300人を超える教職員のいる学校法人にとっては、内部通報に関する体制整備が義務となる。今後急ピッチで改正対応を進めていく必要がある。

　一方、公益通報者保護法が適用される通報の場合には、同法に従う必要があり、上記2（2）のとおり、公益通報を理由とする解雇や不利益取扱いをすることのないよう、注意しておく必要がある。特に、令和2年改正により、保護の内容が拡大されたり、事業者として行うべき体制整備義務などが新設されたりしたので、事業者指針なども参照しながらその対応を行う必要があろう。

　なお、公益通報者保護法の趣旨を踏まえた内部通報制度ガイドラインが、公益通報者保護法の適用の有無に必ずしも限られないかたちで、内部通報制度の整備・運用の方策や、通報者等の保護に関する留意点等をかなり具体的に定めている。その意味で、研究費不正に関する告発等の窓口や規程等の体制整備、不正調査等にあたっては、この管理・監査のガイドラインを参照するのはもちろん、内部通報制度ガイドラインも参照しつつ、体制整備等を進めていくことが望ましい。

第3節
不正を発生させる
要因の把握と
不正防止計画の
策定・実施

Q23　不正防止計画って何（総論）

A

1．不正防止計画の策定目的と策定上のポイント

　不正防止計画の策定目的は、ガイドラインにおいて以下のように説明されている。

　「不正を発生させる要因を把握し、具体的な不正防止計画を策定・実施することにより、関係者の自主的な取組を喚起し、不正の発生を防止することが必要である。」（ガイドライン第3節前書き　→P201）

　不正防止計画は研究費不正を防止する事が目的であることに違いは無いが、当該計画の策定と実施により、関係者の自主的な取組を喚起することによる当事者意識の醸成が重要な鍵となると言える。

　では、不正防止計画の策定において、実際には何が検討されるのか簡単に解説する。まず、不正を発生させる要因を特定する事が必要である。ここではできる限り網羅的に発生要因を抽出する事が重要であり、抽出漏れが不正の端緒に直結する恐れがある。次に、この不正要因の発生を防止、または発生した場合に早期に発見するための対策を立てる必要がある。その際には、当該対策を作業レベルに細分化し、担当部署（または担当者）を割り当て、対応期限を厳密に定めることが重要である。

　つまり、①不正要因の抽出、②防止対策の立案、③担当部署の割り当て、④対応期限を明確化し、この①から④を可視化する事がポイントとなる。

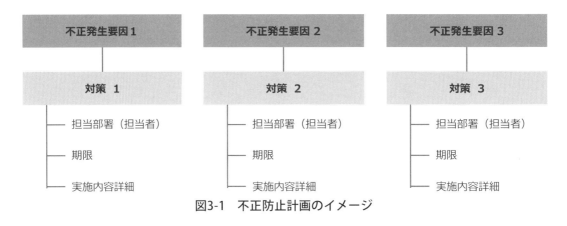

図3-1　不正防止計画のイメージ

※不正発生要因と対策は必ずしも一対一で対応するものではない。例えば、一つの要因に対し、複数の対策を紐づけることも考えられる。

　不正防止計画は、ガイドライン制定当初から各研究機関で策定を求められていたが、

抽象的な文言を並べたものやルールをまとめたものに留まっているケースが散見される。しかしながら、ガイドラインでは不正防止計画は、「機関全体の具体的な対策の最上位のもの」として位置付けており、各研究機関は不正防止計画を起点として取組を進めていく必要がある。

2．不正防止計画の推進を担当する者または部署の設置

　ガイドラインでは、不正防止計画の推進部署等（以下「防止計画推進部署」という。）を、機関全体の観点から設置することとされている。不正防止計画は、最高管理責任者が策定する不正防止対策の基本方針に基づき、統括管理責任者が策定するものであるが、実務的には防止計画推進部署が案を策定し、監事等の意見を踏まえ、統括管理責任者の承認を経て策定されるものであると考えられる（防止計画推進部署の詳細は本書Q24を参照）。

3．不正防止計画の公表事例

　不正防止計画の公表は、ガイドライン第5節「実施上の留意事項②」→P208において、積極的な情報発信を行うことが求められる項目の1つとして挙げられている。また、『科研費ハンドブック〜より良く使っていただくために〜（研究機関用）2020年度版』の20 適正な使用の確保（2）注意事項4においても積極的な情報発信を行う資料の例として挙げられている。

　2020（令和2年）度に科学研究費助成事業の採択数が上位150位以内であった研究機関（研究者の所属する機関別）において、公的研究費の運営・管理の取組を自機関で公表している149機関の不正防止計画の公表状況を調査した。その結果、141の研究機関において自機関のホームページで不正防止計画を公表しており、調査全体の94.6％を占めていた。残りの8機関については、管理規程・方針に「不正防止計画の策定・実施を図る」に関する文言が記載されているが、不正防止計画自体をホームページで確認することはできなかった。

　なお、不正防止計画の改定状況を調査すると、定期的に更新されている研究機関は28機関であり、公表している機関全体の18.8％に過ぎなかった。不定期に更新されている研究機関は79機関であり、比率としては最も多く53.0％であった。一方で、不正防止計画を制定して以降更新されていない研究機関が2機関存在した。ガイドラインでは、一定期間ごとに不正の発生要因及び形態を整理し、具体的な不正防止計画を更新することを求めており、今後、各研究機関において定期的に不正防止計画の点検・評価と更新を行うことが求められる。

表3-1 各研究機関における不正防止計画の改定状況

改定状況	機関数	比率
定 期	28	18.8%
不 定 期	79	53.0%
改 定 無 し	2	1.3%
不 明	40	26.8%
総 計	149	100%

※2021（令和3）年10月時点の各研究機関のホームページにて著者が調査

Q24　防止計画推進部署には何が求められているのか

A
1．ガイドライン概要

（1）防止計画推進部署の役割
①従来からの役割

　ガイドラインでは、研究機関全体の観点から不正防止計画の推進を担当する者または部署（以下「防止計画推進部署」）を設置することが求められている。防止計画推進部署は、統括管理責任者がその役割を果たす上での実働部門として機関全体の具体的な対策を策定および実施するための部署として、各研究機関の内部監査部門とは別に設置される必要がある。

　また、統括管理責任者とともに研究機関全体の具体的な対策（不正防止計画、コンプライアンス教育・啓発活動等の計画を含む。）を策定及び実施し、実施状況を確認する役割を担うものとされている（ガイドライン第3節1の（2）→P201）。

②監事との連携

　ガイドライン改正により追加された防止計画推進部署の役割の一つに、「監事との連携強化」がある。防止計画推進部署は、不正防止計画の進捗状況を報告する委員会等の場において、監事に対して必要な情報提供等を行うとともに、新たな対策や既存の対策の実施状況について意見交換を行い、計画の見直しに反映させる必要がある（ガイドライン第3節1の（3）→P201）。

③内部監査部門との連携

　改正により追加されたもう一つの役割として、「内部監査部門との連携」がある。防止計画推進部署は、内部監査部門とともに、不正を発生させる要因がどこにどのような形であるのか、機関全体の状況を体系的に整理し評価する必要がある。

（2）防止計画推進部署に配置する人員

　防止計画推進部署に配置する人員については専属で新たな人員を配置することも考えられるが、ガイドライン上、研究機関の規模によって既存の部署を充てることや既存の部署の職員が兼務することも差し支えないとされている。

　一方で、不正防止の対策を策定・実施するに当たり、研究現場の意見を取り入れることで実効性を高める観点から、実際の研究者を含むことが望ましいとされている（ガイ

ドライン第3節１実施上の留意事項①②→P201）。

2．防止計画推進部署の留意点

（1）監事や内部監査部門との連携

　上述のように、防止計画推進部署と監事及び内部監査室は連携が必要となるが、ここでいう連携とは、例えば以下の対応が考えられる。

・監事監査や内部監査で発見された問題点を不正防止計画に反映させる
・不正防止計画における不正発生要因や実施内容について、監事や内部監査部門より意見を求める

　特に、私立大学においては常勤監事の採用率は低いため、具体的な連携手法を事前に協議しておく必要がある。

（2）防止計画推進部署に配置する研究者

　ガイドラインでは、防止計画推進部署に配置する人員について、研究者を含むことが望ましいとされている。ただし、ここで研究経験を有する者として特定の分野の研究者だけを含んでしまった場合、ルール作りにおいて他の分野における事情が考慮されにくいといった懸念が生じることになる。

　この点、ガイドラインFAQでは、特定の研究分野に偏った研究者にならないよう研究機関の実態を踏まえて適切な人員を配置すればよいとされている。

Q25 「不正を発生させる要因」はどのように把握するのか

A

1. ガイドライン概要

　防止計画推進部署は、監事や内部監査部門と連携し、①不正を発生させる要因を特定し機関全体の状況を体系的に整理評価すること、②不正を発生させる要因に対応する対策を反映すること、③②の対策を実効性のある内容にすること、④①から③を不正防止計画に反映すること、⑤不正発生要因に応じて随時見直しを行うことをガイドラインでは要請している。上記を整理したのが以下の図である。

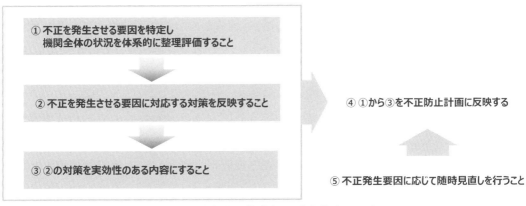

図3-2　防止計画推進部署が実施すること

　では不正を発生させる要因とはどのようなものがあるのか、各研究機関によってどのように特定するのかについて、「不正のトライアングル理論」から検討する。

2. 不正のトライアングル理論と不正を発生させる要因

（1）不正のトライアングル理論
　米国の犯罪学者ドナルド・R・クレッシー氏の「不正のトライアングル理論」によると、不正の発生原因には、「動機」、「機会」、「正当化」の3つの要素が存在すると述べられている。

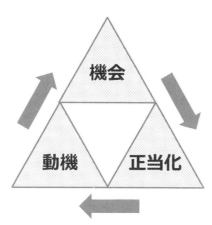

図3-3　不正のトライアングル理論

①動機の存在

「動機」とは、個人的な事情や社会的な問題を表す。例えば、研究成果に対する強いプレッシャーがある（達成できないと解雇される等）、何らかの金銭問題を抱えている（個人的に多額の借金がある、研究予算が足りず身銭を切っている等）といったものが考えられる。

②機会の存在

「機会」とは、不正行為が行える環境をいう。例えば、少額なものであれば事務部門によるチェックなしで物品等を購入できる、事務部門における職務分掌が不十分である（発注者と承認者が同一人物である、発注者と検収担当者が同一人物である等）といったものが考えられる。

③正当化の存在

「正当化」とは、自身に都合の良い理由により不正行為を是認してしまう心情を表す。例えば、周りもやっている、研究成果を達成するためには仕方がない、正当な評価がされていないと感じるといったものが考えられる。

（2）研究室における「動機」「機会」「正当化」

研究室が外部からの目が届きにくく閉鎖的な空間になりやすいことを考慮すると、研究活動は上記の3要素が揃いやすい環境だと考えられる。

すなわち、良い研究成果を出したいという「動機」が存在し、その目標のためなら仕方がないという「正当化」が研究者に芽生える。その際に誰も自分の行動をチェックしてないという「機会」が揃っていることが、過去の不正事例において数多く見受けられる。

（3）防止計画推進部署における「不正を発生させる要因」の検討

防止計画推進部署は、研究者が研究費不正を行わないように実務的な対策を構築し、実行することが求められている。そのため、上記で記述した不正のトライアングル理論も踏

　まえつつ、各研究機関の特性に応じた「不正を発生させる要因」を検討する必要がある。

　ガイドラインでは、「不正を発生させる要因」を把握するために、注意すべきリスクの例が記載されている。実務上、これらのリスク等に各研究機関の特性をカスタマイズしたものを「不正を発生させる要因」とすることが考えられる。各研究機関の特性とは、業務の中で統制が脆弱なプロセス、機関全体に占める研究者発注の割合、事務局側のモニタリングの頻度、ルールの改訂状況、研究者や研究室の組織風土等がある。

（4）ガイドラインのリスク例から見る不正のトライアングル理論の当てはめ

　ガイドラインのリスク例を不正のトライアングル理論に当てはめを実施した。各機関において、「不正を発生させる要因」についてその背景を理解し、どのような場面やプロセスにリスクがあるのかというリスクの着眼点を探す際の参考にされたい。

ガイドラインのリスク例	不正のトライアングル理論の当てはめ
「動機」・「正当化」	
競争的研究費等が集中している、または新たに大型の競争的研究費等を獲得した部局・研究室	研究成果を出さなくてはならない、面倒な手続きを省略したいという「動機」や研究者自身が努力をして獲得した研究費であるため自分が自由に使ってよいという「正当化」を持つ可能性がある
個人依存度が高い、あるいは閉鎖的な職場環境（特定個人に会計業務等が集中、特定部署に長い在籍年数、上司の意向に逆らえない等）や、牽制が効きづらい研究環境（発注・検収業務等を研究室内で処理、孤立した研究室等）	上司から言われれば逆らえないという「動機」や同じ研究室の他の研究者もしているという「正当化」を持つ可能性がある
決裁手続が複雑で責任の所在が不明確	面倒な手続きを省略したいという「動機」及び自分の責任ではないという「正当化」を与えることになる
予算執行の特定の時期への偏り	研究期間終了近くであっても経費の使用が認められるのであれば、研究者が採択された研究以外にも使用してもよいという「正当化」を持つ可能性がある
「機会」	
同一の研究室における、同一業者、同一品目の多頻度取引、特定の研究室のみでしか取引実績のない業者や特定の研究室との取引を新規に開始した業者への発注の偏り	業者とのなれあいや癒着を招く危険性があり、「機会」を与えることになる

ガイドラインのリスク例	不正のトライアングル理論の当てはめ
「機会」	
業者による納品物品の持ち帰りや納品検収時における納品物品の反復使用	業者とのなれあいや癒着を招く危険性があり、「機会」を与えることになる
業者に対する未払い問題の発生	業者とのなれあいや癒着を招く危険性があり、「機会」を与えることになる
ルールと実態の乖離（発注権限のない研究者による発注、例外処理の常態化等）	ルールが形骸化していることが考えられるため、「機会」を与えることになる
取引に対するチェックが不十分（事務部門の取引記録の管理や業者の選定・情報の管理が不十分）	誰も自分の行為をチェックしていないというメッセージになり、「機会」を与えることになる
非常勤雇用者の勤務状況確認等の雇用管理が研究室任せ	誰も自分の行為をチェックしていないというメッセージになり、「機会」を与えることになる
検収業務やモニタリング等の形骸化（受領印による確認のみ、事後抽出による現物確認の不徹底等）	誰も自分の行為をチェックしていないというメッセージになり、「機会」を与えることになる
出張の事実確認等が行える手続が不十分（二重払いのチェックや用務先への確認等）	誰も自分の行為をチェックしていないというメッセージになり、「機会」を与えることになる
データベース・プログラム・デジタルコンテンツ作成、機器の保守・点検等、特殊な役務契約に対する検収が不十分	特殊なものについては検収が不十分だというメッセージになり、「機会」を与えることになる

Q26　実効性のある不正防止計画とは、どの様に作成すればよいか

A

1．実効性のある不正防止計画の作成の流れ

　実効性のある不正防止計画とは、不正の発生を未然に、かつ確実に防ぐものでなければならない。しかしながら、実態として多くの不正防止計画が制度やルールを記載しているのみで、不正を防止するためのツールとして利用されていないというのが現状である。

　不正は、本書Q25で記述した通り、不正を発生させる要因が引き金となる。そのため、実効性のある不正防止計画を作成するためには、不正を発生させる要因をいかに網羅的に把握するか、そして、把握した要因に対する対策をいかに適時に計画に反映させるかが重要となるが、優先順位をつけて対応する事が望ましい。また、各不正対策の実施の結果、判明した不具合への対応や、新たな不正要因への対策の追加は、定期的に検討される必要がある。

　実効性ある不正防止計画を作成するための流れは以下のとおりである。

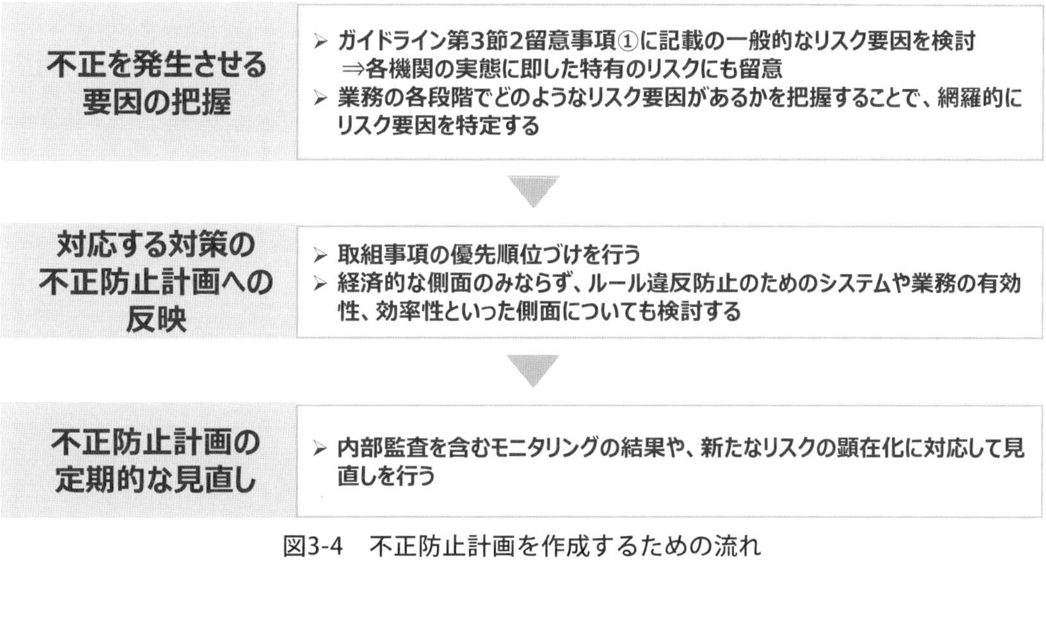

不正を発生させる要因の把握	➤ ガイドライン第3節2留意事項①に記載の一般的なリスク要因を検討 　⇒各機関の実態に即した特有のリスクにも留意 ➤ 業務の各段階でどのようなリスク要因があるかを把握することで、網羅的にリスク要因を特定する
対応する対策の不正防止計画への反映	➤ 取組事項の優先順位づけを行う ➤ 経済的な側面のみならず、ルール違反防止のためのシステムや業務の有効性、効率性といった側面についても検討する
不正防止計画の定期的な見直し	➤ 内部監査を含むモニタリングの結果や、新たなリスクの顕在化に対応して見直しを行う

図3-4　不正防止計画を作成するための流れ

2．不正防止計画の作成検討過程の事例

　不正防止計画策定は、上記の流れを図3-5のようなモニタリングツールを作成して管理する方法が有効である。

適正な公的研究費の執行に関する全般的な事項				
不正の発生要因	**対応する対応策**	**実施事項**	**実施部署**	**対応予定年度**
ルール、規程等の理解不足	①ハンドブックの作成、配布 ②説明会の実施	ハンドブックの見直し ●月に研究者全員に対する説明会を実施	●●	令和●年度
不明確な責任の所在	①規程の整備 ②例外処理の承認の明確化	規程の見直しの実施	●●	令和●年度
…	…	…	…	…
物品の発注・納品・検収				
不正の発生要因	**対応する対応策**	**実施事項**	**実施部署**	**対応予定年度**
期末月への執行の集中	①執行状況のモニタリング ②低執行率の研究員に対する注意喚起	執行データを半月ごとに出力し、低執行率の研究者へアナウンスを行う	●●	令和●年度
長期間にわたる業者との取引の継続	①長期継続契約のモニタリング ②長期継続契約に関する承認フローの強化	執行データを用いた分析を実施	●●	令和●年度
…	…	…	…	…

図3-5　不正防止計画の作成検討過程

Q27　不正防止計画のPDCAサイクルとは

A
1．PDCAサイクルとは

　PDCAサイクルとは、Plan（計画）、Do（実行）、Check（確認）、Action（改善）の英語の頭文字をつないだ言葉で、これらの行為を繰り返すことによって、不正防止計画の実行性を高めるための継続的な取組をいう。不正防止計画は、策定するだけで終わっては意味がない。実際に計画を実行して結果を確認し、改善してこそ意味がある。具体的には、以下のようなステップでPDCAサイクルを繰り返していくこととなる。

① Plan（計画）	不正が発生する要因を把握し、対応する対策を反映した不正防止計画を策定する ➤ 不正が発生する要因の把握については、Q24 を参照 ➤ 把握した要因に対して、対応する対策を検討し、不正防止計画に反映させる（Q25 を参照）
② Do（実行）	不正防止計画を実行する ➤ 防止計画推進部署は、実施部署にタスクを周知する ➤ 実施部署は、割り当てられたタスクを実施する
③ Check（確認）	達成状況を確認する ➤ 防止計画推進部署は、四半期／半期等のタイミングで、不正防止計画の達成状況を確認する ➤ 計画の達成ができていない部署があれば、状況を確認し、必要に応じてフォローアップを行う
④ Action（改善）	具体的な取組・施策を検討する ➤ 達成したタスク・・・次期計画を、より踏み込んだ内容に変更する 　　　　　　　　　　効率性等を重視し、引き続き、次期計画でも同様とする ➤ 未達成のタスク・・・未達成の要因を分析し、対応策を次期計画に反映する

図3-6　PDCAサイクルのイメージ

2. モニタリングツールを用いたPDCAサイクルの取組

　Q26で紹介した不正防止計画を作成する際のツールに、下記事例のように内部監査等のモニタリング結果を反映させ次期計画への展望を検討することで、効率的にPDCAサイクルを活用して改善していくことが可能となる。

実績や内部監査等のモニタリングの結果から、改善策を検討する

【令和●年度のモニタリング結果】

物品の発注・納品・検収							
不正の発生要因	対応する対応策	実施事項	実施部署	対応予定年度	結果	実績	次期計画への展望
期末月への執行の集中	①執行状況のモニタリング（半期ごと）②低執行率の研究員に対する注意喚起	執行データを半月ごとに出力し、低執行率の研究者へアナウンスを行う	●●	令和●年度	対応済	低執行率による注記喚起の実施〇件	執行状況のモニタリングを半期から月次に変更するか検討
長期間にわたる業者との取引の継続	①長期継続契約のモニタリング②長期継続契約に関する承認フローの強化	執行データを用いた分析を実施	●●	令和●年度	未対応	以下の理由により今年度は実施できなかった〇〇〇	まずは5年超の長期継続契約からモニタリングを実施する

【翌年度の不正防止計画の策定の検討過程】

物品の発注・納品・検収				
不正の発生要因	対応する対応策	実施事項	実施部署	対応予定年度
期末月への執行の集中	①執行状況のモニタリング（**月次**ごと）②低執行率の研究員に対する注意喚起	執行データを月次で出力し、低執行率の研究者へアナウンスを行う	●●	令和●年度
長期間にわたる業者との取引の継続	①**5年超の**長期継続契約のモニタリング②**5年超の**長期継続契約に関する承認フローの強化	執行データを用いた分析を実施	●●	令和●年度

図3-7　モニタリングツールを用いたPDCAサイクル

第4節
研究費の適正な
運営・管理活動

Q28　研究費の適正な運営・管理とは（総論）

A
1．予算の期間帰属

　ガイドラインでは、不正防止計画を踏まえ、適正な予算執行による運営が求められ、業者との癒着の発生を防止するとともに、不正に繋がりうる問題が捉えられるよう、第三者からの実効性のあるチェックが効くシステムを構築し、管理することが求められている。

　研究費の適正な運営・管理のためには、まずは公的研究費とは何か（性質）について理解する必要がある。公的研究費の原資は、主として税金であり、年度ごとに国や地方公共団体の議会にて予算として承認される（ガイドライン第4節（1）→P204）。

　この点は、「文部科学省又は文部科学省が所管する独立行政法人から配分される競争的資金を中心とした公募型の研究資金について、配分先の機関がそれらを適正に管理するために必要な事項を示すことを目的として策定されたもの」（ガイドライン はじめに P186）であるガイドライン（他の省庁等から配分される競争的研究費等も当該ガイドラインを準用している）を理解する上で極めて重要な事項となる。

　ガイドラインのルールは、公的資金の考え方に準じて定められているため、予算承認された年度予算が配分期間に応じて執行される事が必要であり、管理する側の研究機関においても予算統制が行われる事が前提となる。研究機関である国立大学法人や学校法人等においても予算統制は重要であるため、財務担当者や企画担当者の理解は比較的得られやすいものの、通常業務にて予算に携わらない研究者等にとっては、理解が得られにくい場合がある。特に実際の研究は年度等の一定期間毎に終了するものではないため、期間を区切る予算の考え方は研究者にとってわかりにくいだけでなく、使い勝手が悪いと感じる要因の一つとなっていると考えられる。これが時として、預け金等を研究者の中で正当化させる原因となっているものと言えよう。

2．研究と支出の関連性

　公的研究費は補助金として支出されているため、適化法第11条より「・・・善良な管理者の注意をもつて補助事業等を行わなければならず、いやしくも補助金等の他の用途への使用をしてはならない。」とされ、公的研究費においては研究課題との関連性が重要となる。研究であればどのような支出でもよいわけではなく、採択された研究課題との直接的な関連がある支出に限られることに留意が必要となる。仮に私用ではなく、他の研究へ使用した場合でも当該研究課題とは関連がない支出であれば、不正使用とみなされる事になる。

　上述のとおり、予算執行を前提とする公的研究費においては、期間帰属と研究課題と支出名目の関連性について、特に留意する事が必要になる。

Q29　ガイドラインと適化法その他のガイドラインとの関係は

A

1．ガイドラインの法的位置付けについて

　行政機関が策定する「ガイドライン」の一般的な意義について、行政手続法その他の法律には規定されていない。したがって、「ガイドライン」がどのような法的性質を有するかは、個々の「ガイドライン」ごとに判断する必要がある。

　この点、今回のガイドラインは、法律の委任に基づいて策定されたものではない。したがって、配分機関は、競争的研究費等を受領した大学の意思に反してその義務の履行を法的に強制することまではできないと考えられる。

　他方で、文部科学省は、ガイドラインのうち「機関に実施を要請する事項」及び「実施上の留意事項」について、文末が「望ましい」という表現になっている事項を除き、研究機関の性格や規模、コストやリソースを考慮しつつ実効性のある対策として実施する必要があるとしており[1]、また、ガイドライン第7節及び第8節等の規定にも照らすと、大学は、ガイドラインは基本的に遵守すべきものと認識して対応すべきであろう。

2．他府省や他府省所管の独立行政法人が配分する競争的研究費等との関係

　ガイドラインは、文部科学省または文部科学省が所管する独立行政法人から配分される競争的研究費等を対象としており、他府省等が配分する競争的研究費等の管理についてはその対象としていない。他府省等が配分する競争的研究費等については、別途他府省から示されるガイドライン等が存在する場合には、それらを確認する必要がある[2]。

3．適化法との関係

　ガイドラインは、配分機関から競争的研究費等を受領した大学に対して、当該研究費等を適正に管理するために必要な事項を示すことを目的として、文部科学省において独自に作成されたものである。

　他方で、適化法は、国が国以外の者に対して交付する補助金等の交付の申請、決定等に関する事項等の基本的事項が定められており、ガイドラインと同様に、補助金等の不正使用の防止を目的の1つとしている。

1　ガイドライン FAQ A009 → P233
2　ガイドライン FAQ A002 → P231

　適化法の対象となる「補助金等」とは、国が国以外の者に対して交付するもののうち、補助金、負担金（国際条約に基づく分担金を除く。）、利子補給金またはその他相当の反対給付を受けない給付金であって政令で定めるものをいう（適化法2条1項）[3]。

　国から競争的研究費等を受け取った大学は、適化法の対象となる可能性が高いため、ガイドラインのみならず適化法の規定も確認する必要がある。

　また、国以外の配分機関から競争的研究費等を受け取った場合であっても、当該競争的研究費等が補助金等を直接または間接にその財源の全部または一部とし、かつ、当該補助金等の交付の目的に従って交付された場合には、「間接補助金等」として適化法の対象となる（適化法2条4項1号）。

　競争的研究費等が適化法の規制対象となる場合、当該研究費の不正により、研究費の交付決定の取消しや返還命令（適化法17条ないし19条）、罰則等のペナルティを受ける可能性があるため（同法29条ないし32条）、特に注意が必要である。

【参考文献】

小滝敏之（2016）:『全訂新版　増補第2版 補助金適正化法解説－補助金行政の法理と実務－』
　　全国会計職員協会pp.19-45

3　したがって、国以外の地方公共団体、独立行政法人等が交付する給付金は「補助金等」には含まれない。なお、別の法律で一部の独立行政法人がそれ以外の者に対して交付する給付金について、適化法を準用する旨、定められている。

Q30　予算の執行状況の検証はなぜ必要か

A
1．ガイドライン概要

　ガイドラインは、「予算の執行状況を検証し、実態と合ったものになっているか確認する」こと、「予算執行が当初計画に比較して著しく遅れている場合は、研究計画の遂行に問題がないか確認し、問題があれば改善策を講じる」ことを求めている。また、「発注段階で支出財源の特定を行い、予算執行の状況を遅滞なく把握できるようにする」ことを要請している。

　それでは何故ガイドラインは予算の執行状況を検証することを求めているのか、業者との共謀による預け金の生成メカニズムを動機の面から解説する。

　予算期間末段階で執行残高がある場合、研究費の配分元へ当該残高を返金する必要がある。多くの研究は、ここで想定される期間末で終了するのではなく、その後も継続して実施されるため、例えば年度末（基金方式の場合には最終年度末）間近になり予算残高がある場合、研究者としては配分元に返還すること無く、翌年度に当該残高を使用したいと希望する事が考えられる。公的研究費制度も従前に比べて運用が柔軟になっており、期間末での残高をいったん配分元に返還するものの、正当な理由があれば次年度の配分予算に上乗せする等の措置が講じられる。しかし、次年度以降に当該研究費が採択されていない場合や、削減が予想される場合には、融通の利く業者と共謀して、本来納品していない物品が納品されたと仮装し、対価を業者に支払い管理させる事により、予算残高を業者の裏口座等に預ける不正事例が報告されている。

　多くの不正事案の場合、期間末段階に予定外の大きな物品購入等の支出が発生している例が報告されているため、時期や内容、支出金額が当初予定された予算に沿っているのかを検証する必要がある。また、研究に遅れが生じている場合には、上記傾向が顕著になる場合が多く、研究及び研究費執行の進捗管理に特段の留意が必要になる。

　また、研究費予算を使い切るために、他の研究に予算流用する事例が報告されているため、これを防止するためには、物品等の発注段階から予算を特定することが有効となる。

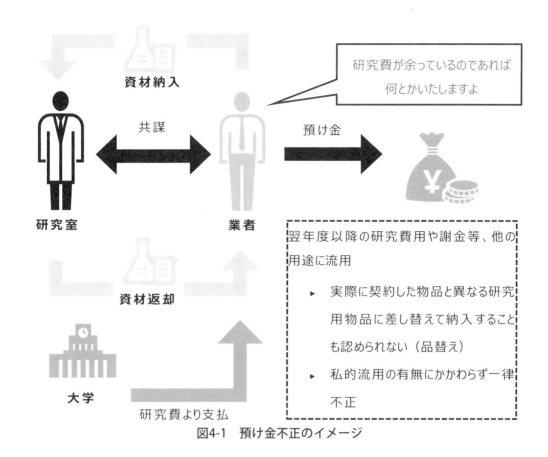

研究費が余っているのであれば
何とかいたしますよ

資材納入

共謀

預け金

研究室

業者

大学

資材返却

研究費より支払

翌年度以降の研究費用や謝金等、他の
用途に流用

▶ 実際に契約した物品と異なる研究
用物品に差し替えて納入すること
も認められない（品替え）

▶ 私的流用の有無にかかわらず一律
不正

図4-1　預け金不正のイメージ

2．予算の執行状況に係る内部統制に関する留意点

　ガイドラインの要請事項を踏まえて実務を行うにあたり、参考となる情報が、ガイドラインの実務上の留意事項とガイドラインFAQに記載されている。

　まず、実務上の留意事項では、「予算執行が年度末に集中するような場合は、執行に何らかの問題がある可能性があることに留意し、事務職員は必要に応じて研究者に対して執行の遅れの理由を確認するとともに必要な場合は改善を求める」ことが示されている。

　次にガイドラインFAQでは、Q401の「予算執行が当初計画に比較して著しく遅れているか否かを確認するためには、当初計画を事前に把握しておく必要があると考えられますが、どの程度の内容を把握しておくとよいですか？」という問いに対して、「例えば、月ごとあるいは四半期ごとなどの一定期間ごとに、物品費などの費目別の執行予定額をあらかじめ把握しておき、財務会計システム等を利用して発注段階の執行実績と照合するだけでも計画的な執行の確認に有用であると考えられます。」と回答されている。

　以上から、予算の執行管理においては、一定期間ごとに（年度末はより重点的に）執

行計画（予算）と執行実績とを照合して、著しい遅れが生じている研究課題が無いことを確認するよう取り組むことが想定される（実際の事例に関しては「3．予算の執行状況に係る内部統制の事例」にて紹介する）。

　なお、予算の適切な執行にあたっては、旧来の「予算消化」という考えや「予算を余らすと以降の審査で不利になる」という認識を改める必要がある。これに関しては、日本学術振興会の科研費FAQでは、Q4309で「研究が終了しても研究費に残額がある場合にはどうしたらよいでしょうか？」という問いに対して、「当初予定した研究を完了しても研究費に残額が生じた場合には、無理に使うのではなく返還してください」と回答されている。また、「残額が生じたことで、以後の科研費の審査において不利益が生じることは一切ありません。返還については、額の確定後に手続を行っていただきます。なお、科研費（補助金分）の研究課題の大部分については、一定の条件を満たせば、未使用額全額を上限に「調整金」を活用した次年度使用が可能です。」と補足されている。

　このため、科研費FAQの内容をコンプライアンス研修等で関係者に周知する等して、適切な予算管理ができる環境を醸成することも重要と考える。

3．予算の執行状況に係る内部統制の事例

　ガイドラインの要請等を踏まえた予算の執行管理の取組事例として、公的研究費管理システムを用いたものがある。

　公的研究費管理システムの中には、予算情報を入力できるものがあり、それによって予算の執行状況（進捗状況）が確認できる機能を持つものがある。この機能を活用し、例えば12月時点で研究機関が管理する研究課題の予算執行状況をすべてチェックし、予算の執行率が著しく低い研究課題について研究者にヒアリングをする等して、その理由を確認している研究機関がある。これにより、研究の進捗を促し計画的な執行を確保することが可能となっている。また、12月時点で3月末までに計画的な研究の遂行が困難と認められた場合は、研究費の翌年度への繰越手続を余裕をもって行うことができるとともに、資金を返還するケースにおいては、目的外使用に繋がるような予算消化を行わないよう研究者に注意喚起することにも利用されている。

Q31　取引業者からの誓約書等の徴取はなぜ必要か

A
1．ガイドライン概要

　ガイドラインでは研究機関に実施を要請する事項として「取引業者からの誓約書等の徴取」を定めている。なぜ、「誓約書等の徴取」まで求めているのだろうか。これを理解するために「誓約書等の徴取」を行う主な目的は2点挙げられる。

> ・取引業者に対する研究機関の方針の周知徹底
> ・研究機関が取引業者に対して行う内部監査への協力の取り付け

　一点目の目的として、研究機関の不正対策に関する方針及びルール等を含め、周知徹底することが挙げられる。一般的に公的研究費不正では、研究者と取引業者の緊密な関係（癒着）により発生するケースが数多く存在する。このため、不正な取引に関与した取引先への取引停止等の処分方針を研究機関として定め、当該研究機関の不正対策に関する方針及びルール等を取引業者と共有することで、不正行為への牽制による抑制を期待していると考えられる。

　二点目の目的として、研究機関の内部監査等への協力への誓約が挙げられる。公的研究費に関する調査の種類によっては、取引業者の取引帳簿を査閲し、研究機関に対する預け金の有無や取引の実態を確認することが有効な場合がある。研究者と取引業者が共謀し、研究機関の管理外で不適切に業者に資金を流出させる預け金の不正に対しては特に有効な調査方法である。また、このような調査が必要と認識されたタイミングで、取引業者に協力を要請したとしても、同意が得られないか、得られたとしても承認に時間を要する場合がある（調整を行っている間に、証拠等が隠滅されるおそれもある）。このため、事前に取引業者からの誓約を徴取することが肝要となる。

2．誓約書等の徴取における留意点

　ガイドラインにおいては、上記の目的を達成するために、誓約書等に盛り込むべき事項として以下四点が例示されている。

> ＜誓約書等に盛り込むべき事項＞
> ・研究機関の規則等を遵守し、不正に関与しないこと
> ・内部監査、その他調査等において、取引帳簿の閲覧・提出等の要請に協力すること

> ・不正が認められた場合は、取引停止を含むいかなる処分を講じられても異議がないこと
> ・構成員から不正な行為の依頼等があった場合には通報すること

　このような「誓約書等の徴取」だが、実務上の負担を考えると全ての取引業者に対して実施することは困難と考えられる。この点ガイドラインにおいては「一定の取引実績（回数、金額等）や機関におけるリスク要因・実効性等を考慮した上で誓約書等の提出を求める」と記載されている。それでは各研究機関においては具体的にどのような判断基準を設ければ良いのだろうか。

　この点についてガイドラインFAQ A402→P243において三点示されている。ただし、三点以外のケースでも、研究機関の実情を踏まえて適切な対応が必要となる場合はあるため注意されたい。

　一点目として、「取引実績の少ない業者まで対象とすると、業者数が膨大となり、事務コストに見合うだけの効果が期待できないことが想定される場合、過去の取引実績を分析し、一定の取引実績（回数、金額等）がある業者に限定して提出を求める。その際、機関全体の取引実績のみでなく、研究室単位の取引実績にも着目する。」と回答されている。上記のとおり誓約書を徴取することの意義は、研究者と取引業者の共謀の防止を前提としている事から、緊密な関係が生まれない取引業者との間では共謀のリスクは大きくならないと推定できるため、同様の誓約書等を徴取しても大きな効果は期待されないと考えているものと解される。また、不正の多くは研究機関全体としてではなく個々の研究者が主体となって行われることから、研究機関単位ばかりでなく研究室単位での視点で取引実績を分析する必要があるとしているものと解される。

　二点目として、「特定の物品や技術について独占（寡占）状態にある業者に対して提出を求める。」と回答されている。これも、独占（寡占）状態にある業者とは、継続的な取引となり自ずと研究者との間で関係が深まることから、癒着に発展するリスクが高いと考えているものと解される。

　三点目として、「事務部門が見積書を徴するなど業者選定・発注に研究者が一切関与しない（研究者と業者が一切接触しない）場合、また、電子商取引の形態を採用している業者など業者との接触自体が困難な場合は、研究者と業者が癒着するリスクは極めて低いと考えられることから、そのような業者については対象から除外する。」と回答されている。研究者と取引業者の緊密な関係が想定されない場合、「誓約書等の徴取」の効果は相対的に低くなり、実効性の観点から徴取まで求めてはいないと解釈できる。

　次に、ガイドラインFAQにおいて、誓約書の徴取に関して参考になる記載がある。

　ガイドラインFAQ Q403→P243では「業者から誓約書等の提出を断られた場合、どのように対応すればよいですか？」との問いに対して、「リスク評価等の結果に基づき提出

を求めるべき対象と判断した業者からは可能な限り誓約書等の提出について協力を求めるようにしていただきたいと考えます。しかしながら、誓約書等の提出を断られた場合、また、誓約書等に盛り込まれた事項の修正を求められた場合であっても、そのことのみをもって業者に何らかの処分を行うことを推奨するものではありません。なお、誓約書等が提出されない場合には、機関の管理責任が果たされているかという観点から、少なくともルールの周知徹底を行った記録などは整理しておくことが必要です。」と回答されている。

　ガイドラインFAQ Q404→P243では「「誓約書等に盛り込むべき事項」にある内容が担保されていれば、誓約書等の提出を求める以外の方法を採用することはできますか？」との問いに対して、「できます。代替的な措置が講じられていれば結構です。取組例として、業者から誓約書等の提出を求める代わりに、業者と取引基本契約を締結している機関もあります。」と回答されている。

　ガイドラインFAQ Q405→P243 では「業者に提出を求める誓約書等は一度提出されれば、誓約書等の内容が同じであれば、再度提出を求める必要はありませんか？」との問いに対して、「不正対策に関する方針やルール等を見直した際には、改めて提出を求めることが望ましいと考えます。」と回答されている。

　誓約書の徴取に協力する義務は本来取引業者にはない。このため、双方にとって有意義な制度であるように、効率的・効果的な結果をもたらすものである必要があると考える。誓約書の拒否は、それだけでペナルティの対象とすべきものではないが、以降の取引業者選定の考慮要因となる事は明確にすることも一考であろう。

３．誓約書等の徴取に係る事例

　それでは、一定の取引実績を踏まえて対象とする取引業者の選定を実施する場合、具体的にどのような方法があるのだろうか。

　ある研究機関では、ABC分析により取引業者をランク付けし、誓約書を徴取する対象を絞っている事例がある。ABC分析とは、評価対象を重要性に応じて、Aランク、Bランク、Cランクのランク付けを行う手法である。このランク付けに基づき段階的な経営的管理が実施される。

　今回の取引業者の選定においては、「取引件数」、「取引金額」を基にしたランク付けが有効と考える。それぞれの分析の結果、Aランクとして選定された取引業者に限定して誓約書等を求めることで、業務を大幅に効率化しつつ、研究機関としてリスクが大きいと認められる取引業者は網羅して誓約書等を徴取することが可能となる。この際、重要となるのがランク付けの考え方である。上位何パーセントをAランクとするか、その考え方は研究機関の特徴によって異なってくるものと考えるが、通常のABC分析と同様

に、各分析項目の上位70％程度が目安になるものと考える。

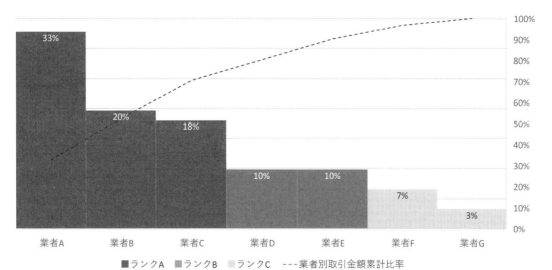

図4-2　ABC分析例（分析キーを「取引金額」とする場合）

コラム　不正に関与した業者を取引停止処分した事例

　取引業者から徴取する誓約書等において、「不正が認められた場合は、取引停止を含むいかなる処分を講じられても異議がないこと」を盛り込むことが、ガイドラインで例示されているが、実際に研究機関が不正に関与した業者を取引停止処分とした事例を紹介する。

　A大学では、架空取引によって取引業者に不正に資金を流出し、預け金として不正な使用を実施している事案が発生した。これに伴い、当該事案に関与した取引業者に対して、24か月の取引停止処分が実施されている。

　またB大学では、自らは上記不正に直接的に関与していないものの、B大学における規則に定める「業務に関し不正又は不誠実な行為をし、契約の相手方として不適当であると認められるとき」に該当すると判断され、当該業者に対して取引停止処分が実施されている。

　このような事例を踏まえながら、各研究機関は取引業者の管理において、他研究機関において発生した不正への関与状況等も注視することが必要となってきている。

Q32　物品調達に係る内部統制（発注・検収業務）のポイントは

A

１．ガイドライン概要

　物品調達に際し、ガイドラインでは研究機関に要請する事項として「発注・検収業務については、原則として、事務部門が実施することとし、当事者以外によるチェックが有効に機能するシステムを構築・運営し、運用する」（ガイドライン第４節（４）→204）ことを求めている。

　近年の公的研究費不正において、物品調達に係る不正事例が多数報告されているが、多くの場合、研究者と取引業者との癒着に起因している。両者の癒着の弊害は、預け金やプール金といった複数年度等を合算すれば解消するものばかりではなく、価額や品質面で選定されたであろう他社の物品が選定されないという永久に解消されない問題もある。これらの弊害を未然に防ぐためには、研究者が特定業者を優遇できる機会をつくらせない事が重要となる。これを前提として考えた時に、発注段階で研究者が可能なかぎり業者選定に関与できない体制の構築が有効であり、上記ガイドラインの要請主旨もそこにあろう。

　しかし一方で、研究に使用する物品には高度な専門性を有するものは少なくなく、研究者本人を業者選定から完全に切り離すことは難しい場合がある。また効率性の観点から、不正をしてもメリットの小さいような少額の物品の購入まで事務部門が担当するのは適当ではない場合がある。一定条件下で研究者発注が認められる場合、検収段階での事務部門の関与は有効である。通常検収作業の完了をもって支払いの契機とするため、検収作業を研究者単独とした場合、研究期間内の納品が間に合わないときに、期末間近での納品を偽装して期間内の予算執行を強行する期ズレや、そもそも納品の意思が無いにもかかわらず納品を偽装して業者支払いをする事により、預け金を作る事が可能となってしまう。ガイドラインにおいて事務部門での検収作業を要請している主旨は上記の防止のためである。

　なお、独立の検収部署を設置している研究機関においても、多くの場合、検収部署に持ち込まれた物品と納品書を照合し、それらに齟齬が無いことの確認をもって検収完了としているが、検収業務の本来の目的は発注内容（物品の仕様や納品時期）どおりに納品されたかの確認である。検収業務に際しては物品と納品書に加え発注書類との照合を行うことにより、品違いや納品漏れのリスクが軽減される効果が期待でき、これにより教育研究が適時適切に実行されることが担保されるといえよう。

２．物品調達に係る内部統制（発注・検収業務）における留意点

　ガイドラインFAQをもとに留意点について確認する。

　ガイドラインFAQ Q406→P244では「上下関係を有する同一研究室・グループ内での検収の実施などは避けることが求められていますが、どうしてですか？」との問いに対して、「過去の不正事案によれば、研究室ぐるみで不正が行われることがあること、また、上下関係を有している場合、たとえ不正と分かっていても上からの指示があれば従わざるを得ない状況があることから、同一研究室や同一グループ内のチェックは実効性が極めて低いと考えられるためです。」と回答されている。

　また、ガイドラインFAQ Q407（→P244）においては、「検収の際は発注データ（発注書や契約書等）と納入された現物を照合することが求められていますが、発注方法によっては必ずしも発注書が存在しない場合も考えられます。また、発注データと照合するためのシステム構築などが多大な負担となることも考えられるため、一定の金額以下の場合には納品書での検収を認めることはできないのでしょうか？」という問いに対しては、「検収は、発注内容どおりの物品が納入されているかを確認するために実施するものであり、発注方法に関わらず、発注データを把握していなければ適切な検収は実施できないと考えます。また、発注書等の書面によるものでなくとも、検収時には正しい発注内容を把握しておくことが必要です。」と回答されている。

　このようにガイドラインFAQは、実効性のある検収業務を全ての納品された物品等に対して実施することを基本としている。

　次に、科研費QA4305では「機関使用ルールにある「物品の納品検収を確実に実施する事務処理体制の整備」に関して、検収センターを設置・整備する必要があるでしょうか？ また、学内説明会は開催したほうがよいでしょうか？」という問いに対して、「検収センターの設置は義務ではありませんが、研究機関の状況に応じて、効果的に納品検収を行う事務体制の整備・強化は行っていただく必要があります。また、2014（平成26）年度よりデータベース・プログラム・デジタルコンテンツ開発・作成、機器の保守・点検など、特殊な役務に関する検収も含まれることを明記していますので、専門的な納品検収についても対応できる事務体制の整備・強化を行ってください。なお、納品検収の徹底は、研究者だけでなく、業者の理解と協力を得ることも必要ですので、研究者だけでなく業者向けの説明会を開催して、業者に正しい認識を持ってもらうことも重要です」と回答されている。

　このように、研究課題の獲得件数が少ない研究機関等では、わざわざ検収センターを設ける必要はないものの、納品検収の手続きは適切に行われるよう体制を整備することが求められているものと解される。

【物品調達に係る内部統制（発注・検収業務）の構築事例】

　今回示した発注業務、検収業務におけるポイント科研費FAQ 4305に例示されている検収センターを設けている研究機関を例にフローチャートによる整理した。

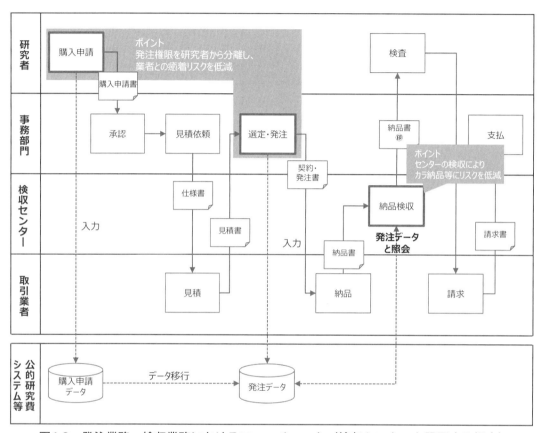

図4-3　発注業務、検収業務におけるフローチャート（検収センターを設置する場合）

　図4-3のとおり、ポイントを踏まえた発注業務、検収業務フローを構築・運営し、運用することで不正に対応した業務運営が可能である。

Q33　研究者による発注を認める場合に設けるルールとは

A
1．ガイドライン概要

　ガイドラインでは、「研究の円滑かつ効率的な遂行等の観点から、研究者による発注を認める場合は、一定金額以下のものとするなど明確なルールを定めた上で運用する。」と一定の範囲で研究者による発注を認めている。前項までの整理のとおり、不正防止の観点からは、発注業務を事務部門が行うことにより、癒着しやすい環境を牽制する仕組みを整備することが必要と考えられる。しかし、研究用の試薬等消耗品の種類は多岐にわたり、研究活動の進捗に応じて、少額かつ多数の購入が行われるため、事務部門が全ての発注を適時に行う体制を構築することは実務負担が大きいのが現状であり、研究活動の非効率にも繋がる可能性もあることから、ガイドラインでは例外的ルールを容認している。

2．留意事項

　それでは、どのようなルールを設けて運用すべきであろうか。金額基準と実際の業務フローの観点から整理する。
　研究者による発注を認める金額基準は、研究機関において採択された課題数や金額も異なることから、ガイドラインにおいても例示はなされていない。研究機関毎の状況に応じて不正の発生リスクを考慮した金額設定を実施することが必要である。
　一例としては、過去数年分の調達データをもとにABC分析を行い、研究機関としてCランクに該当する金額水準を検討する方法等が想定される（ABC分析の詳細については、本書Q31を参照）。
　次に実際の業務フローの観点から整理を行う。研究者発注の場合、通常の発注フローとは異なり、購買の申請と発注処理を行うのが研究者となる。このため、研究者への牽制が通常の業務フローと比べ効きにくい状況であるとの認識が必要であり、ガイドラインでは「事務部門の牽制が実質的に機能する仕組みとして、発注に関し、定期的に予算執行・取引状況・内容を検証（是正指導）することが必要である」と要請している。
定期的なモニタリングの事例として、文部科学省の公表事例を2つ紹介する。

(1) 特定の業者への偏った発注がなされないかモニタリングを行う事例
　一定期間ごとに研究者による発注の傾向を分析し、特定の業者に偏った発注を実施し

ている研究者に対しては個別に理由を確認する。特段の理由が無いと判断した場合については、業者を定期的に変更するよう指導がなされている事例である。

（2）発注先をあらかじめ調達部署で制限をかける事例

　過去の取引実績を分析し、発注量の多い業者の中から以下の条件に応じると同意を得た業者について調達部署による選定を実施する。この選定された業者との取引のうち、一定金額以下の場合に限り研究者による発注を認めている事例である。

（取引業者との同意事項例）
①預け金に協力しないこと、協力したときは取引停止になること
②納品時には必ず検収を受けること
③取引データ（納品物品名、数量、納品日、金額、納品先等の電子情報）を提供すること
④分割発注の禁止、機器の無償提供の停止
⑤営業担当社員の管理、教育の徹底

　いずれの事例においても研究者と取引業者との間で緊密な関係（癒着）が生じない仕組みを取り入れている。各研究機関における状況に応じて、上記の事例も踏まえた運用を実施することが望ましい。

３．研究者発注時の検収における留意点

　研究者による発注を認める物品等については、少額かつ多数であることが想定されているが、検収業務の省略は可能となるのだろうか。この点に関しては、科研費FAQでは4307において、「納品検収について、例えば、少額の消耗品については、納品検収を省略できますか？」という問いに対して、「納品検収の実施方法を工夫（例えば、納品検収担当者を変更するなど）していただくことは差し支えありませんが、物品が納品されたことの確認は不可欠であると考えますので、研究機関として機関管理を適切に行っていただく必要があります。」と回答されている。また、ガイドラインFAQにおいても408では、「一部の物品等について検収業務を省略する例外的な取扱いとする場合は、定期的に抽出による事後確認を実施することが求められていますが、事後確認の対象として、どのような物品を想定していますか？」という問いに対して、「遠隔地で取得して使用するなど当事者以外の検収が困難と考えられる物品等を想定している。なお、例外的な取扱いとする場合でも、その取扱いが一般化することがないよう、やむを得ないケースに限定するなど取扱いのルールを厳格に定めて運用してください。」と回答されている。

　このように科研費FAQ、ガイドラインFAQでは、検収業務自体の省略は原則認められていない。検収が省略できるのは、止む負えない場合に限定されている。

　これは、研究者による発注を認める場合でも例外ではなく、検収業務が原則として求められている。これは、仮に検収業務を省略した場合、発注から納品までのプロセスにおいて研究者以外の第三者によるチェックは実施されないことになり、不正を行う研究者においては、目的外使用や私的流用といった不正への心理的ハードルが下がる可能性があり、不正の機会と同時に不正誘因を提供することに繋がりかねない。このため、たとえ研究者による発注を認めるような少額な物品であっても検収が必要となるのである。

Q34　換金性の高い物品の管理はなぜ必要か

A
1．ガイドライン概要

　ガイドラインでは「換金性の高い物品については、適切に管理する」ことが要請されている。ここでいう換金性の高い物品としてはガイドラインFAQ A413→P245 で「パソコン、タブレット型コンピュータ、デジタルカメラ、ビデオカメラ、テレビ、録画機器、金券類等」が例示されている。

　なぜこれらはガイドラインで別記により適切な管理が要請されているのであろうか。過去の不正事例においては、研究目的で購入した消耗品を研究目的以外の用途に使用するとともに、購入した消耗品の一部を不正に転売する等して私的に流用したケースが発覚している。上記例示の換金性の高い物品は、金額基準により消耗品として管理されるケースが多く、それらは固定資産として登録される物品と同等の管理がなされていない状況が想定される。

　また、汎用性があり、採択された事業以外での転用が容易なものが多く、リユース市場も醸成されており、転売、私的流用のリスクも相対的に高いといえる。これらの不正を防止するためには、事前に不正が可能となる機会を低減する適切な管理が重要である。

2．換金性の高い物品の管理における留意点

　教育研究機関では、通常、物品管理規程等で管理対象の物品を一定金額以上の物品に限定している。管理対象物品に該当する場合、固定資産台帳や管理台帳に登録するとともに、管理番号を付したシールを添付し、定期的な現物確認を行っている。定期的な現物確認については、その確認頻度や確認範囲は、各研究機関の規定により、一律ではない。

　これに対して、換金性の高い物品に該当するものの、教育研究機関において管理対象外となる消耗品については、納品時には検収により現物が確認されているが、それ以降は研究者の主体的な管理に委ねられている状況である。この点、「コストやリソース等を考慮しつつ、一定金額未満であっても、転売や私的使用などのリスクが高いと考えられる物品については、可能な限り管理してください。」（ガイドラインFAQ A414→P245）としている。また、現物確認については、「内部監査等のモニタリングの一環として、耐用年数等を考慮の上、定期的に一定割合を抽出して現物確認を行うことなどが考えられる。」（ガイドラインFAQ A415 →P245）としている。

　上記を踏まえると、研究機関が管理対象外としている物品については、研究費管理部

署で執行データ等を基に換金性物品の一覧表を作成し、換金性物品内部監査等のモニタリングにおいて現物確認を行うことが必要である。一覧表で管理すべき項目は、物品名・型番、取得日・管理者・設置場所・支出財源等管理や現物確認等のモニタリングに必要な情報である。また、物品には管理番号と支出財源等を明示したシールを添付することも、転売等への抑止効果があり、物品管理上も一覧表との対応関係が明確となり有用である。

　なお、換金性の高い物品の管理期間については様々な考え方があるが、例えば転売価値のある2〜3年や研究期間に設定することが考えられる。

　また物品の購入後に特段のモニタリングが実施されない場合、研究者に対して十分な牽制機能を有しているとはいえず、実際に研究者による適切に管理がなされているかの観点で定期、不定期による現物確認を行うことが求められる。現物確認の際には、現物の有無だけではなく、実際にその物品が台帳等に登録している物品であるかを確認する目的で添付した管理シールの確認を合わせて実施する。

　なお、内部監査等のモニタリングの対象品の抽出にあたっては、たとえば、同一の研究者が年度末付近に複数以上購入している等研究上の必要性が曖昧と考えられる物品といった転売や私的使用等のリスクを考慮することが考えられる。また、研究機関における定期的な現物確認の頻度は、研究機関毎に異なり、必ずしも毎年事務部門が行っているわけでないことから、その点も考慮して、固定資産管理を行っている備品についても、内部監査等のモニタリングの対象とすべきと考えられる。

3．換金性の高い物品の管理事例

　それでは上記の換金性の高い物品の管理として紹介した台帳管理の方法と運用について改めて実務例を確認する。

　実際に換金性の高い物品のみに対応する管理として資産管理システムに登録せず別のリスト等を用いる研究機関も多いが、ここでは公的研究費システムと資産管理システムを連携させる事例を紹介する。システムの連携に関して、簡略化したものが次の図4-4である。

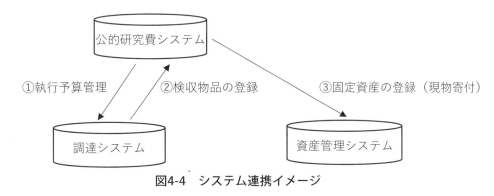

図4-4　システム連携イメージ

　図4-4のとおり、物品の購入にあたっては調達システムを利用して発注データを作成し、注文書が発行される。その際、公的研究費の執行予算管理が求められることから、公的研究費システムと連携した運用が想定される（図4-4①）。物品の納入後は、研究機関による検収を受け物品情報について公的研究費システム内にデータを登録する（図4-4②）。調達システムと公的研究費システムを連携させることで、検収時のデータをもとに登録できるだけでなく、検収後直ちに公的研究費システムへの反映が可能となり物品情報の網羅性が担保される。また、公的研究費システムで物品情報をデータベース化することで研究者別の物品情報の管理が容易となるので、物品管理だけではなく予算管理の観点からもより実効的な運用が可能となる（図4-4③）。

　研究支援課等の所轄部署においては、公的研究費システムの物品データベースを利用し、換金性の高い物品に対して上記の管理を実施していくことが必要である。

Q35　非常勤雇用者の管理は原則として事務部門が実施することとされているのはなぜ

A
1．ガイドライン概要

　ガイドラインは、「非常勤雇用者の勤務状況確認等の雇用管理については、原則として事務部門が実施する」ことを要請している。これは、学生等の非常勤雇用者に対する謝金や給与の支給において、不正使用事例が多発していることによるため、過去の不正事例の内容及び不正の発生要因を確認する。

（1）カラ謝金・カラ給与
　X大学の事例（文部科学省ホームページの「研究機関における不正使用事案」より著者が一部要約）

謝金の架空請求（カラ給与）	元教員は、学生 3 名に対し「実際に業務を行う他の学生に給与を支給するため名義を貸してほしい」「他の学生の旅費を捻出するため」と説明もしくは特段の説明をせず、当該学生を短期支援員（季節的な業務または臨時的に発生する業務に従事する者について、2 か月の雇用期間の範囲内において、労働契約を締結する制度）として雇用する手続を行い、当該学生が実際は業務を行っていないにもかかわらず、虚偽の出勤簿に押印させ、事務部に提出することによって、大学から給与を支給させた。また、元教員は当該学生のうち 2 名に支給された給与を回収した。

　上記事案の最終報告書によると、不正の発生要因として以下が挙げられている。

・短期支援員の雇用から給与支給までの事務手続きにおいて、事務部による短期支援員の勤務状況の実態確認にかかるルールが定められておらず、短期支援員の雇用を申請した教員に対する牽制が行われない状況であった。

・短期支援員に対し事務部から直接、労働条件等の説明を行うルールが形骸化し、大多数の部局等において教員任せとなっており、短期支援員の雇用手続において、事務部が短期支援員本人と接触する機会が確保されていなかった。

・学生の教育のためならば何をやっても許されるとの認識を有していたと考えられ、元教員の研究費の不正使用に対する認識が不足していた。

（2）目的外使用

　Y大学の事例（文部科学省ホームページの「研究機関における不正使用事案」より著者が一部要約）

謝金の目的外使用	当該教員が、本来は「実験補助」業務ではないにもかかわらず、次の①〜③において「実験補助」業務と認識し、自らの研究費をもって、学生就業者に対してアルバイト報酬を支払っていた。 ①授業の準備やレポートの採点といった教学補助業務に対する対価として ②ゼミで行う見学会（ゼミ旅行）の宿泊費、学会への参加費及びそれらについての交通費の補填として ③研究室内における消耗品等の購入費の立替金の清算として

　上記事案の最終報告書によると、不正の発生要因として以下が挙げられている。

・当該教員が採点業務や学会・ゼミ旅行参加等をすべて「実験補助」に該当すると勝手に判断し、学生就業者に対してはアルバイト届や勤務表の勤務内容として「実験補助」と記載するよう指示していた。

・当該教員は、コンプライアンス研修を受講しているにもかかわらず、今回の研究費支出が不正であるという認識を持っていないことを言明しており、認識不足であった。

・学生就業者が提出するアルバイト届と勤務表に勤務内容を記載する記入欄が小さいこともあり、「研究補助」、「実験補助」、「資料整理」といった一般的な記載が行われることが多く、事務担当者が具体的な内容の把握が不十分となり、当該教員のような「実験補助」に対する過度な拡大解釈を許すことに繋がった。

　このように、非常勤雇用者に対する謝金の不正使用を防止する観点からは、コンプライアンス教育によって研究者の研究倫理・行動規範遵守に関する意識を向上させるだけでは不十分であり、第三者によりカラ謝金・目的外使用等を発見するための仕組みが必要と考えられる。

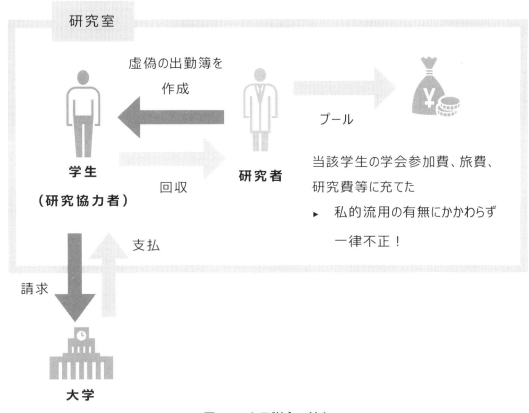

図4-5　カラ謝金の流れ

2. 非常勤雇用者の管理に係る内部統制の留意点

　ガイドラインの実務上の留意事項では、「非常勤雇用者の勤務状況確認等の雇用管理については、研究室任せにならないよう、事務部門が採用時や定期的に、面談や勤務条件の説明、出勤簿・勤務内容の確認等を行うことが必要である」とし、ガイドラインFAQ 412→P245にて下記のとおり具体的な方法が挙げられている。

(1) 面談や勤条件の説明内容
・勤務内容や賃金の支払方法等の説明
・事実に基づき適正に賃金を算定するため、事実に基づく勤務報告の必要性
・不正の事例や相談窓口等を紹介（不正の誘いを受けたり、不正が疑われる事態に遭遇した場合は相談窓口等に連絡する）

(2) 出勤簿・勤務内容の確認
・非常勤雇用者の勤務場所に近い学部事務室に出勤簿を備え置く等、事務部門が勤務事実の確認を行う

・事務部門があらかじめ非常勤雇用者の勤務日時・場所等を把握した上で、一定割合の抽出による勤務場所の巡回を行う等、勤務事実の確認を行う

　さらに、還流行為を禁止するリーフレットを作成する等、コンプライアンス教育や啓発活動等を学生等にも実施し効果的に牽制することも重要である。

３．非常勤雇用者の管理に係る内部統制の事例

　非常勤雇用者に係るカラ謝金・目的外使用等を防止・発見するため、以下の内部統制を整備・運用することが重要となる。
- 事務部門による採用時や定期的な面談
  - ▶雇用契約書等を参考に、何の研究課題に対してどのような業務を行っているのか（目的適合性の観点）
  - ▶就労状況は出勤簿から乖離していないか（人件費の水増し請求がなされていないかの観点）等
- 事務部門における出退勤の管理
  - ▶出勤簿を研究室ではなく、事務部門の執務室に据え置くことで、非常勤雇用者が出勤・退勤時に事務部門に赴くこととなり、勤務実態を常に事務部門が確認できるようになる。
  - ▶なお、非常勤雇用者がフィールドワークに参画する等、事務部門の執務室に赴くことが非効率となる場合は、事前に申請するとともに、活動の報告（成果物等の提出含む）を求めることで、勤務実態を事務部門が確認することが望ましいと考える。
- 在宅勤務の場合の対応
  - ▶非常勤雇用者が在宅勤務する場合、出勤簿を用いて事務部門が勤務状況を確認することができない。そのため、事前に自宅勤務の申請を求め、その内容に応じて勤務実態を確認できる方法を設ける（成果物の提出等）ことが望ましい。また、事務部門で事前に在宅勤務で従事できる業務を明確化する等行い、事前申請にて適切性を確認する方法も考えられる。

Q36   研究者の出張計画の実行状況等を事務部門で把握・確認できる体制とする理由は

A
1．ガイドライン概要

　ガイドラインは、「研究者の出張計画の実行状況等を事務部門で把握・確認できる体制とする」ことを要請している。これは、二重請求やカラ出張等旅費の支給において不正が発生していることによるため、過去の不正事例の内容及び発生要因を確認する。

（1）虚偽請求
　A大学の事例（文部科学省ホームページの「研究機関における不正使用事案」（https://www.mext.go.jp/a_menu/kansa/houkoku/1364929.htm）より著者が一部要約）

旅費の虚偽請求（申請者とは別の研究者等が出張及び用務目的を偽り請求）	原則として学部学生の研究費による出張は認められていないが、正規の手続を踏まずに学部学生を出張させるために、PDや大学院生等、通常研究費で出張できる人物に出張申請をさせ、それにより入手した乗車券等を学部学生に渡して出張させていた。また、学部学生ではない当該教授の家族についても同様の手法により旅費を支出していた。

上記事案の最終報告書によると、不正の発生要因として以下が挙げられている。
- ・研究指導をする当該教員とそれを受ける学生という関係性において、指導する教員の指示が強い拘束力を有し、学生が「それはおかしい」と疑問に思い、その指示を拒否するという雰囲気が生じにくくなっており、研究室内に当該教員に対して異を唱えられない雰囲気が醸成されていた。
- ・出張旅費の精算においては、交通費・宿泊費の領収書や半券、学会参加費の領収書等の書類を提出させ、それをもって用務先に行ったことを確認していたが、学会参加証等の用務実態を確認できる書類は提出させていなかったため、用務実態の確認は行われていなかった。
- ・当該教員は、研究倫理及び行動規範遵守の意識の欠如があった。

（2）二重請求
　B大学の事例（文部科学省ホームページの「研究機関における不正使用事案」（前掲）より著者が一部要約）

外部研究機関からの出張業務依頼における旅費の重複受給による公的研究費等の目的外使用	非常勤講師としての出張日程が確定した後に、出張先研究機関からの旅費受給に加え、出張先の教授と共同研究者の関係にあることを利用し、同日付で研究に関わる「出張上申書」を提出し、「科研費」並びに「学事予算」からの旅費を請求するという行為を繰り返した。「科研費」では研究課題についての共同研究・実験、「学事予算」では共同研究の打合せを用務目的としていたが、それらの具体的な実態を確認することはできなかった。また、出張報告書には用務目的を行ったかのような虚偽の記載をしていた。

　上記事案の最終報告書によると、不正の発生要因として以下が挙げられている。

・本学の旅費処理と、出張先研究機関における旅費処理は、それぞれ独立した処理のため、重複受給について照合することができていなかった。

・非常勤講師の委嘱上申書の提出はなされているものの、非常勤講師としての出張上申書が全く提出されていなかった。加えて、委嘱上申書に具体的な出講日が明らかになっていなかった。

・調査対象者は、自身の倫理観の欠如と経費執行及び重複受給に対する意識の低さがあった。

（3）カラ出張

　C大学の事例（文部科学省ホームページの「研究機関における不正使用事案」（前掲）より著者が一部要約）

虚偽の申請による旅費の受給	学会開催会場に赴きながらも学会には参加せず、旅費申請・出張報告に学会参加と記載し、外形的には旅費支出に必要な要件を満たした資料を提出し、旅費を受給した。

　上記事案の最終報告書によると、不正の発生要因として以下が挙げられている。

・学会等に参加した場合に、現地でのみ入手可能な資料により現地に行ったことが確認できれば精算を行う等、出張目的の用務達成を証明できていないケースがあった。

・学会等への参加を目的とした出張旅費の精算を行うに当たり、参加証等学会等に参加したことを確実に証明できる書類が提出されていない場合の確認が不十分であった。

・出張報告書の記載が形骸化し、当該出張の内容や成果が十分に確認できないケースがあった。

・やむを得ない事情により、当初の申請内容に変更が生じた場合は、旅行後、速やかに変更手続を行う必要があるが、手続が十分周知されていなかった。

　このように、旅費・出張の不正受給を防止する観点からは、コンプライアンス教育等によって研究者の研究倫理・行動規範遵守に関する意識を向上させるとともに、第三者により虚偽請求・二重請求・カラ出張等を発見するための仕組みが必要と考えられる。

２．旅費・出張に係る内部統制における留意点

　ガイドラインの実務上の留意事項は、「研究者の出張計画の実行状況等の把握・確認については、用務内容、訪問先、宿泊先、面談者等が確認できる報告書等の提出を求め、重複受給がないかなども含め、用務の目的や受給額の適切性を確認し、必要に応じて照会や出張の事実確認を行う」ことを要請している。

　具体的には、通常の旅費精算時に、出張報告書と必要な関係書類により事後に事実確認ができるよう手続きを行うことが必要である。さらに、内部監査時には、一部抽出した案件に対し先方へのヒアリングや航空券半券の運賃種別コードの確認等を実施し、実施結果を研究機関内に周知することで、効果的に牽制することが重要である。

　なお、ガイドラインFAQでは、Q416の「研究者の出張計画の実行状況等の把握・確認について、必要に応じて宿泊先等への照会など出張事実を確認することが求められていますが、宿泊先等への照会は個人情報保護の観点から対応することが難しいと考えます。どのように対応すればよいですか？」という問いに対して、「宿泊先等への照会については、出張した当事者を通じて宿泊証明書を徴するなど当事者の協力を得て行うことにより対応可能であると考えます。」と回答されている。すなわち、研究者の出張計画の実行状況等の把握・確認を行う事務部門の担当者では、出張事実を確認することに制約がある場合には、出張した当事者の協力を得ることにより、出張の実在性及び用務の計画通りの実施を確認すべきであることが示されているものと考えられる。

　また、2020（令和2）年2月に文部科学省より、2019（令和元）年度に体制整備等自己評価チェックリストを提出した研究機関に対して送られた連絡において、通常の旅費精算時に、出張報告書と必要な関係書類により事後に確認ができるよう手続きを行うことが必要であること、さらに、内部監査時には、一部抽出した案件に対し先方へのヒアリングや航空券半券の運賃種別コードの確認等を実施し、結果を研究機関内に周知することで効果的に牽制することが重要であるとされている。

３．旅費・出張に係る内部統制の事例

　旅費・出張に係る虚偽請求・二重請求・カラ出張等を防止・発見するため、以下の内部統制を整備・運用することが重要となる。
　・出張申請と出張報告との照合

・各種エビデンスによる実行状況の把握（領収書、チケット半券、学会パンフレット、議事録等）
・研究者へのヒアリング（研究計画と出張の関係、得られた研究成果等）
・出張手配の旅行業者への委託（本書Q38参照）

　具体的にどこまでの証憑入手が必要であるかは、リスクの大きさに応じて研究機関ごとに検討を行う必要がある。なお、リスクを考慮せずに、全ての証憑の提出を研究者に求めることは、研究者の負担を重くし研究の遂行を妨げる可能性があるため、望ましくない。

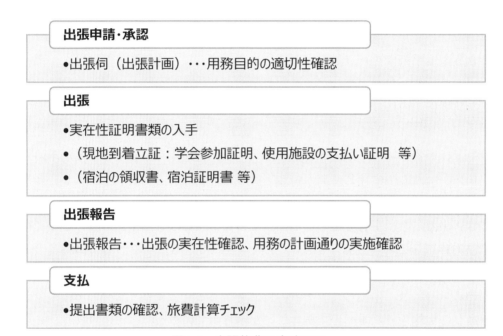

図4-6　出張旅費の事務フロー

Q37　コーポレートカードの導入のメリットと方法は

A

1．ガイドライン概要

　2021（令和3）年2月のガイドライン改正では、不正を発生させる機会を低減させるために「旅費の支払に当たっては、コーポレートカードの活用や旅行業者への業務委託等により、研究者が支払に関与する必要のない仕組みを導入することが望ましい」旨の記載が新たに追加された。ガイドラインで研究者が支払に関与する必要のない仕組みの具体例として挙げられた「コーポレートカードの活用」について本項目において記載し、「旅行業者への業務委託等」については次項目において記載する。

　コーポレートカードとは、一般的には研究機関が主体となりクレジットカード会社と契約するクレジットカードのことをいい、カードの使用名義は個人であるものの、支払時に使用する口座に個人名義の口座ではなく研究機関名義の口座を登録することができる（支払時に使用する口座を個人とするコーポレートカードも存在する）。そのため、支払時に使用する口座に研究機関名義の口座を登録することにより、研究費の使用によって発生する支払行為は研究者を介することなくコーポレートカードと紐づけた研究機関名義の口座から直接行われる。よって、研究者個人が旅費を立替払いする必要がなく、これに付随する精算行為も必要がないという特徴がある。

　従来は旅費について研究者が立替払いを行い、事後に実費精算をすることが一般的であったが、なぜガイドラインでは研究者が支払に関与する必要のない仕組みとして「コーポレートカードの活用」が望ましいとされるのであろうか。

　その理解には、立替払いを通じて行われた以下のような過去の不適切な事務処理を振り返るのがわかりやすい。

> ア）年度末において研究費の予算が余っている場合に、予算消化を図るため私的な
> 　　領収書を証憑に用いて予算申請する（架空請求の不正事例）
> イ）目的外の領収書を証憑に用いて予算執行する（予算流用の不正事例）
> ウ）研究者が当初予定していた旅券を立替払い後に返金し、実際には当初よりも安
> 　　いチケットで出張して当該差額を取得する（水増し請求の不正事例）

　コーポレートカードを利用した取引のみ旅費の申請を認める運用とすることで、これら立替払いに係るリスクを軽減することが可能となる。

　また、支払に個人口座を使用するコーポレートカードの場合、立替払いは無くならな

いものの、コーポレートカードの利用履歴をすべて研究機関で把握できるため、同様の効果が期待できる。

　なお、コーポレートカードを活用することによって、個人のクレジットカードを利用した際にポイントやマイレージが付与されてしまったり、マイレージが付与される取扱業者が優先されることを回避できるメリットがある。また、不正防止の他にも研究者は一時的に個人の資金が流出する経済的負担が軽減される。また、研究機関は立替精算を行う事務作業が軽減される。

２．コーポレートカードの活用における留意点

　研究機関名義の口座を登録するコーポレートカードを導入する場合、誤って研究者等の私的な支払いが行われた場合の対処をどうするかが懸念事項となる。

　公的研究費が私的な支払いに利用されることは認められていないものの、大学の資金が私的な支払いに誤って利用された場合の対処方法に関しては、特別示していない。これに関しては、研究機関として研究者等に対し支払い（返還）を求めることが一般的と考えられるが、運用にあたっては返還の取扱い等を定める内規を整備することが必要と考える。

３．コーポレートカードの活用方法の事例

　以下、コーポレートカードを活用して研究者が競争的研究費等を使用して出張を行う際の業務フローを整理する。本事例ではコーポレートカードの支払口座に研究機関の研究費用口座を紐づけ、研究者を介することなく研究機関の口座から直接支払するケースと仮定する。

　まず、研究者は出張申請を行い、出張の事前承認を得た後、貸与されたコーポレートカードを利用して旅券（宿泊予約、切符、航空券等）を手配し、出張する。

　研究者は出張後、コーポレートカード精算書、出張報告書を作成し、出張証拠書類（領収書や搭乗券の半券等）とともに研究機関事務部門へ提出する。

　クレジットカード会社から研究機関の事務部門宛てにコーポレートカード利用明細が届いた後、事務部門は当該コーポレートカード利用明細と研究者より提出されたコーポレートカード精算書、出張報告書、出張証拠書類との整合性を確認し、研究費支出の内容について承認を行うとともに研究費管理システムへの登録を行う。その後、研究機関の口座からクレジットカード会社に対して支払が行われる。

　なお、研究費支出の内容について否認された場合には、当該否認された金額を研究者へ請求することが考えられる。

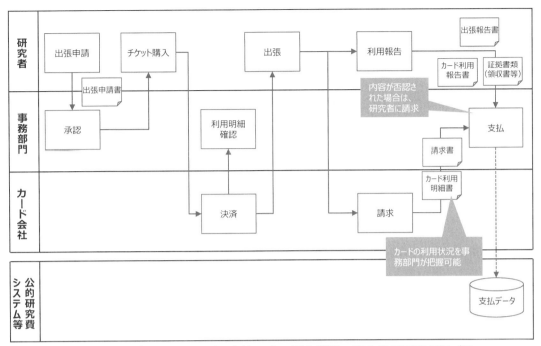

図4-7　コーポレートカードの支払口座に研究機関の研究費用口座を紐づけ、
研究機関の口座から直接支払するケースの業務フロー図

Q38　出張手配を旅行業者に委託することのメリットと方法は

A

1．ガイドラインの要請事項の概要

　2021（令和3）年2月のガイドライン改正では、不正を発生させる機会を低減させるために「旅費の支払に当たっては、コーポレートカードの活用や旅行業者への業務委託等により、研究者が支払に関与する必要のない仕組みを導入することが望ましい」旨の記載が新たに追加された。出張手配を旅行業者に業務委託することにより研究者が立替払いをする必要がなくなり、研究機関が旅費の支払時期と金額を漏れなく把握することで以下のような立替払いを利用した不正を防止する効果が期待される。

> ア）出張を取りやめた、あるいは旅費を用務先から支給されたため、旅費の支払が不要にもかかわらず、変更手続等を実施せず、旅費を受給する（架空または重複請求の不正事例）
> イ）研究者が当初予定していた旅券を立替払い後に返金し、実際には当初よりも安いチケットで出張して当該差額を取得する（水増し請求の不正事例）

　また、出張手配を旅行業者に委託することによって、不正防止の他にも研究者が一時的に個人の資金が流出する経済的負担の軽減と研究機関が立替精算を行う事務作業が軽減されるという効果もある。

2．出張手配を旅行業者に委託する場合における留意点

　旅行業者への委託により不正防止効果を発揮するためには、利用率が高いことが前提である。しかし、出張手配を旅行業者に委託したものの、研究者の利用率が上がらないという悩みを抱える研究機関は意外と多い。これは、研究者にとって、これまでのように自らWeb等を利用して航空券の購入やホテル予約をする、懇意にする旅行会社に頼む等、慣習としていた行為を切り替えるほどのメリットがないことが原因と考えられる。

　そのため、旅行業者との契約において、できるだけディスカウントされた料金が適用されるように交渉し、研究者にとって金額的メリットが得られるようにするとともに、旅行業者のシステムと連携する旅費システムの構築により、研究者の旅費執行手続の簡素化による負担軽減を図ることが有用であろう。

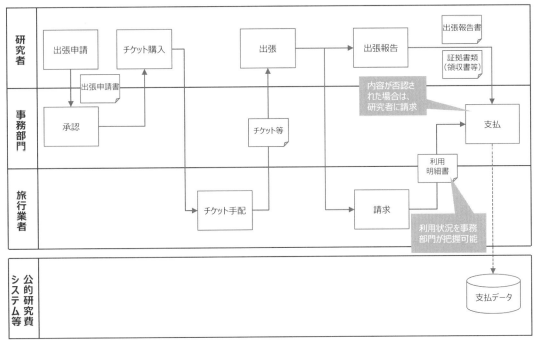

図4-8　出張手配を旅行業者に委託するケースの業務フロー図

3．出張手配を旅行業者に委託する場合の事例

　以下、研究機関と法人契約を締結している旅行業者に出張手配を委託して研究者が競争的研究費等を使用して出張を行う際の業務フローを整理する。

　まず、研究者は出張申請を行い、出張の事前承認を得た後、研究機関と法人契約を締結している旅行業者のWeb予約サイトを利用して旅行業者に宿泊予約、切符、航空券等の手配を委託する。旅券の発行が必要な場合には、研究者は事前に旅行業者から旅券を受け取り、出張する。

　研究者は出張後、出張報告書を作成し、出張証拠書類（領収書や搭乗券の半券等）とともに研究機関事務部門へ提出する。

　委託先の旅行業者から、研究機関の事務部門宛てに出張手配に関する利用明細及び請求書が届いた後、事務部門は当該利用明細及び請求書と、研究者より提出された出張報告書、出張証拠書類との整合性を確認し、研究費支出の内容について承認を行うとともに公的研究費システムへの登録を行う。その後、研究機関の口座から委託先の旅行業者に対して支払が行われる。

　なお、研究費支出の内容について否認された場合には、当該否認された金額を研究者へ請求することが考えられる。

Q39　特殊な役務の検収方法は

A
1．ガイドライン概要

　ガイドラインでは、「特殊な役務（データベース・プログラム・デジタルコンテンツ開発・作成、機器の保守・点検など）に関する検収について、実効性のある明確なルールを定めた上で運用する」ことを要請している。

　「役務」とは、一般的には他人のために行う労務やサービスである。そして、役務が提供された結果、プログラムや調査・検査結果等の成果物が作成されるものと、通訳やマウスの飼育管理等の成果物が存在しないものの、大きく2つのケースがある。ガイドラインでは、データベース・プログラム・デジタルコンテンツ作成、機器の保守・点検等専門的な能力等を有するものによる役務提供契約を、特に「特殊な役務」として定義している。

　次に、「検収」とは、契約によって定めた事項が、受注業者によって果たされたかを発注者である研究機関が確認する行為である。

　このように検収では、契約内容が果たされたかを確認することが重要になる。物品であれば、手許にある発注書等と納品された物品とを比べて、同じもの、数量等であることを確認すればよい。一方で、役務の場合には、確認が難しいことが多い。例えばプログラムの場合は、データが焼き付けられたCD-R等が成果物として納品されるが、それだけでは発注したとおり役務が提供されたかどうかを判断することが難しいからである。そのため、役務の場合は、物品とは異なる検収方法が必要となる。

2．特殊な役務の検収における留意点

　ガイドラインFAQでは、Q410の「役務の検収については、どのようなことが求められているのでしょうか？」という問いに対して「役務の検収については、物品と同様、検収対象となりますが、プログラムやデジタルコンテンツの作成など、役務が完了して成果物を確認したとしても、専門的な知識がなければ、成果物の適否を判断することが困難な場合に、必要に応じ、発注者以外の専門的な知識を有する者がチェックすることを求めています。」と回答されている。

　すなわち、検収を行う事務部門の担当者では、成果物の適否を判断することが困難な場合には、対象がプログラムやデジタルコンテンツ等であれば関連の専門知識を有する者の助けを借り、アドバイスを受けることが適切であると、示されているものと考える。

　また、同じくガイドラインFAQ Q411の「特殊な役務に関する検収について、必要に応じ、発注者以外の専門的な知識を有する者がチェックすることが求められていますが、必要がある場合とはどのような場合ですか？　また、発注者以外の専門的な知識を有する者については、発注者と同一研究室・グループ内の者を充てても良いですか？」との問いに対して「受注業者が特定の研究室のみとしか取引実績がない、受注業者と発注者の間に特別な利害関係がある、受注業者の選定理由が弱いなど受注業者の選定に疑義がある場合が考えられます。また、発注者以外の専門的な知識を有する者の選定にあたっては、発注者と上下関係を有する同一研究室・グループ内の者は避けてください。」と回答されている。

　以上を踏まえ、発注者以外の専門的な知識を有する者がチェックする必要がある場合として、契約内容が複雑で検収を行う事務担当者が検収できないような成果物があるケース、受注業者の選定に疑義がある場合等一定のリスクが認められるケース、契約金額が大きく研究機関としてより厳密に検収をすることが望ましいケース等が考えられる。

３．特殊な役務等の検収方法の事例

（1）成果物が作成される役務の検収方法の事例
①発注段階
　研究機関は、役務を業者に発注する段階で契約書案及び仕様書案の内容を確認し、どのような検収実施できるかを検討した上で、必要に応じて研究者と協議をして契約書案及び仕様書案を見直す（図4-9：①仕様書案等の確認・見直し）。具体的な検討ポイントは、それぞれの個別事情はあるものの大きく以下の2つが考えられる。

・いつ、だれが、何をするかが明示されていること
・成果物が作成されるものに関しては、どのようなものを作るのかが明確であること

②研究者による履行確認
　ここでは、具体的な検収方法について成果物ごとに記載する。
　成果物がプログラムの場合、研究者は受注業者の行う動作確認やプログラム制作の過程の業務報告等を通じて、契約書・仕様書に沿って作成されていることを検査することが考えられる。
　次に、成果物が検査や調査の場合である。通常、検査や調査の報告書が受注業者から提出されるため、当該報告書により契約書・仕様書に沿って作成されていることを検査する。この時、契約事項を受注業者が履行したことを発注者が承認したことを記録とし

て残すために完了報告書や納品書に検査のサインをする（図4-9：②定期/完了検査）。

③研究機関による検収

　事務担当者は、研究者から受領した完了報告書あるいは納品書に発注者の検査サインがあることを確認する。また、合わせて受領する契約書及び仕様書と完了報告書あるは納品書と成果物とを比較・検討することで、客観的に事実を確認する（図4-9：③納品検収）。

　なお、必要に応じて事務担当者の検収に加え、専門的な知識を有する者がチェックすることもある。

④特殊な役務の検収業務フロー

　特殊な役務の検収業務フローは、以下図4-9のとおりである。

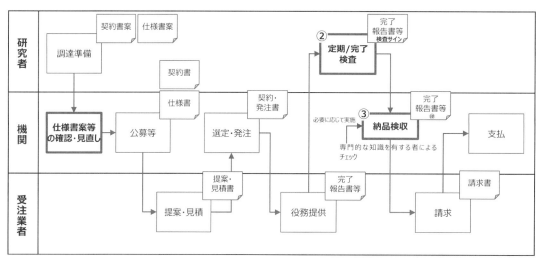

図4-9　特殊な役務の検収業務フロー

（2）成果物の存在しない役務の検収方法の事例

　成果物の存在しない役務として、同時通訳やシンポジウム等の運営、生物の飼育管理等がある。この場合であっても、役務を業者に発注するタイミングにおける研究機関の取組は、（1）と同様にいつ、だれが、何をするかが仕様書等に明示されていることがポイントとなる。

　研究者による履行確認であるが、研究者は受注業者の役務提供に立ち会い、契約書・仕様書に沿ってサービス等が提供されたことを検査する。この時、契約事項を受注業者が履行したことを発注者が承認したことを記録として残すために完了報告書や納品書に検査のサインをする。

　研究機関による検収については、研究者から受領する完了報告書や納品書に研究者の

検査サインがあることを確認する。また、役務の内容によっては、担当者が直接役務の提供を確認することも考えられる。

　なお、必要に応じて事務担当者の検収に加え、専門的な知識を有する者がチェックすることもある。

（3）その他、特殊な役務に関して参考となる取組事例

　ここまで、特殊な役務に対する検収の方法について事例を紹介してきたが、その特殊性に鑑み、上記に加えて抜き打ちで役務の提供状況や提供結果をチェックする方法もある。さらに、取引業者から元帳等の資料・データを取り寄せ、期日通りに役務が提供されたことを調査（研究機関に対する完了報告日と取引業者における売上日が一致しているか）し、期ズレが生じていないか確認する方法もある。

　また、委託規模が大きい場合、取引業者が研究者に利益供与を行うリスクがあるため、予兆が認められた場合には、別途取引業者に協力を求め、不適切な支出がないか等を確認することも求められる。

Q40　研究費を合算使用できるケースは

A
1．ガイドライン概要

　ガイドラインでは、「故意若しくは重大な過失による競争的研究費等の他の用途への使用」が不正と定義されていることから、「他の用途への使用」に繋がる合算使用（複数の研究資金を合わせて使用すること）は制限されている。例えば、科研費FAQ 4105では「異なる研究課題の科研費を同一年度に交付されている場合、それら（直接経費）を合わせて使用することは可能でしょうか？」という問いに対して、「科研費は交付を受けた研究課題の「補助事業の遂行に必要な経費（研究成果の取りまとめに必要な経費を含む。）」として使用すべきものです。このため、同一研究者が異なる研究課題の科研費を同一年度に交付されている場合であっても、それらは別々の補助事業として取り扱う必要があるので、合わせて使用することはできません。」とされている。

　これは、A研究課題に配分されたA研究費と、B研究課題に配分されたB研究課題を合わせて使用しようとすると、配分された研究課題と異なる目的に、いずれかの研究費が使用される形になるためと考えられる。

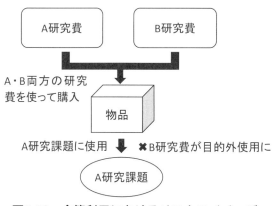

図4-10　合算利用におけるリスクのイメージ

　一方で、科研費の合算使用制限の例外と認められるケースとして、以下の4つが科研費FAQ 41051で示されている。

①直接経費に、使途に制限のない他の経費を加えて補助事業に使用する場合
②直接経費と使途に制限のある他の経費（科研費以外）を加えて、他の用務と合わせて１回の出張を行う場合や、他の用途と合わせて１個の消耗品等を購入する場合な

どに、補助事業に係る用務や、補助事業に用いる数量分を明らかにした上で使用する場合

③直接経費に他の科研費を加えて、各事業の負担額及び算出根拠を明らかにした上で、補助事業に使用する場合

④直接経費に、共用設備の購入が可能な制度の経費を加えて、各事業の負担額及び算出根拠を明らかにした上で、共用設備を購入する場合

　①は使途に制限が無ければ、当該経費の使用は目的外となることが無いため認められる。②は、旅程（往復の別）、購入数量、エフォート等、それぞれの経費で使用する数量等が客観的に明確な場合を指す（『科研費ハンドブック研究者用』より抜粋）。

　例えばA科研費とB研究費（AMED）とを合算して5日間の出張を行う場合、その内2日間はA科研費、3日間はB研究費（AMED）の用務であることを明らかにし、その日数区分で経費が支出されていれば認められる。③と④は、②の使用区分を明らかにする場合のほか、使用割合（見込）や課題数、事業期間（見込）等、合理的に経費の区分けをした根拠を整理し、説明できる場合を指す（『科研費ハンドブック研究者用』より抜粋）。

２．合算使用における留意点

　総合科学技術・イノベーション会議（内閣府）では、我が国の研究力強化のためには、研究者が自らの研究に集中して取り組める研究環境の整備が必要とし、競争的研究費の申請手続き等の簡素化等により、研究者の研究時間を確保し、研究環境の充実を図っていくことが提言されている（「研究力強化・若手研究者支援総合パッケージ」（2020（令和2）年1月23日））。これを受けて、2021（令和3）年3月5日に「競争的研究費における各種事務手続き等に係る統一ルールについて」が競争的研究費に関する関係府省連絡会申し合わせとして示されているが、この中で、合算使用に関して以下の統一ルールが示されている。

　競争的研究費については、当該事業以外の補助事業、委託事業及び使途に制限を受けない経費（運営費交付金や寄付金等）との複数種の経費による合算使用を可能とし（所有権が府省に移転する研究設備・機器は除く。）、これに係るルールを以下のとおりとする。

（1）当該事業の経費及び当該事業以外の経費の負担割合は、合理的な考え方により各研究機関において決定する。

（2）旅費の場合は、「他事業分の出張と明確に区分出来る場合」、消耗品の場合は「他事業の用途と合わせて購入する場合で、他事業分の経費と明確に区分出来る場合」等の要件を付し、合算による使用を可能とすること。

（3）補助事業による合算購入については、補助目的たる各事業の遂行に支障を来さないことを前提に、制度ごとに関与度の整理が必要であるが、補助事業により購入した研究設備・機器は、購入研究機関の財産であり、国は、財産処分の取扱いについて、制度別（または府省別）に各持ち分の整理をすれば良い。

（4）資金配分研究機関の複数の研究費制度による共用設備の購入に係る取扱いについては、「複数の研究費制度による共用設備の購入について（合算使用）」（令和2年3月31日付け、資金配分機関及び所管関係府省申し合わせ）による。

　合算使用は、研究費の効果的・効率的使用に繋がることから、研究者からの要望も多く、配分機関においても可能な範囲を拡大してきている。

　一方で、合算使用はあくまで例外の位置付けであることに鑑み、各研究機関において、作成するハンドブックやFAQ等の中で、認められるケースや要件を具体的に示すことで、研究者が制度を利用しやすいように明記することが必要である。

　特に、合算使用の要件として、使用区分並びに負担額及びその算出根拠を合理的に説明できるか否かがポイントとなるため、研究者から事務部門への事前の相談を求め、事務部門が客観的に経費区分の内容及び根拠を確認することで、合理性を確保する仕組みとすることが望ましい。

第5節
情報発信・共有化の推進

Q41　情報発信の目的及び具体的な方法は

A
1．ガイドライン概要

　ガイドラインでは「はじめに」において、PDCAサイクルの徹底と同時に「情報発信も含めた透明性の確保・向上」を図ることにより、より実効性ある取組が一層構築されることを強く期待するとしている。これは、情報公開の充実が、研究機関外の目を意識することに繋がり、ひいては体制を充実・強化する動機を与えるものになるとガイドラインが考えているものと想定される。また情報公開は、ガバナンス・コード等[1]においても、実効的なガバナンスを実現するとの観点から必要とされている事項であり、その流れを汲んだものと解される。

　その上で、ガイドラインの第5節（→P208）では、研究機関内での情報共有はもとより、各研究機関の取組や事例の主体的な情報発信による研究機関間での情報共有が、実効性ある体制の整備に必要かつ有効であるとしている。また、このことは、競争的研究費等に対し、広く国民の理解と支援を得る上でも必要不可欠とし、以下の事項について研究機関に実施を要請している。

（機関に実施を要請する事項）

> （1）競争的研究費等の使用に関するルール等について、研究機関内外からの相談を受け付ける窓口を設置する。
> （2）競争的研究費等の不正への取組に関する研究機関の方針等を外部に公表する。

ガイドライン第5節→P208

　（1）の研究機関内からの相談に関しては、研究者が日常的な研究活動において、自らの行為がルール等に抵触するのか否かを事前に相談できる体制の整備を意図しており、不正を事前に防止するため必要とされている。

　また、（2）に関しては、研究機関の不正への取組に関する基本方針等の公表として、以下の情報を内外の利用者の視点に立って、わかりやすく体系化・集約化してホームページ等に掲載し、積極的な情報発信を行うことを求めている。

1　「コーポレートガバナンス・コード」（東京証券取引所）はもとより、「国立大学法人ガバナンス・コード」（文部科学省・内閣府・国立大学協会）、「公立大学の将来構想　ガバナンス・モデルが描く未来マップ」（公立大学協会）、「日本私立大学協会憲章　私立大学版ガバナンス・コード」（日本私立大学協会）、「日本私立大学連盟　私立大学ガバナンス・コード」（日本私立大学連盟）のいずれにおいても、情報発信・公開は重要な事項として扱われている。

表5-01　研究機関の不正への取組みに関する基本方針等の公表事項

基本方針等を公表するため	・ 行動規範 ・ 管理・運営体制
研究機関間で情報共有するため	・ マニュアル ・ 不正防止計画 ・ 相談窓口 ・ 通報窓口 　処分（取引停止等の取扱いを含む。） ・ 研究機関における諸手続 ・ 関係する諸規程

2．情報発信における留意点

　ガイドラインFAQでは、Q501の「競争的研究費等について広く国民の理解と支援を得るためには、競争的研究費等を管理する機関が、ガイドラインの要請する実施事項等の対応状況について積極的に情報発信を行う必要があると考えますが、どのように公表するのがよいですか？」という問いに対して、「ガイドラインの要請する実施事項等の対応状況については、機関独自で工夫して分かりやすい形で公表することを想定していますが、第7節の機関が提出する「書面による報告」についても機関のホームページ等に掲載することが望まれます。」と回答されている。

　すなわち、毎年文部科学省に提出している「体制整備等自己評価チェックリスト」において、根拠となる資料・データ等一覧を記載しているが、これら情報を体系化・集約化してホームページ等に掲載することを望んでいるものと解される。

　また、同じくQ502の「企業等において、その活動上、社内規程等を外部に公表することが困難な場合は、配分機関への報告をもって公表に代えることができるとありますが、報告先をモニタリング主体である文部科学省でなく配分機関としているのはどうしてですか？」との問いに対して、「配分機関は、競争的研究費等を配分するに当たり、配分先の機関においてガイドラインに基づく管理体制の整備・運用が適切に実施されていることを確認する必要があると考えることから、配分機関に対して報告することとしています。なお、文部科学省による機関に対するモニタリングの具体的な進め方は第7節の2のとおりですが、「書面による報告」を基にしつつ、履行状況調査等の対象機関に対しては、必要に応じて関係資料の提出を求める予定です。」と回答されている。

　民間企業における情報公開においては、必ず社内規程等の公表が障害となるため、参考にされたい。

3．情報発信の事例

　多くの研究機関では、競争的研究費等の不正使用防止に係るホームページを設け、そこで体系的・集約的に情報を公開している。

　また、併せて通報窓口、相談窓口を案内するとともに、取引先に対する方針の提示、研究機関の体制の説明等を行っているケースも多くみられる。

コラム　Comply or Explain ? その①

　組織に情報開示を求める法令は、会社なら会社法や金商法、国立大学なら国大法人法、学校法人なら私学法や助成法等がある。公的研究費における、不正への取組に関する研究機関の方針等の公表義務も、情報開示を求める法規の一つであると言える。これまで一般企業でも教育機関でも、法令の定め従い情報開示を行ってきたものと考える。これが最近、状況の変化がみられる。

　例えば東京大学の発行する統合報告書は、顕著にこれを表している。国立大学法人や学校法人において、統合報告書なるものの作成及び開示は法令上求められてはいない。当該統合報告書を見ると、かなりの労力と調査研究、それ以上に東京大学の情熱が伝わってくる。

　では何故、これだけのパワーを傾けて統合報告書の作成をし、開示をするのか？

　統合報告書も他の学内報告書と同様に、報告の相手方に何らかの意思決定をさせるために作成されるものである。一般的な報告書は、当然ルールに従って作成されるものもあれば、積極的にこちらの要求に意思決定者の考えを誘導するために作成されるものもある。統合報告書はまさに、この後者の考えを学外にも広げているものとも考えられる。

　大学はどのような考えで教育研究を行い、その成果は社会や日本の将来にどう生きていて、そのためのコストはどのように使われたのか。また、今後どういったものに資金が必要で、そのためにどのようにお金を集める方針なのか等、産業界等のステークホルダーが資金援助や協力をするための意思決定に必要と考えられる視点から報告書がまとめられている。当然教育機関毎にミッションは異なり、必ずしも短期的直接的に結果が見えるものばかりでない。特に東京大学には超長期的視野に立たないと、その価値に理解を得難い教育研究があるため、それを積極的にステークホルダーに説明する事に意義があると考える。

　従来型の法令で要求される情報開示から、ステークホルダーとのコミュニケーションツールとして情報開示が使われている事から、いわゆる攻めの情報開示であると言える。コンプライアンスの原則である『Comply or Explain』から、『Comply and Explain』への転換を、日本の最高学府が踏み出した、大いなる一歩と言えよう。

コラム　Comply or Explain ?　その②

　近年のネット社会の急激な進行は、情報発信を生業とする新聞社や出版社、TV等のマスメディアに厳しい対応を迫っている。これまで有料であった各種情報が、ネットを検索すれば手軽に無料で入手できるため、新聞等の発行部数は激減し、TVの視聴率も大幅なダウンとなっている。このため、一部ネット記事と同様に、マスメディアの情報も過激なものが好まれる傾向にある。

　情報を収集するにあたり重要な事項に、情報ソースの信頼性というものがある。情報に嘘は無いか、また全ての情報が提供されているかである。これまでは大手新聞社等の情報であるから、ある程度情報ソースの信頼性はあるものとの前提を持っていたが、ネット情報の中には、いわゆるフェイクニュースや、極度に民意の誘導を狙って情報を制限したニュース等があり注意が必要になる。

　これは情報を得る一般読者だけの問題ではない。記事の対象となっている会社や大学の経営や運営にも深刻な影響を及ぼす事になる。例えば何かの問題が発生した場合、学校として十分な準備をし、問題が深刻化しないように事前に対応していたとしても、発生した問題だけが報道されて、事前対応等の対策が全く報道されなかった場合、学校が強く批判を受け、思わぬ風評被害に晒されるといったケースである。これはネームバリューの高い組織ほど顕著で、大学や人気スポーツ団体、省庁や政治家等がターゲットにされやすい。

　過去の事案を見ると共通するのが、問題が報道されてから、過去から準備してきた対策等を説明しようとしている所である。時としてマスコミがそちらを取り上げてくれないか、憶測が独り歩きをしてしまって、真実が伝わらなかったりする。

　これらの問題への対処は、有事ではなく平時からの情報発信が有効性を発揮すると考えられる。様々な学校の行動指針やリスクへの対策、社会の一員としての理念等を、日々積極的に配信する事によって理解の浸透を図るのである。いわゆる守りの情報発信と言えよう。

　『Comply or Explain』ではなく、日々『Comply and Explain』が、有事での結果に大きな影響を及ぼすと考える。

コラム　研究支援部門が担う役割は今後どう変わっていくか？
（大学発ベンチャー支援・利益相反管理等）

　2021（令和3）年3月に閣議決定された科学技術・イノベーション基本計画では、国民の安全と安心を確保する持続可能で強靭な社会への変革に必要な取組の一つとして、社会のニーズを原動力として課題の解決に挑むスタートアップを次々と生み出し、企業、大学、公的研究機関等の多様な主体が連携して価値を共創する新たな産業基盤を構築することを必要としている。そして、地域が抱える課題の解決を図り、Society5.0を先行的に実現する多様で持続可能な都市・地域（スマートシティ[1]）を全国へ、そして世界へ展開するとしている。

　また、2021（令和3）年4月に、科学技術基本法等が改正され、法に「イノベーションの創出」の概念が加えられるとともに、国立大学法人・国立研究開発法人が出資する成果活用等支援法人において共同研究等が実施できるよう明文化される等しており、上記計画の推進が後押しされた。

　大学発ベンチャー企業は2014（平成26）年度以降、毎年増加傾向にあるが、上記のような社会背景の中、今後はより一層、設立する動きが活発化されるものと想定される。

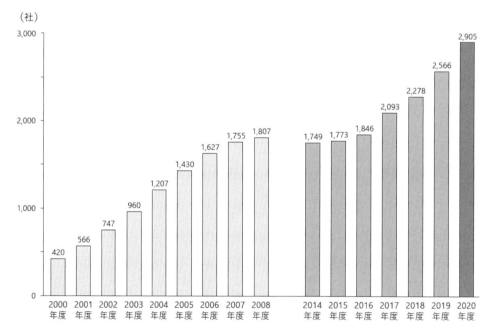

図1　大学発ベンチャー企業数の年度別推移
出典：令和2年度産業技術調査（大学発ベンチャー実態等調査）報告書（経済産業省）「大学発ベンチャー企業数の年度別推移」より一部を抜粋

1　ICT等の新技術を活用しつつ、マネジメント（計画、整備、管理・運営等）の高度化により、都市や地域の抱える諸課題の解決を行い、新たな価値を創出し続ける、持続可能な都市や地域。

　このような環境の変化を受け、公的研究費の管理を所管する研究支援部門より、大学発ベンチャーや共同研究に関する相談が増えている。

　具体的には、研究活動を通じて生じる利益相反に対応する体制の在り方の相談や、個別の事案に関する外部専門家の立場からの意見聴取等である。

　また、大学発ベンチャー企業のインキュベーター、アクセラレーターの立場である大学が、大学発ベンチャー企業の内部管理体制の構築や人材の採用、資金の調達等の支援をサポートしてほしいとの相談もある。

　研究支援部門の大半は、2006（平成18）年に発覚した重大な研究費不正事案をきっかけに、公的研究費の管理主体が研究者から研究機関に切り替えられたことで設けられた歴史的背景もあり、公的研究費の管理を主な業務とするケースが多かったものと考える。しかしながら、上記のように大学が次々とイノベーションを生み出すエコシステム[2]の構築を推進する場合、研究支援部門は、それら取組みを推進する部門として、その役割を拡大していくのではないだろうか。

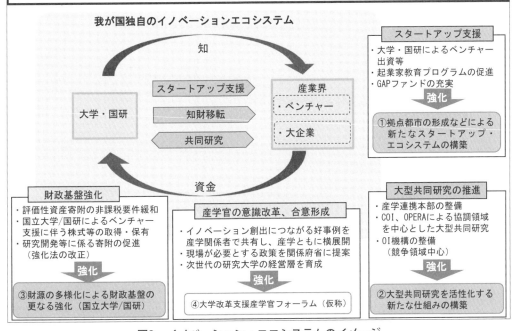

持続的なイノベーションの創出に向けて

○ 日本経済の発展のためには、イノベーションによる民間の経済活動の持続的な拡大が重要
○ そのためには、我が国の知を社会につなぐイノベーションエコシステムの構築が必要

図2　イノベーション・エコシステムのイメージ

出典：イノベーション・エコシステム構築の取組（構造改革徹底推進会合「企業関連制度・産業構造改革・イノベーション」会合（イノベーション）2019年4月5日）

2　卓抜した研究成果を社会実装し、その過程を通じて新たな課題を分析し、それをさらに基礎研究に還元して研究の好循環を築き、一層大きな革新的価値を生む仕組み

第6節
モニタリングの在り方

Q42　研究費の不正防止システムにおけるモニタリング機能とは

A

　ガイドラン第6節によれば、研究機関全体の視点から実効性のあるモニタリング体制を整備・実施するとともに、リスクアプローチ監査を実施し、恒常的に組織的牽制機能の充実・強化を図ることが必要であるとされる。モニタリングはその実施主体により以下の図6-1の①～④の4つに大別される。

図6-1　大学における責任体系図とモニタリング・監査の在り方
出典：ガイドライン「参考資料1 大学における責任体系図の例」を基に作成

モニタリング及び監査の実施主体ごとの内容は下表6-1のとおりである。

表6-1　モニタリング及び監査の実施主体・内容

統括管理責任者によるモニタリング	・不正防止対策の組織横断的な体制を統括する責任者であり、基本方針に基づき、研究機関全体の具体的な対策を策定・実施し、実施状況を確認（モニタリング）して最高管理責任者に報告 ・内部監査結果等を不正防止計画に反映させるとともに、コンプライアンス教育及び啓発活動に活用して周知し、研究機関全体として同様のリスクが発生しないよう徹底 ※ 詳細は、ガイドライン第 1～ 3 節参照
コンプライアンス推進責任者によるモニタリング	・統括管理責任者の指示の下、自己の管理監督または指導する部局等において、構成員が、適切に競争的研究費等の管理・執行を行っているか等をモニタリングし、必要に応じて改善を指導 ※ 詳細は、ガイドライン第 1 節参照
内部監査部門による内部監査	・毎年度定期的に財務情報に対するチェックを一定数実施（ルールに照らして会計書類の形式的要件等が具備されているか等） ・競争的研究費等の管理体制の不備の検証を実施 ・研究機関の実態に即して要因分析し、不正発生リスクに対し重点的にサンプルを抽出し、抜き打ちも含めたリスクアプローチ監査を実施 ・過去の内部監査や、統括管理責任者及びコンプライアンス推進責任者が実施するモニタリングを通じて把握された不正発生要因に応じて、監査計画を随時見直し、効率化・適正化 ・専門的な知識を有する者（公認会計士や他の研究機関で監査業務の経験のある者等）を活用して内部監査の質を向上
監事による監事監査	・不正防止に関する内部統制の整備・運用状況について研究機関全体の観点から確認し、意見 ・統括管理責任者またはコンプライアンス推進責任者が実施するモニタリングや内部監査によって明らかになった不正発生要因が不正防止計画に反映されているか、また、不正防止計画が適切に実施されているかを確認し、意見 ※ 詳細は、ガイドライン第 1 節参照

　最高管理責任者は、統括管理責任者等からの報告とそれらのチェック機関である内部監査部門からの報告を受け、双方の報告内容を点検・評価することにより、統括管理責任者等の職務の執行の適否を判断できると考えられている。内部監査部門は、最高管理責任者の直轄的な組織として位置付けられ、最高管理責任者を除く全ての構成員の職務の執行について監査する機関であるため、統括管理責任者の職務の執行も内部監査の対象である。

　内部監査部門は、効率的・効果的かつ多角的な内部監査を実施するために、監事及び会計監査人との連携を強化し、必要な情報提供等を行うとともに、研究機関における不正防止に関する内部統制の整備・運用状況や、モニタリング、内部監査の手法、競争的研究費等の運営・管理の在り方等について定期的に意見交換を行う必要がある。また、統括管理責任者（その役割を果たす上での実働部門として位置付けられる不正防止計画推進部署を含む）、コンプライアンス推進責任者、内部監査及び監事等は、相互に連携することが求められる。

表6-2　ガイドラインに記載される内部監査の在り方

内部監査部門に求められること
・ 被監査部門からの独立性が確保されていること ・ 監査に必要な実効性ある強い権限が付与されていること ・ 監査に必要な高い専門性を備えていること （機関の運営を全体的な視点から考察できる人材を配置することが望ましい）
実施にあたっての留意事項
・ 内部監査は、機関全体のモニタリングが有効に機能する体制となっているか否かを確認・検証する等、機関全体の見地に立った検証機能を果たすこと（※） 　（※）調達業務の場合、発注・検収・支払の現場におけるチェック及び防止計画推進部署によるそれらのモニタリングがともに機能しているかを内部監査で確認。 ・ 内部監査では、ルールそのものにも改善すべきことがないかを検証すること ・ 内部監査の質を一定に保つため、監査手順を示したマニュアルを作成し、随時更新しながら関係者間で活用すること

　なお、ガイドラインによれば、財政上の制約から、独立した専属の内部監査部門の設置が困難な場合、以下のような対応を行うことも考えられる。
・経理的な側面に対する内部監査は、担当者を指定し、その取りまとめ責任の下に、複数の組織から人員を確保してチームとして対応する。
・ルール違反防止のためのシステムや業務の有効性、効率性といった側面に対する内部監査は、防止計画推進部署等が兼務して実施する。

Q43　リスクアプローチによる内部監査の具体的な実施手順は

A
１．リスクアプローチによる内部監査とは

　リスクアプローチに基づく監査とは、限りある監査資源（時間や費用）をリスクが高いと推定される領域に集中的に投下する監査手法である。
　ガイドラインにおいても、当該リスクアプローチ監査が導入されることを想定しており、研究機関の実態に即して、不正が発生する要因を分析し、不正が発生するリスクに対して重点的かつ機動的な監査を実施することを求めている。

２．リスクアプローチによる内部監査の具体的な実施手順とは

　リスクアプローチによる内部監査の手法をPDCAサイクルに従って説明すると以下になる。

(1) 内部監査の計画（Plan）
　内部監査部門においては、防止計画推進部署から不正発生要因の情報を入手した上で、研究機関の実態に即して要因を分析し、リスクアプローチによって監査計画を適切に立案する。また、過去の内部監査や、統括管理責任者及びコンプライアンス推進責任者が実施するモニタリングを通じて把握された不正発生要因に応じて、監査計画を随時見直し、効率化・適正化を図る。

(2) 内部監査の実施・実行（Do）
　内部監査部門は、研究機関全体のモニタリングが有効に機能する体制となっているかを確認・検証する。毎年度、ルールに照らして会計書類の形式的要件等が具備されているか等財務情報に対するチェックを一定数実施するとともに、競争的研究費等の管理体制の不備の検証も行う。また、ルールそのものに改善すべき点がないかも検証する。
　内部監査手続には、支出取引の検証と内部統制の運用評価の2つの目的があるが、同時に実施することにより、効率的かつ効果的な監査が実施できる。手続の概要は、例えば以下のように考えられる。

表6-3

物品費	【通常調査】 ・収支簿の品名及び金額が業者から受領した見積書・納品書・請求書等の書類と一致していることを確認する（取引の検証） ・発注・納品検収・支払の手続が研究機関のルールに従い、適時に申請及び承認され、業務処理されている記録を関連書類により確認する（内部統制の運用評価） →不正防止を目的として定められたルールが適切に運用されていない、あるいは勝手解釈によりルールの逸脱が認められる場合、当該取引が不適切な支出である可能性が生じる。 【特別調査】 ・納品後の物品等の現物確認 →特に換金性の高い物品は中古品市場が存在し、転売リスクがあるとされることから、研究機関管理の対象とならない消耗品も含め、重点的に実施する。 ・取引業者の帳簿との突合 →研究機関の購入取引と、取引業者の売上の計上時期・品名・金額に齟齬がある場合、研究者が意図的に業者に書類等の改ざんの可能性が生じる。 （※）内部監査の実施段階で業者に協力を依頼するよりも、「業者から提出を求める誓約書等」に、内部監査や不正調査等の際に帳簿等の提出に協力する旨を盛り込み、あらかじめ同意を取り付けておくとよい。
旅費	【通常調査】 ・収支簿の出張旅費の内容及び金額が、業者から入手した請求書・領収書、出張精算書等の書類と一致または整合していることを確認する（取引の検証） ・出張の申請・精算・報告手続が研究機関のルールに従い実施されていることを関連書類により確認（内部統制の運用評価） →不正防止を目的として定められたルールが適切に運用されていない、あるいは勝手解釈によりルールの逸脱が認められる場合、当該取引が不適切な支出である可能性が生じる。 【特別調査】 ・研究者の一部を対象に、当該研究者の旅費を一定期間分抽出して先方に確認、出勤簿に照らし合わせるほか、出張の目的や概要について抜き打ちを含むヒアリング →出張日程や用務内容によっては、出張精算時に提出される書類では出張の事実確認が難しい場合等、確認対象とする。
人件費	【通常調査】 ・収支簿の人件費・謝金の内容及び金額が、給与・謝金の支給明細等の書類と一致または整合していることを確認する（取引の検証） ・雇用・勤務報告・支給等の手続、謝金の申請・支払手続が研究機関のルールに従い実施されていることを関連書類により確認（内部統制の運用評価） →特に学生等の非常勤雇用者の人件費によるプール金による不正事例があることから、謝金の不正防止を目的として定められたルールが適切に運用されているか確認する。 【特別調査】 ・非常勤雇用者の一部を対象に勤務実態についてヒアリング

　実施段階では、監査の効果を発揮できるよう、研究機関のコンプライアンスを包括する部署や外部からの相談を受ける窓口等、研究機関内のあらゆる組織と連携するとともに、不正に関する通報内容を把握し、研究機関内で適切な対応がとられているかを確認することが望ましい。

（3）内部監査の点検・評価（Check）

　内部監査において発見された誤りやルールからの逸脱等については、その原因を分析するとともに、研究機関全体の対応状況を体系的に整理し評価する。また、監事及び会計監査人との連携を強化し、研究機関における不正防止に関する内部統制の整備・運用状況や、モニタリング、内部監査の手法、競争的研究費等の運営・管理の在り方等について意見交換を行う。さらには、文部科学省への提出が求められる「体制整備等自己評価チェックリスト」を用いて、実施状況について自己点検を実施する。

（4）内部監査の改善（Action）

　内部監査結果については、実際に発生した不正事案を含めてコンプライアンス教育及び啓発活動に活用して周知を図り、研究機関全体として同様のリスクが発生しないよう徹底するとともに、防止計画推進部署における不正防止計画に反映させる。また、点検・評価の結果を踏まえて、内部監査そのものの改善を図る。

Q44 専門的な知識を有する者を活用することで期待できる効果とは

A
１．概要

　2021（令和3）年改正ガイドラインでは、内部監査の実施に当たっては、専門的な知識を有する者（公認会計士や他の機関で監査業務の経験のある者等）を活用して内部監査の質の向上を図ることを要請している（ガイドライン第6節（5）→P209）。改正前のガイドランでは「望まれる」としており、今回の改正において監査機能の強化を求め要件化されている。

２．留意点

（1）専門的な知識を有する者とは

　「専門的な知識を有する者」とは、監査に必要な高い専門性を備えている者を意味する。すなわち、制度内容を理解し監査実務の経験を十分に積んでいる者が適任であると考えられるが、必ずしも公認会計士や他の機関で監査業務の経験のある者等に限定されているわけではない。専門性とは科研費監査の能力や経験のみならず、その後の管理体制の改善に向けた助言を前提にした実務家や法律家等の能力が考えられる。

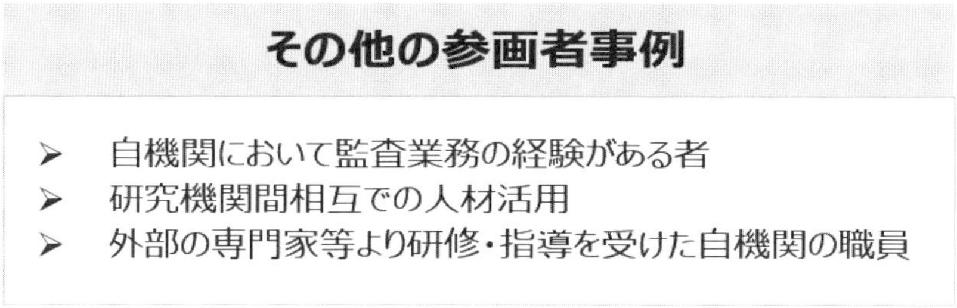

その他の参画者事例

- ➤ 自機関において監査業務の経験がある者
- ➤ 研究機関間相互での人材活用
- ➤ 外部の専門家等より研修・指導を受けた自機関の職員

図6-2　その他の参画者事例

出典：ガイドラインFAQ A603→P248より抜粋

（2）期待される効果

　内部監査の目的は、研究費が適正に執行されていることを確認するとともに、内部監査の過程で認識した問題点の原因を明らかにし、具体的な改善策の提示により、研究費管理の向上に資することと考えられる。研究費の適正執行の確認においては、監査がなれ合いにならないよう、監査担当者が該当する研究部署から独立していることが重要である。その観点からも、組織から独立した第三者であり、監査経験が豊富な専門家の利

用は有効であると考えられる。

　ガイドラインでは特にリスクアプローチ監査による監査手法が求められているが、このリスク要因は研究機関を取り巻く内外の環境要因に大きな影響を受けるため、管理や監査の都度網羅的かつ詳細な環境分析が必要になる。当該環境要因は常に一定というものではなく、時の経過とともに変化するものであり、各研究機関は当該環境変化を前提として、研究費適正執行のリスク要因を識別し、定期的に規程やルールの見直しを行い、最適な管理体制を維持する必要がある。たとえば、昨今のコロナ禍におけるリモートワークの導入等、働き方そのものが変化する中、物品検収、雇用者の勤怠管理、手続書類の提出方法等、これまでの管理方法が想定していない状況が生じており、当該環境に適応する管理方法を策定する必要が生じている。その際には、他研究機関での先進事例の分析研究が有効な意味を持つが、一研究機関でこれを行うことはかなりの高負荷となる。このため、業としてこれらの情報を入手し分析している専門家の利用が結果的には有効かつ効率的管理に繋がることになると考えられる。

３．具体的な活用事例

　外部の専門家の活用は、具体的には以下のような事例が考えられる。

①モニタリング体制の整備・運用状況の評価と改善提案の提示
　現状の不正防止のためのモニタリング体制を検証し、研究機関にとって重要度が高い課題の洗い出しを踏まえて、不正リスク低減及び業務の効率化を検討する。

②リスクアプローチに基づく内部監査
　ガイドラインに例示されるリスクの観点や昨今の他大学等における不正動向を踏まえて、研究機関に固有の不正が発生する要因を分析し、当該リスクに対して重点的にサンプルを抽出する。抽出したサンプルについて、会計伝票の確認、研究者等へのヒアリング、物品等の現物確認等を行い、効果的・効率的な内部監査を実施する。発見された誤りやルールからの逸脱等については、原因を分析して対応策を提示する。

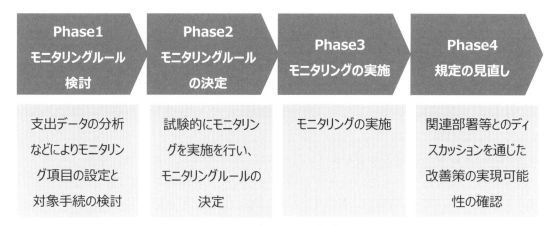

図6-3　リスクアプローチに基づく内部監査

③リスクアプローチに基づく期中モニタリング

　上記②は、基本的に終了した会計年度を対象に実施するもの（第3次モニタリング）であるのに対して、当該③は、まさに今が期の最中である研究課題に対して行うものである。また、事務部門が行う日々のチェック（第1次モニタリング）とも異なり、期中（12月、年度末等）において統括管理責任者がコンプライアンス推進責任者の協力のもとで、策定・実施した対策の実施状況を確認する取組（ガイドライン第1節1（2）→P189）である（第2次モニタリング）。

　規定等に則って研究費が執行されていることの確認は、第1次モニタリングで行われている（日常的モニタリング）ため、第2次モニタリングである期中モニタリングでは、執行データ等を俯瞰的に分析することで、ガイドラインの第3節に例示されるような不正発生要因の高い課題・取引等を抽出し、それらについて調査することが有効的と考える（定期的モニタリング）。また、調査では、取引業者から徴取した帳簿と研究機関の帳簿とを突合することによる預け金の検出や、宿泊先へヒアリング等にて宿泊の実態を確認することによるカラ出張の検出、非常勤雇用者へヒアリングにて勤務状況を確認等することによるプール金の検出等のリスクアプローチ手法を用いることが望まれる。

　さらに、規定等そのものが適切であることの評価も、リスクアプローチによるモニタリングの結果を踏まえて、実施することが望まれる。

　なお、期中モニタリングを通じて不適切な会計処理等が発見された場合は、まだ期中であることから処理の修正や体制の是正等が可能である。不正の確定を未然に防止し、研究機関及び構成員を守るものであることから、不正防止のPDCAサイクルの一環として、期中モニタリングを活用することは非常に効果的と考える。

Q45　内部監査で不正が発生するリスクに対して重点的にサンプルを抽出する方法は

A
1．ガイドライン概要

　内部監査部門は、以下の表6-4に示すリスクを踏まえ、研究機関の実態に即して要因を分析し、不正が発生するリスクに対して、重点的にサンプルを抽出し、抜き打ち等を含めたリスクアプローチ監査を実施することが重要とされている。（ガイドライン第6節（4）→P209）

　以下、表6-4に示すリスクは一般的に注意が必要なリスクであるが、各研究機関の実態に即した特有のリスクが存在することにも留意しなければならない。

表6-4　不正リスク事例

不正リスク事例

➢ ルールと実態の乖離（発注権限のない研究者による発注、例外処理の常態化など）
➢ 決裁手続が複雑で責任の所在が不明確
➢ 予算執行の特定の時期への偏り
➢ 業者に対する未払い問題の発生
➢ 競争的研究費等が集中している、又は新たに大型の競争的研究費等を獲得した部局・研究室
➢ 取引に対するチェックが不十分（事務部門の取引記録の管理や業者の選定・情報の管理が不十分）
➢ 同一の研究室における、同一業者、同一品目の多頻度取引、特定の研究室のみでしか取引実績のない業者や特定の研究室との取引を新規に開始した業者への発注の偏り
➢ データベース・プログラム・デジタルコンテンツ作成、機器の保守・点検など、特殊な役務契約に対する検収が不十分
➢ 検収業務やモニタリング等の形骸化（受領印による確認のみ、事後抽出による現物確認の不徹底など）
➢ 業者による納品物品の持ち帰りや納品検収時における納品物品の反復使用
➢ 非常勤雇用者の勤務状況確認等の雇用管理が研究室任せ
➢ 出張の事実確認等が行える手続が不十分（二重払いのチェックや用務先への確認など）
➢ 個人依存度が高い、あるいは閉鎖的な職場環境（特定個人に会計業務等が集中、特定部署に長い在籍年数、上司の意向に逆らえないなど）や、牽制が効きづらい研究環境（発注・検収業務などを研究室内で処理、孤立した研究室など）

出典：ガイドライン第3節2（実施上の留意事項）①→P202より抜粋

２．留意事項

（1）リスク要因とその評価

　研究機関毎に検討すべきリスク要因としては、下記のような項目が考えられる。

【執行データの分析において検討するリスク要因】

①全般

・予算執行が特定の時期（年度末）に偏る研究課題（予算流用リスク）

・競争的資金等が集中（予算獲得額が高い）している研究者の課題（予算流用リスク）

②物品費

・調達先が特定の業者に集中している研究課題（癒着リスク）

・当該研究室のみでしか取引実績のない業者との取引が多い研究課題（癒着リスク）

・年度末に換金可能性の高い物品を購入している課題（目的外使用リスク）

・立替による物品購入が多い課題（目的外使用リスク）

・汎用性の高い消耗品を多数購入している課題（目的外使用リスク）

③旅費

・海外出張（特に、長期間の出張や観光地として人気のある国への出張）に多い課題（目的外出張のリスク）

・特定の出張先への国内出張旅費の支出件数が多い研究課題（目的外出張、重複支給のリスク）

・大手以外の特定の旅行業者を集中利用している課題（癒着リスク）

④謝金

・学生等の非常勤雇用者の人件費支出件数の多い研究課題（カラ謝金のリスク）

・他の研究者と共通の研究補助者に同一月で謝金を支払っている課題（重複支給のリスク）

⑤その他

・特殊な役務（データベース・プログラム・デジタルコンテンツ作成、機器の保守・点検等）の取引がある研究課題（カラ納品のリスク）

【それ以外の情報から検討するリスク要因】

・情報提供や内部通報があった課題

・コンプライアンス研修を受講していない研究者の課題

・過年度の通常監査で（例えば過去5年間に）1度も選定されたことがない課題

・過年度の内部監査支援において指摘事項があった課題

　サンプリングするにあたっては、上記の不正リスク要因の研究機関における発生可能性や発生した場合の金額的重要性を勘案して、研究機関毎の不正リスクに対応すべき優先順位を評価する必要がある。

　その際の考慮要因としては、例えば、リスク要因に対応するため、研究機関の内部統制や執行ルールが整備されて、適切に運用されている場合は、そのリスクが十分に低減されていると言え、リスクとして認識しないことも考えられる。一方で、リスクに対応する内部統制を整備するためには、コストやリソースの負担が重いため運用が困難と判断し、ルール化せず、モニタリングや内部監査で重点的に確認するとしている場合には、当該リスクは高いままであり、重点的にサンプル抽出することになる。

（2）サンプルの抽出方法

　第一段階として、内部監査の対象となる網羅的な公的研究費の執行明細データを入手し、漏れがないことを確認した上で、執行明細データをエクセルの機能を利用しながら、識別したリスク要因毎に分析を行い、リスク要因の該当フラグを立てていく。

　第二段階として、執行データの分析結果とそれ以外の情報を集計するため、研究課題毎に、リスク要因別に該当項目を記載する一覧表を作成し、そこから該当ありの件数の多い課題を優先的に抽出する等の方法が考えられる。

　執行データに含まれる情報の量が多いほど、明細データのみで把握分析が可能であるため、執行データに研究機関が管理したい項目が含まれるよう、入力項目を追加することは有用である。また、一見リスクが低いと考えられる状況であっても、絶対に不正がないと断定することはできないことから、一部はランダム関数等により無作為に抽出して対象課題とすることも考慮すべきである。

（3）抽出する研究課題数・割合

　抽出すべきサンプルの数・割合については、研究機関の規模や競争的研究費等の受給状況等によってさまざまであることから、一律に定められるものではないとされている。

　科研費の場合、『科研費ハンドブック』において、補助事業全体の概ね10％以上が望ましいとされているため、科研費のみならず、この数値を参考にサンプル数を決めている研究機関が多いと考えられる。

　この「補助金により実施している補助事業全体」について、研究機関に所属する研究者が研究代表者となる補助事業のみを対象としていることがある。しかし、他の研究機関に所属する研究者が研究代表者となり、自機関の研究者が分担者となる際の分担金は、金額規模は代表課題と比較すると相対的に小さいものの、研究分担者が所属する研究機関で研究資金を管理しているため監査対象と考えるべきである。

　また、国立研究開発法人科学技術振興機構（以下JSTという。）の委託研究契約では、

委託研究事務処理説明書（共通版）において、ガイドラインを遵守している機関が科研費を受給し、科研費と同じ条件で内部監査を実施する場合には、JSTによる実地調査の対象外として扱うとされている。この「科研費と同条件の内部監査」について、委託契約FAQではJST事業の10％以上とすることが望ましいとされ、科研費の監査対象範囲と同様に考えることになる。

　このほか、文部科学省以外の省庁や国立研究開発法人等が所管する補助事業（厚生労働科学研究費補助金等）についても、個別には各資金の事務処理要領等により確認することになるが、上記と同様に考えることなろう。

　サンプルの数は、公的研究費の監査結果により、全体として適正に執行されていることを説明できる課題数であることが必要であり、適正管理は事務組織によって担われていることから、事務組織毎を考慮する等、偏りなく監査対象を選定することが考えられる。

（4）内部監査の牽制効果について

　上記では、リスクの高い状況に対して重点的に監査を実施することが求められているとはいえ、リスクが低いと考えられる場合は、監査は不要だろうか。

　内部監査の目的は、不正を発見することのみならず、組織的な牽制機能である。科研費の他研究機関分担金のように金額が小さい資金等だから不正がないとは言えないことから、全ての研究資金が内部監査の対象になりうる無作為抽出の実施や、必ず何年かに一度は対象とする旨を周知して抽出することも、研究者の適正執行への意識づけに繋がり、牽制効果があると考えられる。

　研究者にとって内部監査への対応は負担であり、避けたいというのが一般的である。しかしながら、モニタリングや内部監査はあくまでも組織内部で実施されるものであり、もし、不適切な支出が発見されたとしても、特に意図的で悪質な場合を除き、適切に是正することが可能なケースが多い。このため、研究者を守るものでもあるとの認識が浸透するようにすべきであろう。

コラム　サンプリングの際の金額基準の選定について

　取引記録の妥当性を検証するにあたり、帳簿記載の取引金額を請求書や領収書等の外部証票書類で確認する方法が代表的に行われる。

　通常、伝統的な総合大学での1年間の経済取引の件数は数100万件にも上り、医学部や附属病院を有する大学においては1,000万件を超える。いわゆる公的研究費監査の対象研究に限定しても、総取引件数は数万件となるであろう。これを全件検証する事は物理的に不可能であり、仮に全件検証できたとしても、あるべき取引の記載が漏れている（期ズレ等）という観点を検証する事はできない。

　これらの問題点を回避するため、リスクアプローチによる監査とサンプルチェックという監査手法が採用される。リスクアプローチとは、科目や時期、担当者、取引の相手方、組織が整備する内部統制の脆弱性等のリスク特性を勘案して、科目や取引毎の監査手続きの深度を決定する監査手法である。一般的には監査リスクが低い領域ではチェックするサンプル件数が少なく、高いところでは多くなる。監査リスクが極度に高く、不正や誤謬が発生した場合の影響が甚大な場合には、最早サンプルチェックではなく全件確認が必要となる。

　ここで、サンプルを抽出する場合の検証範囲について留意すべき点として、『サンプリングリスク』というものがある。サンプリングリスクとは、抽出したサンプルから導き出した結論が、母集団を構成する全ての項目に同じ監査手続きを実施した場合の結論と異なるリスクをいう。このため、監査人はできるかぎり偏りが無いようにサンプルを抽出する必要がある。

　通常、取引金額1,000万円以上全件等のルールを決めてサンプル抽出するわけであるが、この金額基準の決め方に注意が必要になる。今から約30年程前より以前では、公認会計士監査において、この金額基準を監査人の経験という名の感覚的なもので決定していた。これは、当時から問題となっていたが、これが企業不正等の頻発により、監査人の実施した監査手続きの説明を求められるようになり、今はこの金額基準が適切に決定されているかを説明しなければならなくなっている。

　そこで用いられる考え方に、『カバー率』というものがある。上記事例でいうと、サンプル対象となった取引金額1,000万円以上の取引の合計額は、母集団（当該科目の取引額全体）の何％をカバーするものなのかというものである。母集団の取引件数が1,000件あり、サンプル対象となる1,000万円以上の取引が1件しか無く、母集団の取引総額が50億円だった場合、件数のカバー率が0.1％、金額は0.2％であり、これが母集団全体の妥当性を表すものであるか、検討しておく必要がある。

　ところで、比較的近い金額が無数に存在する取引を検証する場合には、カバー率を上げるのに手間がかかる。この場合、金額基準と同時に任意抽出を併用する事も効果的手法の一つである。例えば、1,000万円以上全件、且つ、それ以外の取引から任意抽出して10件等をチェックする方法である。この手法による事により、金額基準では上げられないカバー率を、別の方法で補完しているのである。

Q46　私立大学における内部監査部門の位置付けは

A

　ガイドラインによれば、内部監査部門は、最高管理責任者の直轄的な組織としての位置付けを明確にするとされているが、位置付けは、法人の長と研究機関の長とが一致するか否かで異なる。

　国立大学の場合は、学長が、大学の長としての職務を行うとともに、国立大学法人を代表し、その業務を総理することとされ（国大法　第11条）、学校教育法に規定する学長の職務を行うとともに、教務面・経営面双方の権限を持つこととされる（一部の国立大学法人を除く）。このため、研究費の責任体系においても、最高管理責任者は学長となり、内部監査部門がその直轄的な組織として位置付けられ、ガイドラインは国立大学の組織を前提としていると言えよう。

　一方、私立大学や一部の国立大学においては、経営の責任者である理事長と、教育研究の責任者である学長とで職務が分離されているケースも多いと考えられる。その場合、最高管理責任者を学長とする一方で、内部監査部門は、「私立大学を設置、運営している学校法人理事長」の直轄的な組織としているため、一見ガイドラインの記述と乖離が生じているが、ガイドラインFAQにて下記の説明がある。

　内部監査部門を最高管理責任者よりもさらに上位の機関（この場合の理事長）の直轄的な組織として位置付けたとしても、内部監査部門の独立性等が阻害される惧れはないと考えられることから、内部監査部門の独立性等が担保され、かつ、内部監査部門の報告内容が最高管理責任者に正確に伝わる仕組みが構築されていれば、見直す必要はないとされている。（ガイドラインFAQ　A602→P248）

Q47　内部監査部門、監事、会計監査人との連携は、どのように実施するか

A

　ガイドラインでは、内部監査部門は、効率的・効果的かつ多角的な内部監査を実施するために、監事及び会計監査人との連携を強化し、必要な情報提供等を行うとともに、機関における不正防止に関する内部統制の整備・運用状況や、モニタリング、内部監査の手法、競争的研究費等の運営・管理の在り方等について定期的に意見交換を行うことを求めている（ガイドライン第6節　モニタリングの在り方　機関に実施を要請する事項（6）→P209）。

　公的研究費の管理・監査に限らず、大学等の多くの研究機関では内部監査部門・監事・会計監査人の三者による三様監査が実施される。監事及び会計監査人と内部監査部門がそれぞれの視点から、研究機関内の不正発生要因や監査の重点項目について情報や意見の交換を行い、効率的・効果的かつ多角的な監査を実施することが求められている。

【監事と内部監査部門との連携】

　国立大学においては国大法第11条第6項〜第11項、私立大学においては私学法第37条第3項等、監事は法的な根拠に基づき、法人の運営全般の業務監査、会計監査を実施する。監事監査は、監事としての知見を活かし、独立した立場から法的な影響力を持って監査を実施することができる。

　一方で監事監査では、人的なリソースや情報が不足するケースが多い。この場合内部監査部門で実施した内部監査結果の情報を基にリスクアプローチをとる等、監事と内部監査部門との定期的な情報共有を行い連携することにより、効果的・効率的な監査を実施することができる。そして、監事監査で指摘された事項を、翌年度の内部監査における重点事項としてフォローアップを実施する等、連携してPDCAサイクルを機能させることが重要である。また、情報共有にあたっては意見の交換だけでなく、内部監査の現場へ監事の立会・同行を実施する等、より深度のある情報共有が求められる。

　公的研究費等の調査は、通常の監事監査・内部監査に加えて実施することになる。そのため監査の対象となった現場部署には多くの負担がかかることが想定される。監事監査・内部監査・公的研究費等調査について、計画段階から監事と綿密に連携し、重点項目の設定や分担等調整し、計画的に実施することが必要である。

【会計監査人と内部監査部門との連携】

　会計監査人の監査は、国大法第35条や私学助成法第14条に基づき、外部の第三者で

ある公認会計士または監査法人によって実施される。

　会計監査人による監査は、研究機関に帰属することを前提として作成される財務諸表・計算書類等の適正性につき意見表明を行うものであり、研究者個人に帰属する科研費等は会計監査人の責任の範囲ではない。しかし、監査手続の中で、法人の内部統制の整備状況や統制環境を理解することが求められており、またその有効性や取引についてテストを実施している。例えば、購買プロセスや固定資産プロセス等、監査上必要と認めたプロセスの整備状況・運用状況を確認しているため、公的研究費に関わる業務プロセスが共通である場合にはリスク分析において参考とすることができる。

　このため、内部監査部門と会計監査人は、過年度の監査や期中における監査での状況を定期的に情報共有する等、研究費に係る不正使用を発生させる要因の把握に努めることで、効果的なリスクアプローチを行うことができる。なお、研究機関によっては公的研究費に関して、通常の方法とは異なる手法により管理しているケースが散見されるが、この場合にはそのまま会計監査人の業務プロセス評価の結果を利用できないため、別途検討が必要になる。

第7節
文部科学省による研究機関に対するモニタリング等及び文部科学省、配分機関による体制整備の不備がある機関に対する措置の在り方

Q48　文部科学省は各研究機関にどんな検査をするのか

A
1．ガイドライン概要

　文部科学省は、研究機関における管理体制について、ガイドラインの実施状況を把握し、所要の改善を促すため、調査機能の強化を図り、研究機関に対し、以下の調査（書面、面接、現地調査を含む）を実施する。

ア）履行状況調査（毎年、一定数を抽出）

イ）機動調査（履行状況調査以外に、緊急・臨時の案件に機動的に対応）

ウ）フォローアップ調査（履行状況調査、機動調査における改善措置状況をフォローアップし、必要に応じ措置を講じる）

エ）特別調査（不正発覚後の状況把握・指導）

（ガイドライン第7節1（3）→P212）

2．留意点

（1）具体的な進め方
①書面による報告

　研究機関は、ガイドラインに基づく体制整備等の実施状況について、書面等による報告を文部科学省に提出するとされている（ガイドライン第7節2（1）→P212）。

　具体的には、文部科学省または文部科学省が所管する独立行政法人から配分される競争的資金を中心とした公募型の研究資金の配分を受ける研究機関は、執行前に「体制整備等自己評価チェックリスト」を、最高管理責任者及び監事または監事相当職の確認を経た上で提出することが求められている。（「研究機関における公的研究費の管理・監査のガイドライン（実施基準）」に基づく令和3年度「体制整備等自己評価チェックリスト」の提出について（通知））

②履行状況調査

　文部科学省は、毎年度、履行状況調査の実施方針等を定め、一定数を抽出し、研究機関におけるガイドラインに基づく体制整備等の状況について調査を実施し、ガイドラインの「機関に実施を要請する事項」等について確認する（ガイドライン第7節2（2）→P212）。

　対象研究機関の選定に当たっては、配分機関において不正が確認された研究機関のほか、競争的研究費等の受給状況等を基に、一定数を抽出して実施することを考えているとされており（ガイドラインFAQ A702→P250）、令和元年度は43機関、令和２年度は53機関が調査対象となっている。

　なお、履行状況調査では、ガイドラインの「機関に実施を要請する事項」及び「実施上の留意事項」の全ての事項についての実施状況が調査対象となる。

③機動調査

　文部科学省は、②の履行状況調査以外にも、緊急・臨時の案件に機動的に対応するため、必要に応じて機動調査を実施し、ガイドラインに基づく体制整備等の実態把握を行う。実施方針等は案件に応じて定めるとされている。

(2) 研究機関における根拠となる資料・データ等の保存

　「体制整備等自己評価チェックリスト」の作成に当たっては、「実施済」または「該当する」と回答した項目について、根拠となる資料・データ等の名称を記入するとされており、PDCAサイクルのうち、「Plan（計画）」の実施状況の根拠のみならず、「Do（実施・実行）」、「Check（点検・評価）」、「Action（改善）」の実施状況の根拠についても明らかにすることが求められている。

　これらの根拠となる資料・データ等は、履行状況調査等の対象となった研究機関から提出を求めるとされている。また、配分機関から提出を求められることもある。

　したがって、各研究機関においては、PDCAの実施状況の根拠となる資料・データ等を整理・保存しておくことが必要となる。

３．具体的事例

　2016（平成28）年度から2020（令和2）年度までの区分別履行状況調査対象研究機関数は表7-1のとおりである。不正が確認された研究機関や体制整備等自己評価チェックリストに基づき抽出された優先度の高い研究機関のほか、新たに受給実績が確認された研究機関が対象となっている年度もある等、公的研究費の受給規模や研究機関の種類にかかわらず対象となる可能性がある。

表7-1 区分別履行状況調査対象研究機関数

年度／区分	H28		H29		H30		R元	R2
	グループA	グループB	グループA	グループB	グループA	グループB		
国立大学	3	-	58	-	1	-	-	1
公立大学	15	3	5	-	12	-	8	6
私立大学	42	62	7	-	26	-	28	38
短期大学	3	52			4	-	-	-
国立高等専門学校	-	-	1	-	-	-	-	-
大学共同利用機関法人	1	-	2	-	-	-	-	1
公立の研究所	5	20	-	1	2	1	4	3
独立行政法人・国立研究開発法人	7	13	6	1	-	1	3	4
民間企業	-	90	-	44	-	30	-	-
社団法人・財団法人（一般及び公益）	-	36	-	5	-	2	-	-
その他	-	9	-	6	-	1	-	-
合計	76	285	79	57	46	36	43	53

出典：文部科学省ホームページ履行状況調査の調査結果より作成

　また、履行状況調査や機動調査の結果、研究機関に付与された管理条件としては次のような例がある。
・不正事案に対する再発防止策を確実に実施すること。
・再発防止策には、具体的な指標を設け取り組むこと。
・不正を発生させる要因を分析し、リスクマネジメントを行った上で、意識改革の観点も含め不正防止計画に反映すること。
・最高管理責任者は内部監査部門及び監事との連携を強化して、組織的牽制機能の充実に取り組むこと。
・内部監査結果を構成員全員に周知すること。
・コンプライアンス教育及び啓発活動を体系的に評価・整理し、教職員の意識改革に資する実効性のある取組として実施すること。
・研究費の運営・管理に関わる全ての構成員に対して、コンプライアンス教育を毎年度実施し確実に受講させる仕組みを構築すること。

Q49　ペナルティはあるのか

A
１．ガイドライン概要

　文部科学省による履行状況調査、機動調査の結果において、有識者による検討も踏まえ、機関の体制整備等の状況について不備があると判断された場合は、当該機関に対して、文部科学省から「1）管理条件の付与」、その結果を受けて配分機関から「2）間接経費の削減」及び「3）配分の停止の順に段階的な措置」が講じられる。

　また、調査結果及び措置の状況について文部科学省から公表される。措置の検討に当たっては、機関からの弁明の機会を設けるものとされている（ガイドライン第7節2（2）ウ→P214）。

２．留意点

（1）対象
　機関の問題は、個別の部局等にある場合もあるが、部局等も含めた体制整備の責任は機関の長にあるため、原則として機関全体が、体制整備の不備に関する評価、及び評価結果に基づき行われる措置の対象となる。

　なお、機関が不正を抑止するために合理的に見て十分な体制整備を図っている場合には、構成員個人による意図的かつ計画的な不正が発覚したことをもって、直ちに機関の責任を問うものではないとされている（ガイドライン第7節1　実施上の留意事項→P212）。

（2）間接経費措置額の削減について
①対象となる競争的資金の範囲
　間接経費措置額の対象となるのは、文部科学省及び文部科学省が所管する独立行政法人から配分される全ての競争的資金である。

②間接経費措置額の削減基準
　「履行状況調査」及び「機動調査」の結果に応じて付与された「管理条件」（改善事項）について、文部科学省がその翌年度から実施する「フォローアップ調査」において履行が認められないと判断された場合は、「フォローアップ調査」の翌年度から以下のとおり間接経費措置額の一定割合が削減される。

「フォローアップ調査」の結果、「管理条件」（改善事項）の履行が認められない回数	1回	2回	3回以上
削 減 割 合	5％	10％	15％

　また、文部科学省が実施する「履行状況調査」及び「機動調査」の結果、研究機関における体制整備に重大な不備があると判断された場合は、「管理条件」（改善事項）が付与されるとともに、その翌年度から以下のとおり間接経費措置額の一定割合が削減される。

「フォローアップ調査」の結果、「管理条件」（改善事項）の履行が認められない回数	「管理条件」（改善事項）付与の翌年度	1回	2回以上
削 減 割 合	5％	10％	15％

　なお、いずれの場合も、間接経費措置額の15％の削減措置を講じている年度の「フォローアップ調査」において「管理条件」（改善事項）の履行が認められない場合は、翌年度以降の競争的資金の配分が停止される。（「研究機関における公的研究費の管理・監査のガイドライン（実施基準）における間接経費措置額の削減について」別紙）

図7-1

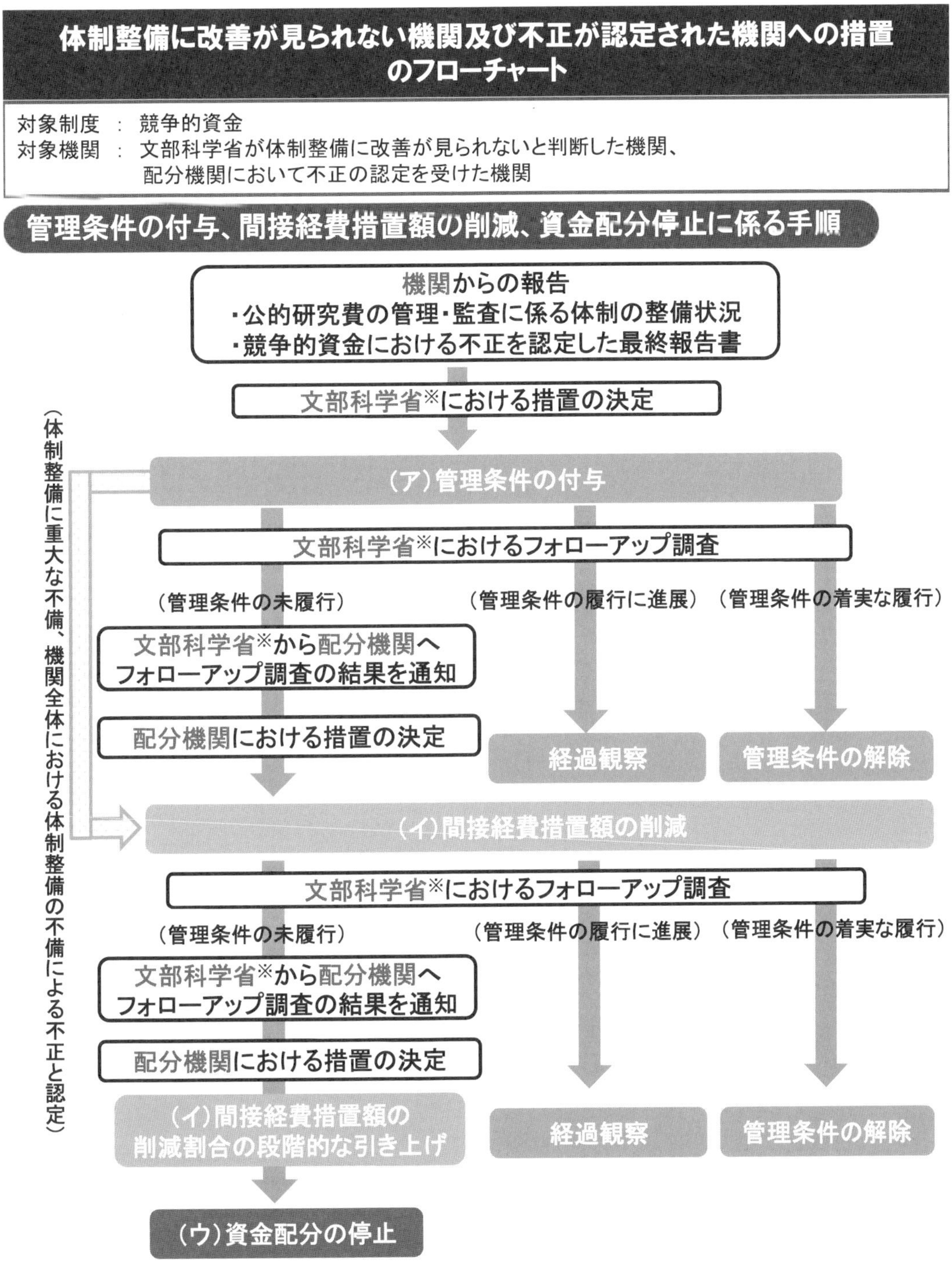

体制整備に改善が見られない機関及び不正が認定された機関への措置のフローチャート

対象制度 ： 競争的資金
対象機関 ： 文部科学省が体制整備に改善が見られないと判断した機関、
配分機関において不正の認定を受けた機関

管理条件の付与、間接経費措置額の削減、資金配分停止に係る手順

機関からの報告
・公的研究費の管理・監査に係る体制の整備状況
・競争的資金における不正を認定した最終報告書

文部科学省※における措置の決定

（体制整備に重大な不備、機関全体における体制整備の不備による不正と認定）

（ア）管理条件の付与

文部科学省※におけるフォローアップ調査

（管理条件の未履行）　　　（管理条件の履行に進展）　（管理条件の着実な履行）

文部科学省※から配分機関へ
フォローアップ調査の結果を通知

配分機関における措置の決定

経過観察　　　**管理条件の解除**

（イ）間接経費措置額の削減

文部科学省※におけるフォローアップ調査

（管理条件の未履行）　　　（管理条件の履行に進展）　（管理条件の着実な履行）

文部科学省※から配分機関へ
フォローアップ調査の結果を通知

配分機関における措置の決定

**（イ）間接経費措置額の
削減割合の段階的な引き上げ**

経過観察　　　**管理条件の解除**

（ウ）資金配分の停止

※文部科学省には、有識者会議における検討も含む。

※原則として、（ア）～（ウ）の順に、段階的な措置を講じる。

※文部科学省が体制整備に重大な不備、機関全体における体制整備の不備による不正と認定された場合は、
管理条件を付与するとともに、必要に応じて、配分機関が間接経費措置額の削減の措置を講じる。

出典：文部科学省

第8節
文部科学省、配分機関による
競争的研究費等における
不正への対応

Q50　研究費不正が発覚した場合には、どうしたらよいか

A

1．研究費不正が発覚した場合の手続

　研究費不正が発覚した場合には、まずは調査の要否を検討した上で、必要と判断された場合には、公正かつ透明な方法で調査し、その結果を配分機関に報告するとともに、社会に公表するべきである。

　その手続については、ガイドライン第2節4（機関に実施を要請する事項）（3）→P198で、不正にかかる調査の体制・手続等を規程等で明確にするように述べられており、具体的な留意点も示されている。そこで、当該記述に準拠するかたちで[1]、具体的な手続の流れを概説する。

2．研究費不正が発覚した場合の手続の流れ

（1）発覚の端緒

　研究費不正が発覚する場合として典型的な端緒は、目撃者や関係者から内部通報窓口等を通じて行われる告発であろう。また、関係者のリーク等により報道されることで発覚することもあるし、行政機関が認知して指摘することにより発覚することもある。

　このような告発、報道、行政機関からの指摘等（以下、告発等という。）が研究費不正の発覚の端緒となる。

（2）告発等を受けた場合の処理

　大学が告発等を受けた場合には、告発等の受付から30日以内に、告発等の内容の合理性を確認するとともに、調査の要否を判断する必要がある[2]。調査の要否については、告発内容の具体性や合理性、根拠資料の存在・内容、調査の実現可能性等を総合衡量して判断することになるが、不正根絶という観点からは、できる限り広めに調査の対象とすることが望ましいといえる。

　告発等の意思を明示しない相談を受けることもあるが、そのような場合には、適宜告

1　ガイドラインでは、不正に係る調査の体制・手続等の規程は、原則として、「研究活動における不正行為への対応等に関するガイドライン」（以下、研究活動ガイドラインという。）の手続（再実験に係る部分等を除く。）に準じて整備・見直しを行う、とされているので、同ガイドラインにも準拠することとする。

2　ガイドライン第2節4（機関に実施を要請する事項）（3）ア　→P198。

発意思の有無を相談者に確認することが望ましい。もっとも、最終的に告発の意思表示がない場合でも、大学の判断で調査を開始することは可能である[3]。

なお、調査の要否について判断した際には、配分機関にも報告する必要がある。

（3）調査委員会の設置及び調査

調査が必要と判断された場合には、調査委員会を設置し、調査を実施する。その際のポイントは以下のとおりである。

① 調査委員会の構成

調査委員会の構成としては、公正かつ透明性の確保の観点から、当該機関に属さない第三者（弁護士、公認会計士等）を含む調査委員会を設置することが必要である[4]。そして、調査委員は、大学及び告発者、被告発者と直接の利害関係を有しない者でなければならない[5]。

② 調査の対象

調査委員会の調査の対象は、不正の有無及び内容、関与した者及び関与の程度、不正使用の相当額等である[6]。不正がある場合には、不正に至った経緯・動機や背景なども報告の対象とすることになろう。

③ 調査の方法

調査委員会における調査の方法としては、主に客観証拠の収集・分析と、関係者のヒアリングが挙げられる。書面やメール、会計書類など客観証拠により動かしがたい事実を固めながら、関係者をヒアリングして客観証拠では不明確な事実関係を埋めていくのが基本となろう。調査期間が限られていることから、初動の時点で調査計画を迅速・的確に立案し、それに基づいて調査を進めていくことが肝要となる。

なお、調査はあくまで任意で行うものであることから、ヒアリング対象者が供述を拒んだり、ヒアリングへの出席を拒絶した場合には、強制的にヒアリングすることはできない点には、注意が必要である。

④ その他

調査の実施に際しては、調査方針、調査対象及び方法等について、配分機関に報告・

3　研究活動ガイドライン第3節3－4①。
4　研究活動ガイドライン第3節4－2（2）②では、調査委員の半数以上が外部有識者で構成されなければならないとされている。
5　ガイドライン第2節4（実施上の留意事項）④→P198。
6　ガイドライン第2節4（機関に実施を要請する事項）（3）イ→P198。

協議する必要がある[7]。

　調査の際に、大学は必要に応じて被告発者等の調査対象者に対し、調査対象制度の研究費の使用停止（調査中における一時的執行停止）を命じることとされている[8]。

（4）認定

　調査委員会は、不正の有無及び内容、関与した者及び関与の程度、不正使用の相当額等について認定する[9]。事実認定や法的評価には専門性が高いため、できる限り弁護士等の法律家が中心となって認定・判断していくことが望ましい。

（5）報告及び公表

　大学は、告発等の受付から210日以内に、調査結果、不正発生要因、不正に関与した者が関わる他の競争的研究費等における管理・監査体制の状況、再発防止計画等を含む最終報告書を配分機関に提出する。期限までに調査が完了しない場合であっても、調査の中間報告を配分機関に提出する。調査中であっても、不正の事実が一部でも確認された場合には速やかに判定して報告し、配分機関から求めがあった場合には調査の進捗状況報告や中間報告を行う[10]。

　また、調査の結果、不正を認定した場合には、速やかに調査結果を公表する。公表する内容は、少なくとも不正に関与した者の氏名・所属、不正の内容、大学が公表時までに行った措置の内容、調査委員の氏名・所属、調査の方法・手順等が含まれているものとする。ただし、合理的な理由がある場合には、不正に関与した者の氏名・所属などを非公表とすることができる[11]。

　なお、大学において発生した不正の調査結果は、再発防止の観点から、処分も含めて、構成員に周知することも必要である[12]。

7　ガイドライン第2節4（機関に実施を要請する事項）（3）オ1）→P198
8　ガイドライン第2節4（機関に実施を要請する事項）（3）ウ→P198
9　研究活動ガイドライン第3節4-3（1）（3）参照
10　ガイドライン第2節4（機関に実施を要請する事項）（3）オ2）～4）→P198-199
11　ガイドライン第2節4（実施上の留意事項）⑥→P199
12　ガイドライン第2節4（実施上の留意事項）⑦→P199

。

Q51　研究費不正に対するペナルティはどのようなものがあるか

A

　調査によって研究費不正があったと認定された場合には、各種のペナルティが科される可能性がある。そのペナルティの種類としては、大きく分けて、大学に対するペナルティと研究者に対するペナルティがある。以下、それぞれにつき説明する。

1．大学に対するペナルティ

　まず、大学に対するペナルティとしては、文部科学省による管理条件の付与と配分機関による間接経費の削減、配分機関による不正に係る競争的研究費等の返還請求、配分機関による報告遅延に対する措置が挙げられる。文部科学省による管理条件の付与と配分機関による間接経費の削減については本書Q49で述べているので、ここでは配分機関による不正に係る競争的研究費の返還請求、配分機関による報告遅延に対する措置について述べる。

（1）配分機関による不正に係る競争的研究費等の返還請求

　配分機関は、不正があった競争的研究費等について、大学または研究者に対し、事案に応じて、交付決定の取消し等を行うこととされている。また、その場合、配分機関は、大学または研究者に対し、事案に応じて、研究費の一部または全部の返還を求めることとされている。したがって、配分機関が交付決定を取り消し、大学に返還を請求した場合には、大学としては当該競争的研究費等を返還することとなる。

（2）配分機関による報告遅延に対する措置

　配分機関は、大学が告発等を受け付けた日から210日以内に最終報告書の提出がない場合、当該大学に対して、状況に応じて、報告遅延に係る以下の①、②措置を講じることとされている[13]。

①　配分機関は、当該大学の不正に関する告発等があった競争的研究費等における翌年

13　ただし、報告遅延に合理的な理由がある場合は、当該理由に応じて配分機関が別途、最終報告書の提出期限を設けるものとされている。報告遅延に係る合理的な理由としては、研究者の機関に対する申立てにより、機関内の再調査が必要となる場合、捜査当局により関連資料が押収されている場合や、不正を行った研究者が関連資料を隠蔽するなど調査への協力を拒否する場合等が該当する。

度以降の1か年度の間接経費措置額を一定割合削減する。間接経費措置額の削減割合については、提出期限を過ぎた日数に応じて、段階的に引き上げ、上限を間接経費措置額の10%とする[14]。

②　被告発者が自らの責任を果たさないことにより最終報告書の提出が遅延した場合、配分機関は、当該研究者が関わる競争的研究費等について、採択または交付決定の保留、交付停止、大学に対する執行停止の指示等を行う。

　①のとおり、最終報告書の提出が遅延することにより金銭的な不利益が発生してしまうため、くれぐれも注意する必要があるが、それだけではなく、②のとおり、被告発者である研究者の懈怠により大学が不利益を被ることもあり得るため、被告発者にも協力を促していくことが必要となろう。

2．不正を行った研究者に対するペナルティ

　次に、研究者に対するペナルティとしては、配分機関による不正に係る競争的研究費等の返還等、配分機関による競争的研究費等への申請及び参加資格の制限、大学による懲戒処分が挙げられる。

（1）配分機関による不正に係る競争的研究費等の返還等

　上記1(1)の記載のとおり、配分機関は、不正があった競争的研究費等について、大学または研究者に対し、事案に応じて、交付決定の取消し等を行い、また、研究費の一部または全部の返還を求めることとされている。

（2）配分機関による競争的研究費等への申請及び参加資格の制限

　配分機関は、不正があった競争的研究費等について、不正を行った研究者及びそれに共謀した研究者等に対し、事案に応じて、競争的研究費等への申請及び参加資格を制限することとされている。

　実際の事例では、軽微な事案の場合には厳重注意のみのときもあるが、基本的には1年から10年の申請・参加資格制限等の処分が科せられている。

　長期間の申請・参加資格制限が科せられた場合、その後の研究活動に甚大な影響が生じる惧れがあることから、それぞれの研究者が研究費不正を絶対に発生させないように

14　具体的な削減割合等につき、「【別紙】　ガイドラインの第7節、第8節における間接経費措置額の削減割合の基準等」（https://www.mext.go.jp/a_menu/kansa/houkoku/__icsFiles/afieldfile/2014/08/01/1350398_1.pdf）2.参照。

重々気をつけておく必要がある。

（3）大学による懲戒処分

　大学の就業規則等における懲戒に関する規定に抵触する場合には、大学が研究者に対して懲戒処分を命じる場合がある。各大学の規程次第であるが、重い処分から順に、一般には、懲戒解雇、諭旨解雇、降格、減給、戒告などがある。懲戒処分における留意点については、本書Q54参照。

（4）民事上の責任

　例えば、大学の研究費を研究者等が個人的に流用した場合等、大学が研究費不正により損害を被った場合、大学は、研究費不正を行った研究者等に対して民事上の責任を追及し得る。

　研究費不正の返還の根拠となるのは、主に不当利得に基づく返還請求権（民法704条）または不法行為に基づく損害賠償請求権（民法709条）である。

Q52　大学として懲戒処分を行う際にはどのような点に注意すべきか

A
1．懲戒処分の注意点

（1）懲戒処分とは

　懲戒処分とは、従業員の企業秩序違反行為に対する制裁罰をいう。懲戒解雇、諭旨解雇、降格、出勤停止、減給、戒告、訓告等がその典型例である。

（2）懲戒処分の根拠規定の確認

　明文はないが、懲戒処分は、就業規則等の規程にその懲戒の理由となる事由及び懲戒処分の内容が明記されて初めて行使できると考えられているため、まずは懲戒処分の根拠規定を確認する必要がある。

　研究費不正は、懲戒事由のうち、通常は、職務規律違反に該当することが多いものと思われる。この点、就業規則等において、「研究費不正を行ったこと」等と具体的に明記されていなくとも、通常は包括的な職務規律違反の規定（例えば「本学の規則・命令に違反したとき」「服務規律を乱したとき」等）に基づき、懲戒権を行使することができると考えられる[15]。

（3）懲戒処分の相当性の判断
①懲戒処分の相当性

　懲戒処分の根拠となる規定に該当し、懲戒権を行使できる場合であっても、当該懲戒処分が、研究者等による研究費不正の性質及び態様その他の事情に照らして、客観的に合理的な理由を欠き、社会通念上相当であると認められない場合には、その権利を濫用したものとして、無効となる（労働契約法第15条）。

　具体的には、不正の態様（被害額・回数・不正の方法等）、不正行為に及んだ背景（大学の運用実情等）、動機や、同一人物に対する過去の懲戒処分の回数・内容や当該大学における過去の同様の懲戒事例との均衡等を考慮し、懲戒処分の相当性を満たす必要がある。

15　実務上は、懲戒処分の対象となる事由は、就業規則等において包括的に定められていることも多く、包括的な文言であっても、合理的に解釈して当該事由に該当すると解することができれば、必ずしも懲戒事由の具体的な内容が明記されていることまでは要しないと解されている。

②手続の遵守

　就業規則や労働協約における手続規定に違反すると、軽微な手続上の瑕疵に過ぎない場合でない限り、懲戒権の濫用として処分が無効となる惧れがあるので、注意が必要である。そのような規定がない場合であっても、特別な事情がない限り、本人に弁明の機会を与える必要があると考えられている。

2．不正行為を行った者以外の者（上司等）への懲戒処分の可否

　大学は、研究費不正を行った研究者等の上司に対して管理監督責任を問うことも可能である[16]。管理監督責任を問うためには、当該上司が管理監督を怠っていた事実が必要であるため、この点も大学は立証する必要がある。

3．懲戒解雇の可否

　懲戒解雇は、労働契約を終了させる点で当該研究者等に重大な不利益を生じさせることとなる。

　判例は、業務上横領等の刑事犯に該当することが証拠上明らかな場合は、懲戒解雇を有効とする傾向にあるが、懲戒解雇処分を行う場合には、他の懲戒処分に比して特に慎重に判断する必要がある。

4．研究費不正に対する懲戒処分の内容

　文部科学省のホームページにおいて、競争的研究費の不正使用事案が公表されている[17]。以下、著者が一部要約するかたちで、紹介する。

16　管理監督責任については、比較的軽い懲戒処分にとどめることが多いと思われる。
17　文部科学省『研究機関における不正使用事案』https://www.mext.go.jp/a_menu/kansa/houkoku/1364929.htm

（1）懲戒解雇・諭旨解雇とされた事案

	事案	不正に支出された額	期間
1	実際に出張がない等旅費が発生していないにもかかわらず虚偽の請求を行いまたは行わせて、金銭を得た。 非常勤講師に対して、作業を行っていないにもかかわらず出勤簿に押印するよう指示して過大に給与及び旅費を受領させ、当該金銭を自らの口座に振り込むように指示して当該金銭を得た。 いずれの金銭もその後に私的に流用したものと認定され、懲戒解雇処分相当とされた。	788,820 円	2016 年〜2018 年
2	研究費を年度内に執行しなければならないとの誤った認識の下、研究費を年度内に執行するため、複数の機関に対して旅費を請求し重複して受領する、実際と異なる行程で旅費を請求する等した。 当該教員の研究室の学生の旅行の一部についても，複数の機関に対して旅費を請求し、支給された旅費を学生から現金で戻させていた。 なお、不正に支出された研究費等は使用することなく研修室のロッカー等に保管されており、私的に流用されたとは認定されていない。 既に当該機関を辞職していたが、諭旨解雇処分相当と認定された。	9,996,934 円	2011 年〜2018 年
3	航空賃及び宿泊、学会参加費及び通信費等に係る証憑書類（領収書、搭乗証明書、クレジットカード利用明細書等）の偽造等を行い、差額分を不正に受給した。なお、処分対象の教員が事実確認作業の途中で体調不良となったため動機、背景の解明には至っていない。 当該被害額について、私的に流用されたとは認定できていないが、懲戒解雇処分とした。	1,324,120 円	2013 年〜2018 年
4	研究に関する立替払手続を怠ったことにより得られなかった支出を填補するため学生にカラ報酬を請求させるとともに、自らの借金返済等に充てるため、必要のない研究機材を発注した上で、当該機材を研究用途で使用することなく売却するということを繰り返し、売却代金を私的に流用した。懲戒解雇処分とされた。	10,492,349 円	2013 年〜2017 年

(2) 停職・出勤停止とされた事案

	事案	不正に支出された額	期間
5	旅費申請の際に学会参加のためと記載し旅費を受給したが、開催会場に赴きながらも学会には参加せず（409,732円）、また、外部から支給があるにもかかわらず旅費を請求した（30,000円）。 いずれの金銭もその後に私的に流用したものと認定され、停職6か月とされた。	439,732円	2015年〜2017年
6	実験に協力した被験者に対する謝礼について現物支給ができないと誤った認識の下、私費で謝礼を購入していたが、当該費用を捻出するため、学生に虚偽の実験補助業務を実施したように装わせ、その金銭を自己に渡すように指示した。 金銭はその後に被験者への謝礼の購入に充当されたと認定され、私的に流用したものと認定されていない。出勤停止5日間とされた。	143,800円	2014年及び2017年
7	出張先機関からの旅費受給があるにもかかわらず、大学に旅費を請求するという行為を繰り返した。いずれの金銭もその後に私的に流用したものと認定され、出勤停止14日とされた。	185,240円	2015年〜2018年

(3) 戒告、訓告とされた事案

	事案	不正に支出された額	期間
8	従事者が自らの業務内容が不明確で謝金の正当性に疑問を抱き、謝金の受給に必要な書類に署名及び押印することを拒否したにもかかわらず、処分対象の教員が謝金の支払いを重視して従事者名義の署名及び押印をする偽造行為を行い、当該従業者に謝金を支給した。私的な流用は認められなかった。戒告処分とされた。	19,200円	2016年

(4) 事案の分析

　個別の事例ごとに事情が異なるため、一概には言えないが、上記の事案からみられる傾向としては、以下のとおりである。

　懲戒解雇または諭旨解雇の事案は、不正使用の額が少ないものでも3ケタに近い傾向にある（事案1乃至4）。また、私的流用の有無も重要な判断要素となっているものと考えられる。

　停職・出勤停止の事案は、懲戒解雇や戒告ほど顕著な共通点は見受けられないが、被害額の大きさは重要な判断要素と考える。出勤停止の期間を考慮する際は、被害額の他、不正行為の悪質性（第三者を巻き込んでいるか、自ら積極的に偽造等を行っているか等）、その後に私的流用があるか等も考慮し、処分の内容に幅が出ているのではないかと推察される。

　戒告処分は、被害額が少額であることに加えて、私的流用が認められない点、すなわ

ち、動機や行為の悪質性が低い点が重視されているようである。

【参考文献】

丸尾拓養（2008）：『労働法実務相談シリーズ⑤ 補訂版 解雇・雇止め・懲戒Q＆A』株式
　会社労務行政pp.41-42、186-188、240-241

菅野和夫（2020）『労働法[12版]』弘文堂pp.715-717

Q53　大学としてどのような場合に刑事告訴・告発をすればよいか

A

1. 告訴・告発をすべきかのポイント

(1) 告訴・告発とは

　「告訴」とは、犯罪の被害者等の告訴権者が、捜査機関に対して、犯罪事実を申告するとともに、刑事事件として捜査し刑事処分を求めることをいい、「告発」とは、告訴権者以外の者が上記を行うことをいう。

　なお、親告罪と呼ばれる犯罪類型については、告訴がない限り刑事処分はされない。

(2) 研究費不正における犯罪類型

　研究費不正の態様は様々であり、不正の態様によって成立し得る犯罪は異なる。

　例えば、研究者等が、配分機関から研究費等を受領した大学に対して、旅費等の虚偽請求を行った場合、適化法上の不正受交付罪（適化法29条1項）が成立し、構成要件を充足する場合は詐欺罪（刑法246条）が成立し得る。

　1つの研究費不正で両罪が成立する場合、立法経緯等に照らして刑法に優先して適化法が適用されるという見解もあったが、現在、裁判所は詐欺罪の適用を認めている[18]。

　上記の場合とは異なり、詐欺罪または適化法上の不正受交付罪が認められない場合であっても、大学から受領した研究費等を研究者等が他の用途へ使用したといえれば、適化法上の他用途使用罪（30条）が成立し、構成要件を充足する場合には背任罪（247条）が成立する。1つの研究費不正で両罪が成立する場合、他用途使用罪が背任罪に優先して適用されるものと考えられる。

　さらに、大学から受領した研究費等を研究者等が私的に流用したといえれば、単純横領罪（刑法252条1項）または業務上横領罪（同法235条）が成立し得る。

　なお、上記の詐欺罪または他用途使用罪が成立する場合、横領罪や背任罪は詐欺罪の不可罰的事後行為、他用途使用罪は不正受交付罪の不可罰的事後行為と解されるため、横領罪・背任罪または他用途使用罪には処されない。

　また、研究者等に不正受交付罪（適化法29条1項）または他用途使用罪（同法30条）が成立する場合には、大学にも罰金刑が科される可能性があるため、注意が必要である（同法32条）。

18　最判令和3年6月23日裁時1770号25頁。

（3）告訴・告発のメリット

①被害金等の返済を促すことができる

　財産犯の場合、横領等した金銭を返済した場合には不起訴となる可能性が高まり、不起訴とならなくとも、返済しなかった場合と比べて実際に科される刑が軽くなる傾向にある。したがって、横領した金銭の返金を拒絶する者に対しては、告訴・告発は返済を促す有効な手段となる場合がある。

②研究費不正に係る真実解明に役立つ場合がある

　捜査機関は、捜査の専門家であり、かつ犯罪事実に関して強制的に調査を行う権限を有するため、大学が自身で行う調査等では発見し得なかった証拠や事実を収集できる場合がある。

③研究費不正を行った者に対して厳正に対処することを対内的及び対外的に示すことができる

　刑事処分が行われた場合、研究費不正を行った研究者等は実刑を科される可能性がある等、その不利益は大きい。研究費不正の悪質性が高く、対内的及び対外的に影響力が大きい場合は、懲戒処分等に加えて刑事処分を求めることで、大学として当該研究者等や研究費不正に対して厳正に対処する姿勢を示すことができる。

（4）告訴・告発をする際の注意点

①十分な調査を行い、証拠を揃える

　告訴・告発をした場合であっても、常に捜査機関が刑事処分に向けて動くわけではなく、捜査の開始や公訴提起を行うか否かについては検察官等がその権限を有している。したがって、大学としては、特に研究費不正を否認している者がいるときは、十分な調査を行った上で事案を整理し、客観的な証拠を揃えた上で、告訴・告発を行う必要がある。

②犯罪の公訴時効を確認する

　告訴・告発をした場合であっても、その時点で公訴時効が完成していた、または捜査開始後公訴提起までの間に公訴時効が完成した場合には、刑事処分を求めることはできない。刑事処分と時効の関係については、本書Q54参照。

２．実際に告訴・告発が行われた事案

　文部科学省のホームページにおいて公表されている競争的研究費の不正使用事案[19]は2015（平成27）年から2021（令和3）年までの間に生じた49件であり、そのうち、公表時点で刑事告訴・告発が行われたと報告されているものは確認した限り２件である[20]。

　以下、著者が一部要約するかたちで、刑事告訴・告発された事案を紹介する。

（1）事案Ａ
①研究費不正の内容について

　研究費不正を行った職員（以下、Ａという。）は、自らが勤務する部署において、権限ある職員から会計処理を全面的に任せられていたことを利用して、権限がないのに、権限のある当該職員の印鑑を不正に利用してパソコン等の購入手続を行い、納品検収後、当該パソコン等を買取業者に売却し、その売却代金を私的に流用していた。

　また、不正な手続でパソコン等を購入したことが発覚しないように当該部署内の予算決算書や収支簿の改ざんも行っていた。

　会計伝票等とパソコン等の現物を照合した結果、2004（平成16）年から2011（平成23）年おいて所在不明となっているパソコン等は合計310台、取得価格は24,679,727円にのぼり、その全額が目的外使用と判断された。

　このうち、捜査機関により認定されたのは、パソコン等83台、取得価格9,172,452円であり、業務上横領と判断された。

②大学の対応について

　上記のＡによる研究費不正は、2011（平成23）年11月頃、Ａが所属する部署の者の通報により発覚した。大学は、本事案発覚後に警察当局に相談し、以降、警察当局の捜査に協力する形で、Ａによる研究費不正の調査を行った。

　大学は、捜査機関と並行して、通報があった１週間後には予備調査委員会を設置して２週間ほどの独自の予備調査を行い、Ａがその一部を認めたことから、予備調査期間終了から数週間後、Ａに対して懲戒解雇処分を行った。

　その後、Ａに対して、捜査機関により発覚した不正事実を確認することを目的として調査委員会を設置して調査を行っている。

　大学は2016（平成28）年5月に刑事告訴を行った。

19　文部科学省『研究機関における不正使用事案』https://www.mext.go.jp/a_menu/kansa/houkoku/1364929.htm
20　2021（令和3）年9月16日現在。

③Aの刑事処分について

　刑事告訴後、Aは業務上横領の容疑で逮捕された。Aは容疑を全面的に認めたが、刑事事件上の被害額を全額弁済していること、懲戒解雇される等の社会的制裁を受けていること等が考慮され、不起訴（起訴猶予）処分とされた。

（2）事案B

①研究費不正の内容

　研究費不正を行った職員（以下、Bという。）は、2004（平成16）年から2012（平成24）年の間、年度内に使い切れない研究費を次年度に使用する目的で、元秘書及び業者と共謀して虚偽の会計書類を作成し、大学から当該業者に支払わせることにより、長期にわたって多額の「預け金」を作った。預け金処理がなされている物品については、検収後に業者が当該物品を持ち帰ることにより反復使用されていた。被害額は、76,495,841円に上る。

　「預け金」の一部は現金で還流を受ける等私的に流用していたことが認められたが、私的に流用された財源及び金額を特定することはできないとされた。

　また、Bは、2004（平成16）年から2011（平成23）年の間、元秘書と共謀の上、元秘書に虚偽の勤務報告等を行わせ、勤務実態のない非常勤職員の給与を振り込ませた。元秘書はこれを不正に取得していたことが認定された。被害額は11,148,700円に上る。

②大学の対応について

　上記のBによる研究費不正は、2013（平成25）年6月頃、研究室に所属していた元学生の母親から当該元学生への給与支給に関する照会があり、調査の結果、研究費の事務処理上の問題が発覚した。

　大学による調査は、2013（平成25）年7月から2016（平成28）年3月の間実施された。

　2016（平成28）年11月、大学は、預け金についてはB及び共謀した業者を被告訴人とする告訴を、架空請求についてはB及び共謀した元秘書を被告訴人とする告訴を行い、告訴後に記者会見を行って、当該告訴についてBの氏名とともに公表した。

　その後も、Bを含む関係者に対する処分、不正防止計画、Bの判決等及び調査結果等を公表している。

③Bの刑事処分について

　預け金については、執行猶予付きで有罪判決が下された。

　架空雇用については、不起訴処分が確定した。

（3）まとめ

　大学としては、被害額、行為の悪質性、動機等を考慮して懲戒処分を行うとともに、さらに刑事処分という社会的制裁を求めるか否かは、不正を行った者の反省の程度（弁償の有無）、起訴に耐えうる程度に証拠が十分に集まっているか否か、大学内外に与える影響等を考慮して、慎重に判断する必要があると考える。

Q54　研究費不正に時効はあるか

A
1．適化法に基づく措置について

　適化法は同法の交付決定の取消し（適化法17条）及び補助金の返還命令（同法18条）について時効を定めていない。したがって、研究費不正の時期にかかわらず、不正が発覚すれば交付決定の取消し及び返還命令が行われる可能性がある。

　もっとも、交付決定の取消権を無制限に行使し得ると解することは適当ではなく、少なくとも権利を行使し得るときから社会通念上許容される期間内に制限されるという考え方もある。この考え方によれば、取消しにより得られる利益と既にある法律関係の安定を確保すべき要請等に照らして事案に応じて個別に判断していくことになると考えられる。

　実際に、公法上の金銭債権の消滅時効等を考慮し、権利を行使し得るときから5年と考えて実施している場合が多く見受けられるようである[21]。

2．研究費不正を理由とした懲戒処分について

　懲戒権に時効はない。したがって、研究費不正が懲戒事由に該当する場合は、研究費不正の時期にかかわらず、懲戒処分を行うことができる。

　もっとも、会社が懲戒対象事実を把握し、懲戒処分が可能であるにもかかわらず、長期間にわたりこれを放置した場合、合理的な理由がない限り、懲戒権の濫用に該当するとして、当該懲戒処分を無効とした裁判例がある[22]。したがって、研究費不正が発覚した場合には、調査等を行った上で懲戒処分が可能となった時点で、速やかに就業規則等に基づき処分を行うべきである。

　なお、研究費不正の事実が発覚した後、懲戒事由の存否にかかる調査（または捜査や裁判等）が長期化したため、長期間にわたり懲戒処分を行えなかったとしても、当該事情は懲戒権不行使の合理的な理由となり得、直ちに処分が無効となるものではないと考えられる。

21　もっとも、犯罪にも該当し得る研究費不正の場合にどこまで適用されるかは定かでない。
22　最判平成18年10月6日集民221号429頁。

3．刑事処分について

（1）刑法上の刑罰について

　研究費不正が刑法上の犯罪に該当し、刑事処分が行われる場合、刑事訴訟法所定の公訴時効の規定が適用される（刑事訴訟法250条）。公訴時効は、刑法等で定められている罪種及び法定刑による刑の軽重に応じて定められている。

　例えば、当該研究費不正について、詐欺罪（刑法246条1項）または業務上横領罪（同法253条）が成立する場合には、10年以下の懲役に処せられ、単純横領罪（同法252条1項）が成立する場合には、5年以下の懲役に処せられる。

　刑事訴訟法によれば、詐欺罪及び業務上横領罪は当該研究費不正行為から7年経過により、単純横領罪は当該研究費不正行為から5年経過により、それぞれ公訴時効が完成する[23]（同法250条2項4号・5号）。

（2）適化法上の刑罰について

　不正受交付罪が成立する場合には、5年以下の懲役若しくは100万円以下の罰金に処し、またはこれを併科するとされ（適化法29条1項）、他用途使用罪が成立する場合には、3年以下の懲役または50万円以下の罰金を科せられる（同法30条）。また、研究者等に不正受交付罪または他用途使用罪等が成立する場合には、当該研究者等が所属する大学も罰金刑が科される（同法32条）。

　上記は「刑事罰」であるため、刑事訴訟法の公訴時効の規定が適用される。

　したがって、不正受交付罪については研究費不正行為から5年経過により、他用途使用罪及び適化法32条の両罰規定については研究費不正行為から3年経過により、それぞれ公訴時効が完成する（刑事訴訟法250条2項5号・6号）。

4．民事上の責任

　例えば、大学の研究費を研究者等が個人的に流用した場合等、大学が研究費不正により損害を被った場合、大学は、研究費不正を行った研究者等に対して民事上の責任を追及し得る。

　研究費不正の返還の根拠となるのは、主に不当利得に基づく返還請求権（民法704条）または不法行為に基づく損害賠償請求権（民法709条）である。

　不当利得に基づく返還請求の場合、消滅時効については、2017（平成29）年民法改正との関係で注意が必要である。2020（令和2）年4月1日以降に発生した不当利得返

23　公訴時効の期間の起算点は、犯罪行為が終わった時から進行する（刑事訴訟法253条1項）。

還請求権については、権利を行使できることを知ったときから5年間、権利を行使できるときから10年間（2017（平成29）年改正民法（以下、新法といい、同年改正前民法を旧法という。）166条1項1号及び2号）とされている。一方、2020（令和2）年3月31日以前に発生した不当利得返還請求権については、権利を行使できるときから一律10年間とされている（旧法167条）。

　不法行為に基づく損害賠償請求の場合は、2020（令和2）年4月1日の時点で旧法724条後段の期間（20年）が経過していない場合、新法が適用される（新法附則35条1項）。新法の下では、大学が研究費不正及び不正を行った研究者を知った時から3年または不法行為の時から20年の経過により消滅時効が完成する（新法724条）。

【参考文献】
門馬圭一編（2017）:『Q&A 補助金等適正化法』一般財団法人大蔵財務協会、pp.159
小滝敏之（2016）:『全訂新版　増補第2版 補助金適正化法解説−補助金行政の法理と実務−』
　　株式会社全国会計職員協会pp.387-417

コラム　2019（令和元）年改正私学法によるガバナンスの強化

　学校法人のガバナンスについては、いま激動の時期にあるといえる。というのも、最近、学校法人の不祥事が報道される機会が増え、国民の不信感が高まっているといわれている。また、2020（令和2）年以降、18歳人口の急減期に再び入ることになり、学校法人の経営環境がますます厳しくなっている。

　しかも、昨今、株式会社のガバナンス制度改革を追うかたちで、一般・公益社団・財団法人、医療法人、社会福祉法人といった公共的な法人制度が学校法人制度に先駆けて次々にガバナンス制度改革を行っている。そのような中で、学校法人のガバナンス制度の改革が叫ばれてきた。

　このような状況の中、文部科学省の大学設置・学校法人審議会学校法人分科会に設置された学校法人制度改善検討小委員会の提言（「学校法人制度の改善方策について」2018（平成31）年1月7日））を踏まえ、2019（令和元）年に私立学校法が改正された。その主な改正内容は、①役員の職務及び責任の明確化等に関する規定の整備、②情報公開の充実、③中期的な計画の作成、④破綻処理手続の円滑化、等であるが、中でもガバナンスに関する①の改正として、学校法人の責務の創設、役員の責任の明確化、理事・理事会機能の実質化、監事の理事に対する牽制機能の強化、評議員会機能の実質化等、重要な改正が行われた。

　研究費不正との関係でも、理事・監事の善管注意義務・損害賠償責任の明確化や、監事機能の強化（理事の違法行為の差止請求権など、主に有事における監事の権限が強化されていることが特徴）を中心に、影響が少なくない事項もあるので、特に学校法人関係者にとっては押さえておく必要がある。

　なお、学校法人のガバナンスについては、従前重視されてきた不祥事防止を中心とする「守りのガバナンス」の観点だけでなく、積極果断なリーダーシップを発揮することに主眼を置く「攻めのガバナンス」の観点も採り入れた仕組みの検討も重視されるようになってきている。

　また、評議員会について、諮問機関を原則とする制度から、他の法人制度と同様に議決機関とする制度への改正に向けた議論も進んでいる。

　今後も学校法人のガバナンスは大きく変わっていくことが予想されるので、研究費不正との関係でも、その動向を逐一チェックしておくことが肝要である。

コラム　利益相反及び利益相反管理について

　大学発ベンチャーや共同研究などいわゆる産学官連携を進める上で、「利益相反」が生じることがある。

　ここでいう利益相反は多義的な概念である。

　「科学技術・学術審議会・技術・研究基盤部会・産学官連携推進委員会・利益相反ワーキング」は、2002（平成14）年11月1日付の「利益相反ワーキング・グループ報告書」において、教職員個人または大学が産学官連携活動に伴って得る利益と教育・研究機関として大学が負う責任とが衝突・相反することを「利益相反（狭義）」、教職員が主に兼業活動により企業等に職務遂行責任を負っており、大学における職務遂行の責任と企業等に対する職務遂行責任が両立し得ない状態を「責務相反」と定義し、利益相反（狭義）と責務相反を合わせて「利益相反（広義）」と定義している。

　従来、教職員個人は利益相反に関する説明責任を負うことが一般的であったが、それが教職員の負担となり、産学官連携を阻害する要因の一つとして危惧されていた。

　そうした中、教職員個人の責任と利益を大学が適切に分担し、教職員がより積極的に産学官連携に取り組める環境を整備するため、大学が利益相反に関する学内のルール等を整備すること、いわゆる利益相反管理の重要性が認識されるようになった。

　利益相反管理をどのように行うかについては、各大学により判断すべき事項であるが、一般的には、教職員個人としての利益相反・責務相反及び大学としての利益相反に分けて管理・対応策を検討することになる。

　教職員個人としての利益相反・責務相反に関する管理・対応策としては、教職員による自己申告制度、担当者（利益相反アドバイザー）による事実関係の検討、利益相反委員会の設置、利益相反問題に対応する部署の設置やポリシー・規程の制定等が有効である。特に利益相反問題に対応する部署の設置及びポリシー・規程の制定は大半の大学で実現されているようである。

　大学としての利益相反は、大学が株式等を保有する場合や組織有特許のライセンス活動の場面等が想定されるが、かかる利益相反に関する管理・対応策を行っている大学はまだあまり多くはないようである。諸外国では、大学や国が出資して有限責任の会社を設立し、産学官連携や技術移転に関わるエクイティの保有等は当該会社が行う、または産学官連携の推進を図るための研究組織を他の教育・学術研究を主とする組織と明確に分離するといった方策をとることで、教育・研究に直接の影響が及ばないようにする例が見られる。

　上記のように利益相反への対応策を講ずることは、産学官連携の推進を図る上で、

教育・研究機関としての大学の責務を全うするためには必要不可欠といえる。

　特に大学としての利益相反の管理・対応策については，今後さらなる議論が期待される。

【参考文献】

文部科学省科学技術・学術審議会・技術・研究基盤部会・産学官連携推進委員会・利益相反ワーキング・グループ（2002）『利益相反ワーキング・グループ報告書』

新谷由紀子（2016）『大学における利益相反マネジメントの実質化のために－運用の手引き－』

参考資料

1. 研究機関における公的研究費の管理・監査のガイドライン　改正の概要

2. 研究機関における公的研究費の管理・監査のガイドライン（実施基準）
   （令和3年2月1日改正）

3. 研究機関における公的研究費の管理・監査のガイドラインに関するFAQ
   （令和3年2月1日版）

4. 報告遅延に係る措置のフローチャート

研究機関における公的研究費の管理・監査のガイドライン（実施基準）の改正概要
（令和３年２月改正　文部科学大臣決定）

改正の背景

○ ガイドラインに基づく管理・監査体制については、各研究機関において土台となる基本的体制が整備され、不正防止の取組が行われてきたが、**依然として様々な形での研究費不正が発生し続けている。**

【件数】平成２６年度のガイドライン改正後も、研究費不正の認定件数は毎年１０件程度で推移
【種別】「物品・役務」の不正が減少する一方、「謝金・給与」及び「旅費」の不正が増加傾向
【要因】①不正防止のPDCAサイクルの形骸化、②組織全体への不正防止意識の不徹底、③内部牽制の脆弱性

○ 我が国の科学技術・学術の発展のためには、**研究費不正を起こさせない環境を構築**し、不正を根絶することが急務。

改正の内容　〜研究費不正根絶のために〜

○ 研究機関全体の意識改革を図り、**研究費不正の防止に関する高い意識を持った組織風土を形成**するために、以下の３項目を柱に**不正防止対策を強化**。
○ これまでの各研究機関の取組状況や不正事案の発生要因を踏まえ、**従前のガイドラインの記述の具体化・明確化**を図る。

＜不正防止対策強化の３本柱＞

ガバナンスの強化	意識改革	不正防止システムの強化
〜不正根絶に向けた最高管理責任者のリーダーシップと役割の明確化〜	〜コンプライアンス教育・啓発活動による全構成員への不正防止意識の浸透〜	〜監査機能の強化と不正を行える「機会」の根絶〜
✓ 最高管理責任者による不正根絶への強い決意表明と役員会等での審議の要件化	✓ 統括管理責任者が行う対策として、不正を防止する組織風土を形成するための総合的な取組のプロデュースを要件化	✓ 内部監査の実施にあたり専門的な知識を有する者（公認会計士等）の参画を要件化
✓ 監事に求められる役割として、不正防止に関する内部統制の状況を機関全体の観点から確認し意見を述べることを要件化	✓ 不正根絶に向けた啓発活動（意識の向上と浸透）の継続的な実施を要件化	✓ 監事・会計監査人・内部監査部門の連携を強化し、不正防止システムのチェック機能を強化
✓ 効果的な内部統制運用のため**不正防止のPDCAサイクルを徹底**【不正防止計画への内部監査結果の反映等】	✓ 啓発活動は、**コンプライアンス教育と併用・補完**し内部監査の結果など認識の共有を図る	✓ コーポレートカードの利用等、研究者を支払いに関与させない支出方法の導入等

整備　各研究機関：令和３年度を「**不正防止対策強化年度**」と位置付け、各機関で再点検を行い体制整備を推進
文部科学省：各研究機関における体制整備状況のモニタリング及び指導を強化

研究機関における公的研究費の管理・監査のガイドライン（実施基準）骨子

第１節　機関内の責任体系の明確化

（１）競争的研究費等の運営・管理に関わる責任体系の明確化　※最高管理責任者及び統括管理責任者の役割を追加
（２）監事に求められる役割の明確化　【新設】

第２節　適正な運営・管理の基盤となる環境の整備

（１）コンプライアンス教育・啓発活動の実施（関係者の意識の向上と浸透）　※啓発活動を新設
（２）ルールの明確化・統一化
（３）職務権限の明確化
（４）告発等の取扱い、調査及び懲戒に関する規程の整備及び運用の透明化

第３節　不正を発生させる要因の把握と不正防止計画の策定・実施

（１）不正防止計画の推進を担当する者又は部署の設置　※不正防止計画推進部署と内部監査部門の連携の強化
（２）不正を発生させる要因の把握と不正防止計画の策定及び実施　※不正防止計画へ内部監査結果を反映させることを追加

第４節　研究費の適正な運営・管理活動

※コーポレートカードの利用等による不正防止対策の強化

第５節　情報発信・共有化の推進

第６節　モニタリングの在り方

※内部監査における専門的知識を有する者（公認会計士等）の活用
※監事・会計監査人・内部監査部門の連携
※内部監査結果の周知と機関全体としての再発防止の徹底

第７節　文部科学省による研究機関に対するモニタリング、指導及び是正措置の在り方

第８節　文部科学省、配分機関による競争的研究費等における不正への対応

研究機関における公的研究費の管理・監査の
ガイドライン（実施基準）

平 成 １ ９ 年 ２ 月 １ ５ 日

（令和３年２月１日改正）

文 部 科 学 大 臣 決 定

研究機関における公的研究費の管理・監査のガイドライン（実施基準）の
改正について

　平成１９年の「研究機関における公的研究費の管理・監査のガイドライン（実施基準）」策定及び平成２６年の改正以降、公的研究費の不正使用防止に関する取組につきましては、対象となる各研究機関において、本ガイドラインに沿った取組が行われてきたところであり、多くの研究機関において研究費不正防止の土台が構築されているところです。

　しかしながら一方では、取組の効果が発揮されず、残念ながら不正を発生させてしまう研究機関もあります。研究費不正によって研究機関の信用が大きく傷ついてしまうこと、優秀な研究者を失ってしまうことは、国にとっても大きな損失であり、わが国の科学技術・学術の発展のためには研究費不正を根絶することが喫緊の課題となっています。

　研究費不正根絶のためには、各研究機関において全ての構成員の意識を高め、不正を起こさない、起こさせない組織風土を作り上げることが極めて重要です。例えば、研究者が研究費の正しい使い方について相談しやすい支援体制を整備することや、研究者の理解と意識向上を図るためのきめ細かいコンプライアンス教育を研究者に届くよう工夫して実施することなどにより、研究費不正を未然に防ぐ環境を整えることが有効と考えます。

　研究費不正を防止することが各研究機関の組織や研究者を守ることにつながるものであることを認識し、機関の長のリーダーシップの下、それぞれの研究機関の組織風土に合った、創意工夫ある主体的な不正防止策を組織全体として講じていただきたいと考えております。このような環境づくりを目的として、監事の役割の明確化、不正防止の組織風土形成に資する啓発活動の実施、専門的知識を有する者の活用による内部監査の質の向上などを盛り込んだガイドラインの改正を行うこととしました。

　今回のガイドライン改正に盛り込まれた各事項は、既に多くの機関で実施され成果を挙げている取組を明確化したものとなっています。各研究機関におかれましては、今回の改正を機に、自らの機関における取組を再点検し、研究費不正の根絶に向けた効率的かつ実効性のある不正防止対策を実現してください。

令 和 ３ 年 ２ 月 １ 日
文部科学大臣　萩生田　光一

※ページ数は本書に合わせて修正

研究機関における公的研究費の管理・監査のガイドライン（実施基準）目次

研究機関における公的研究費の管理・監査のガイドライン（実施基準）

平成１９年２月１５日
文 部 科 学 大 臣 決 定
平成２６年 ２ 月１８日改正
令和 ３ 年 ２ 月 １ 日改正

はじめに

（本ガイドラインの目的と改正の背景）

　本ガイドラインは、平成１９年２月に、文部科学省又は文部科学省が所管する独立行政法人から配分される競争的資金を中心とした公募型の研究資金について、配分先の機関がそれらを適正に管理するために必要な事項を示すことを目的として策定されたものである。

　ガイドライン策定後、平成２６年２月に「公的研究費の適正な管理に関する有識者会議」における議論を踏まえて新たな内容を加える改正を行い、各機関においてガイドラインに基づく管理・監査体制の整備が進んだことにより、取引業者等を介した不正事案は顕著に減少した。

　しかしながら、謝金・給与や旅費等に係る不正事案は増加傾向にあるなど、研究費不正は依然として様々な形で発生している。その主な要因としては、不正防止のPDCAサイクル＜Plan（計画）・Do（実施・実行）・Check（点検・評価）・Action（改善）＞の形骸化、組織全体への不正防止意識の不徹底、内部牽制の脆弱性等が挙げられる。

　今回の改正は、依然として研究費不正が発生している要因を踏まえ、①ガバナンスの強化、②意識改革、③不正防止システムの強化の３項目を柱として不正防止対策を強化するとともに、これまでの各機関の取組状況も考慮しつつ、より実効的な取組を促すために従前のガイドラインの記述のさらなる具体化・明確化を図るものである。

　各機関では、その性格や規模を踏まえ、創意工夫ある体制整備を進めてきた現状の取組について、本ガイドラインの改正点を取り込み、PDCAサイクルを徹底すると同時に、情報発信も含めた透明性の確保・向上、及び競争的研究費等の運営・管理に関わる全ての構成員の不正防止に向けた意識の向上と浸透を図ることにより、より実効性ある取組が一層推進されることを強く期待する。

　文部科学省では、今後も各機関の取組状況や本ガイドラインの運用を通じて、機関の実態に即した、現実的かつ実効性のあるガイドラインになるよう見直しを行っていくこととする。

（適用）
　第1節から第6節までについては、機関において、令和3年度中に、順次、各節に係る取組を行うこととし、第7節、第8節については、平成26年度当初予算以降（継続も含む。）における競争的研究費等を対象とし、文部科学省、配分機関において、両節に係る措置等を行うこととする。

（用語の定義）
　本ガイドラインにおいて用いる用語の定義について示す。

（1）競争的研究費等
　　文部科学省又は文部科学省が所管する独立行政法人から配分される競争的資金を中心とした公募型資金。

（2）機関
　　上記（1）の競争的研究費等の配分を受ける全ての機関（大学、高等専門学校、大学共同利用機関、独立行政法人、国及び地方公共団体の試験研究機関、企業、公益社団法人、公益財団法人、一般社団法人、一般財団法人、特例民法法人等）。

（3）配分機関
　　上記（2）の機関に対して、上記（1）の競争的研究費等を配分する機関（文部科学省[1]、文部科学省が所管する独立行政法人）。

（4）監事
　　大学等における監事又は企業における監査役等、上記（2）の機関の業務を監査する者。監事又は監査役を置かない機関においては、監査に相当する職務を果たしている者。

（5）構成員
　　上記（2）の機関に所属する非常勤を含む、研究者、事務職員、技術職員及びその他関連する者。

（6）不正
　　故意若しくは重大な過失による競争的研究費等の他の用途への使用又は競争的研究費等の交付の決定の内容やこれに付した条件に違反した使用。
　　また、研究活動に関係する不正については、上記のほか、研究活動における不正行為（ねつ造、改ざん、盗用等）も挙げられるが、これらについては、「研究活動における不正行為への対応等に関するガイドライン」[2]において、それぞれの機関が整備すべき事項等が示されている。体制整備等においては、共通的事項も含まれているが、それぞれのガイドラインを踏まえ、対策を講じることが必要である。

---

[1]　配分機関における文部科学省は、各競争的研究費等を所管する課室を示す。

[2]　「研究活動における不正行為への対応等に関するガイドライン」（平成26年8月26日文部科学大臣決定）https://www.mext.go.jp/a_menu/jinzai/fusei/index.htm

（7）コンプライアンス教育

　　不正を事前に防止するために、機関が競争的研究費等の運営・管理に関わる全ての構成員に対し、自身が取り扱う競争的研究費等の使用ルールやそれに伴う責任、自らのどのような行為が不正に当たるのかなどを理解させることを目的として実施する教育[※3]（具体的な内容については、第2節1の「実施上の留意事項」②を参照）。

（8）啓発活動

　　不正を起こさせない組織風土を形成するために、機関が構成員全体に対し、不正防止に向けた意識の向上と浸透を図ることを目的として実施する諸活動全般（具体的な内容については、第2節1の「実施上の留意事項」⑤及び⑥を参照）。

（9）管理条件

　　文部科学省が、調査の結果、機関の体制整備等の状況について不備を認める場合、当該機関に対し、改善事項及びその履行期限を示した競争的研究費等の交付継続の条件。

（本ガイドラインの構成と留意点）

　第1節から第6節においては、それぞれの機関が実施すべき事項をテーマ別に記載し、第7節においては、それらの事項の実施状況評価を踏まえ、文部科学省及び配分機関が講じるべき措置等を記載し、第8節においては、文部科学省及び配分機関が、不正があった機関に対して講じるべき措置等を記載している。

　各節に示す「機関に実施を要請する事項」及び「実施上の留意事項」に掲げる内容は、機関の性格や規模、コストやリソース等を考慮して実効性のある対策として実施されることが必要である。

　また、企業等において、会社法に基づく内部統制システムの整備の一環等として規程等が既に設けられ、対策が実施されている場合や、大学等において、コンプライアンス関連の規程等により、これらを包括する体制等が整備されている場合は、本ガイドラインにおける対策をそれらに明確に位置付けた上でこれを準用することを可能とする。

　なお、文末が「望ましい」という表現になっている事項は、より対策を強化する観点から例示しているものであり、それぞれの機関のリスクやコスト、リソースなどを踏まえ、実施することが考えられる。

[※3]　「研究における不正行為・研究費の不正使用に関するタスクフォース」中間取りまとめ（平成25年9月26日）においては、研究活動に関係する不正を包括し、事前に防止するための取組として、「倫理教育」という用語を用いているが、本ガイドラインでは、不正使用防止の観点から、「コンプライアンス教育」と定義した。

第１節　機関内の責任体系の明確化

　研究費不正の根絶を実現するためには、最高管理責任者の強力なリーダーシップの下、機関全体で取り組むことが求められ、最高管理責任者が不正防止に向けた取組を促すなど、構成員の意識の向上と浸透を図る必要がある。

　また、監事は、機関の業務運営等を監査し、機関の長に直接意見を述べる立場にあることから、競争的研究費等の運営・管理についても重要な監査対象として確認することが求められる。

　機関が、競争的研究費等の運営・管理を適正に行うためには、機関内の運営・管理に関わる責任者が不正防止対策に関して機関内外に責任を持ち、積極的に推進していくとともに、その役割、責任の所在・範囲と権限を明確化し、責任体系を機関内外に周知・公表することが必要である。

1　競争的研究費等の運営・管理に関わる責任体系の明確化

（機関に実施を要請する事項）

（１）　機関全体を統括し、競争的研究費等の運営・管理について最終責任を負う者として「最高管理責任者」を定め、その職名を公開する。最高管理責任者は、原則として、機関の長が当たるものとする。

　〈役割〉
　　ア　最高管理責任者は、不正防止対策の基本方針を策定・周知するとともに、それらを実施するために必要な措置を講じる。また、統括管理責任者及びコンプライアンス推進責任者が責任を持って競争的研究費等の運営・管理が行えるよう、適切にリーダーシップを発揮する。
　　イ　不正防止対策の基本方針や具体的な不正防止対策の策定に当たっては、重要事項を審議する役員会・理事会等（以下「役員会等」という。）において審議を主導するとともに、その実施状況や効果等について役員等と議論を深める。
　　ウ　最高管理責任者が自ら部局等に足を運んで不正防止に向けた取組を促すなど、様々な啓発活動を定期的に行い、構成員の意識の向上と浸透を図る。

（２）　最高管理責任者を補佐し、競争的研究費等の運営・管理について機関全体を統括する実質的な責任と権限を持つ者として「統括管理責任者」を定め、その職名を公開する。

　〈役割〉
　　統括管理責任者は、不正防止対策の組織横断的な体制を統括する責任者であり、基本方針に基づき、機関全体の具体的な対策を策定・実施し、実施状況を確認するとともに、実施状況を最高管理責任者に報告する。

（3）　機関内の各部局等（例えば、大学の学部、附属の研究所等、一定の独立した事務機能を備えた組織）における競争的研究費等の運営・管理について実質的な責任と権限を持つ者として「コンプライアンス推進責任者」を定め、その職名を公開する。

〈役割〉

コンプライアンス推進責任者は、統括管理責任者の指示の下、

ア　自己の管理監督又は指導する部局等における対策を実施し、実施状況を確認するとともに、実施状況を統括管理責任者に報告する。

イ　不正防止を図るため、部局等内の競争的研究費等の運営・管理に関わる全ての構成員に対し、コンプライアンス教育を実施し、受講状況を管理監督する。

ウ　自己の管理監督又は指導する部局等において、定期的に啓発活動を実施する。

エ　自己の管理監督又は指導する部局等において、構成員が、適切に競争的研究費等の管理・執行を行っているか等をモニタリングし、必要に応じて改善を指導する。

（実施上の留意事項）

①　機関の組織規模・部局等の構成員の数等を踏まえ、役割の実効性を確保する観点から、各機関において適当と判断する場合は、例えば、コンプライアンス推進責任者については、大学の学科、専攻、研究所の部門等の組織レベルで複数の副責任者を任命し、日常的に目が届き、実効的な管理監督を行い得る体制を構築するなど、部局単位で責任の範囲を区分することができる。その場合は責任の範囲が曖昧にならないよう、より明確に規定することが必要である。

　　また、上記（3）エの競争的研究費等の管理・執行に関しては、事務部門にも副責任者を任命するなど、コンプライアンス推進責任者へ管理・執行の情報が着実に伝達される体制を構築することも必要である。

②　機関が、コンプライアンス教育や必要な改善指導などを実施していないと、機関の管理責任を問われるとともに、更に、不正を行った者の責任を追及できないことになりかねない。このため、機関内の管理責任の明確化の観点から、各責任者の役割（責務）等を定めた内部規程等を整備し、それらの管理監督の責任が十分果たされず、結果的に不正を招いた場合には処分の対象となることも内部規程等において明確に位置付け、内部に周知徹底することも必要である。

③　最高管理責任者は、研究費不正根絶への強い決意を掲げ、不正防止対策を実効性のあるものとするために定期的に各責任者から報告を受ける場を設けるとともに、強力なリーダーシップの下、必要に応じて基本方針の見直し、必要な予算や人員配置などの措置を行う。

　　基本方針の見直しに当たっては、研究活動そのものの効率の低下を招かず、構成員の負担の軽減、機関の管理コストの低減といった多面的な視点から、単に厳格化するのではなく、機関として不正を起こさせないような組織風土が形成されるよう、実態を踏まえ、柔軟に基本方針を見直し、その実効性を確保することが重要である。このため、間接経費等を効果的に活用し、研究支援体制と管理体制の二つの側面から必要な予算や人員配置などの措置を行い、競争的研究費等がより効果的かつ効率的に活用される環境を醸成することも求められる。

④　統括管理責任者が行うべき対策として、不正防止計画の策定だけでなく、コンプライアンス教育や啓発活動等を通じて構成員の意識の向上と浸透を促し、組織全体で不正を防止する風土を形成するための総合的な取組が重要である。

　　そのため、統括管理責任者には、競争的研究費等の運営・管理に関わる構成員を対象としたコンプライアンス教育や啓発活動等の具体的な計画を策定・実施することが求められる。コンプライアンス教育や啓発活動の実施計画については、対象、時間・回数、実施時期、内容等を具体的に示すものとする。

⑤　第7節及び第8節に掲げる間接経費措置額の削減等の措置を受けた場合、最高管理責任者は、再発防止の観点から、機関内においても、不正が発生した部局等に対する措置を講じるとともに、不正に関与していない部局等や構成員の研究活動の遂行に影響を及ぼさないよう、必要な措置を講じなければならない。また、大学等の教育機関にあっては、併せて、学生の教育研究活動・環境に影響を及ぼさないよう、最大限の努力を払わなければならない。

2　監事に求められる役割の明確化

（機関に実施を要請する事項）

（1）　監事は、不正防止に関する内部統制の整備・運用状況について機関全体の観点から確認し、意見を述べる。

（2）　監事は、特に、統括管理責任者又はコンプライアンス推進責任者が実施するモニタリングや内部監査によって明らかになった不正発生要因が不正防止計画に反映されているか、また、不正防止計画が適切に実施されているかを確認し、意見を述べる。

（実施上の留意事項）

①　監事が上記（1）及び（2）に示す役割を十分に果たせるよう、内部監査部門、不正防止計画推進部署及びその他の関連部署は、監事と連携し、適切な情報提供等を行う。

②　監事は、上記（1）及び（2）で確認した結果について、役員会等において定期的に報告し、意見を述べる。

第2節　適正な運営・管理の基盤となる環境の整備

　最高管理責任者は、不正が行われる可能性が常にあるという前提の下で、不正を誘発する要因を除去し、十分な抑止機能を備えた環境・体制の構築を図らなくてはならない。

1　コンプライアンス教育・啓発活動の実施（関係者の意識の向上と浸透）

（機関に実施を要請する事項）

（1）　コンプライアンス推進責任者は、統括管理責任者が策定する実施計画に基づき、競争的研究費等の運営・管理に関わる全ての構成員を対象としたコンプライアンス教育を実施する。

（2）　コンプライアンス教育の内容は、各構成員の職務内容や権限・責任に応じた効果的で実効性のあるものを設定し、定期的に見直しを行う。

（3）　実施に際しては、あらかじめ一定の期間を定めて定期的に受講させるとともに、対象者の受講状況及び理解度について把握する。

（4）　これらの内容を遵守する義務があることを理解させ、意識の浸透を図るために、競争的研究費等の運営・管理に関わる全ての構成員に対し、受講の機会等に誓約書等の提出を求める。

（5）　コンプライアンス推進責任者は、統括管理責任者が策定する実施計画に基づき、競争的研究費等の運営・管理に関わる全ての構成員に対して、コンプライアンス教育にとどまらず、不正根絶に向けた継続的な啓発活動を実施する。

（6）　競争的研究費等の運営・管理に関わる全ての構成員に対する行動規範を策定する。

（実施上の留意事項）
①　コンプライアンス教育と啓発活動は、相互に補完する形で実施することが必要である。
　　コンプライアンス教育は、不正防止対策の理解の促進を目的として、競争的研究費等の運営・管理に関わる全ての構成員を対象とした説明会やe-learning等の形式により実施し、受講状況及び理解度を把握することが求められる。
　　啓発活動は、コンプライアンス教育の内容を踏まえて意識の向上と浸透を図ることを目的とし、機関の構成員全体に対して、不正防止に向けた意識付

けを広く頻繁に繰り返し行うことが求められる（下記⑤及び⑥を参照）。

② コンプライアンス教育では、不正防止対策の理解や意識を高める内容として、具体的な事例を盛り込み、機関への影響、運用ルール・手続・告発等の制度などの遵守すべき事項、不正が発覚した場合の機関の懲戒処分・自らの弁償責任、配分機関における申請等資格の制限、研究費の返還等の措置、機関における不正対策等について説明する。

　　また、効果を高めるため、これらについて具体的な事案を基に懲戒処分等の内容や機関の不正対策としてモニタリング等を行っていることを説明することや、自らの過去の不正について機関に自己申告した場合には、懲戒処分等において情状が考慮されることがあることなども説明することが考えられる。

　　コンプライアンス教育の内容は、責任者、研究者、事務職員などの職域や常勤、非常勤の雇用形態等の権限や責任・職務に応じて適切に実施すること及びその内容を定期的に見直し、更新した内容を周知徹底することも望まれる。

　　事務職員に対しては、公的資金の適正な執行を確保できるよう専門的能力（業務に関する知識・能力）を向上させるとともに、研究活動の特性を十分理解しつつ、研究者が研究を遂行するために適切かつ効率的な事務を担う立場にあるとの意識を浸透させることが重要である。

③ これらの教育を実施していない機関は、管理責任を問われることや、不正を行った者の責任を追及できないことにもなりかねない。

　　このため、受講機会の確保を目的として複数回の説明会を開催することや、オンラインによる開催、機関内の e-learning を随時活用することにより、実効性のある取組とすることが重要である。

④ 競争的研究費等の運営・管理に関わる全ての構成員から、誓約書等を求めていないと、受講内容等を遵守する義務があることの意識付けや不正を行った者に対する懲戒処分等が厳正に行えないことにもなりかねない。

　　このため、内部規程等により、誓約書等の提出、内容等について明確化し、受講の機会等（新規採用者、転入者等についてはその都度）に提出を求め、遵守事項等の意識付けを図ることが必要である。

　　また、実効性を確保するため、誓約書等の提出を競争的研究費等の申請の要件とすることや提出がない場合は競争的研究費等の運営・管理に関わることができないこととするなど、併せて内部規程等により明示することも必要である。

　　誓約書等は、原則として本人の自署によることとし、盛り込むべき事項を以下に示す。当該誓約書等が確実に履行可能なものとなるよう、構成員と協議するなどしてコンセンサスを形成した上で実施することが望ましい。

〈誓約書等に盛り込むべき事項〉
・機関の規則等を遵守すること
・不正を行わないこと
・規則等に違反して、不正を行った場合は、機関や配分機関の処分及び法
　的な責任を負担すること

⑤　啓発活動は、役員から現場の研究者や事務担当者に至るまで、構成員の意
識の向上と浸透を図り、不正を起こさせない組織風土を形成することを目的
として、実施計画に基づいて実施するものであり、コンプライアンス教育と
併用・補完することにより、組織全体での取組について、その実効性を高め
るものである。
　　啓発活動の内容は、不正防止計画や内部監査の結果、実際に発生した不正
事案（他機関の事案も含む）及び不正発生要因等に関する検討と認識の共有
を可能とするものでなければならない。その上で、最高管理責任者が構成員
の意識向上を促進させる取組を実施するなど、不正を起こさせない組織風土
の形成を図ることが重要であり、随時柔軟に見直しながら実施する必要があ
る。

⑥　啓発活動は、不正を起こさせない組織風土の形成のために、全ての構成員
に対して継続的に実施することが重要である。
　　部局長等会議、教授会等の既存の会議を活用するほか、メーリングリスト
の活用やポスター掲示等により、全ての構成員を対象として組織の隅々まで
伝わるよう実施するとともに、少なくとも四半期に1回程度、機関又は各部
局等の実情に合わせ定期的に実施していくことが求められる。
　　また、競争的研究費等により謝金、旅費等の支給を受ける学生等に対して
も実施することが望ましい。

⑦　行動規範の内容は、不正防止対策の基本方針における考え方を反映させた
ものとする。構成員の意識の向上と浸透のため、個々の事象への対応ではな
く、機関の構成員としての取組の指針を明記し、上記の教育の中で周知徹底
するものとする。

⑧　機関は、これらの教育は、不正を事前に防止するための取組の一つである
ことを十分認識した上で、第4節や第6節に掲げる日常的な取組やモニタリ
ング等の活動と複合的に実施していくことが求められる。

2　ルールの明確化・統一化

（機関に実施を要請する事項）

　　競争的研究費等に係る事務処理手続に関するルールについて、以下の観点から見直しを行い、明確かつ統一的な運用を図る。

（1）　競争的研究費等の運営・管理に関わる全ての構成員にとって分かりやすいようにルールを明確に定め、ルールと運用の実態が乖離していないか、適切なチェック体制が保持できるか等の観点から点検し、必要に応じて見直しを行う。

（2）　機関としてルールの統一を図る。ただし、研究分野の特性の違い等、合理的な理由がある場合には、機関全体として検討の上、複数の類型を設けることも可能とする。また、ルールの解釈についても部局等間で統一的運用を図る。

（3）　ルールの全体像を体系化し、競争的研究費等の運営・管理に関わる全ての構成員に分かりやすい形で周知する。

（4）　競争的研究費等により謝金、旅費等の支給を受ける学生等に対してもルールの周知を徹底する。

（実施上の留意事項）

①　機関内ルールの策定に当たっては、慣例にとらわれることなく、実態を踏まえ、業務が最も効率的かつ公正に遂行できるものとする。また、ルールが形骸化しないよう、第6節に掲げるモニタリング等の結果も踏まえ、必要に応じて見直しを行うこととする。更に、機関内ルール全体を通して定期的に点検・見直しを行うことが望ましい。

②　ルールの例外的な処理は、ルールと実態の乖離を招く恐れが強いことから、極力これを認めない。やむを得ず認める必要がある場合については、例外処理の指針を定め、手続を明確化して行うものとする。また、例外的処理を認めたケースについて先例集を作成して周知させるなど、実務が散漫にならないよう最大限の努力を惜しんではならない。

③　ルールの周知に当たっては、研究者、事務職員など、それぞれの職務に応じた視点から、分かりやすい形での周知に努める。

3　職務権限の明確化

（機関に実施を要請する事項）

（1）　競争的研究費等の事務処理に関する構成員の権限と責任について、機関内で合意を形成し、明確に定めて理解を共有する。

（2）　業務の分担の実態と職務分掌規程の間に乖離が生じないよう適切な職務分掌を定める。

（3）　各段階の関係者の職務権限を明確化する。

（4）　職務権限に応じた明確な決裁手続を定める。

（実施上の留意事項）

①　不正を防止するためには、適切なチェックが必要であることについて研究者の理解を促進し、現場でのチェックが適切に行われる体制を構築することが重要である。

②　業務の実態が変化しているにもかかわらず、職務分掌規程等が改定されないまま実態と乖離して空文化し、責任の所在が曖昧になっていないかという観点から必要に応じ適切に見直す。

③　決裁が形式的なものでなく責任の所在を反映した実効性のあるものとなるよう、決裁手続を簡素化する。その際、決裁者の責任を明確にするためにも、決裁者の人数を少人数に絞ることが望ましい。

④　研究の円滑かつ効率的な遂行等の観点から、一定金額の範囲内で研究者による発注を認める場合には、その権限と責任（例えば、研究者本人に、発注先選択の公平性、発注金額の適正性の説明責任、弁償責任等の会計上の責任が帰属すること）を明確化し、当該研究者にあらかじめ理解してもらうことが必要である。

4 告発等の取扱い、調査及び懲戒に関する規程の整備及び運用の透明化

（機関に実施を要請する事項）

（1） 機関内外からの告発等（機関内外からの不正の疑いの指摘、本人からの申出など）を受け付ける窓口を設置する。

（2） 不正に係る情報が、窓口の担当者等から迅速かつ確実に最高管理責任者に伝わる体制を構築する。

（3） 以下のアからオを含め、不正に係る調査の体制・手続等を明確に示した規程等を定める。

　ア　告発等の取扱い
　　告発等を受け付けた場合は、告発等の受付から３０日以内に、告発等の内容の合理性を確認し調査の要否を判断するとともに、当該調査の要否を配分機関に報告する。
　　また、報道や会計検査院等の外部機関からの指摘による場合も同様の取扱いとする。

　イ　調査委員会の設置及び調査
　　調査が必要と判断された場合は、調査委員会を設置し、調査を実施する。調査委員会は、不正の有無及び不正の内容、関与した者及びその関与の程度、不正使用の相当額等について調査する。

　ウ　調査中における一時的執行停止
　　被告発者が所属する研究機関は、必要に応じて、被告発者等の調査対象となっている者に対し、調査対象制度の研究費の使用停止を命ずることとする。

　エ　認定
　　調査委員会は、不正の有無及び不正の内容、関与した者及びその関与の程度、不正使用の相当額等について認定する。

　オ　配分機関への報告及び調査への協力等

　　1）　機関は、調査の実施に際し、調査方針、調査対象及び方法等について配分機関に報告、協議しなければならない。

　　2）　告発等の受付から２１０日以内に、調査結果、不正発生要因、不正に関与した者が関わる他の競争的研究費等における管理・監査体制の状況、再発防止計画等を含む最終報告書を配分機関に提出する。期限

までに調査が完了しない場合であっても、調査の中間報告を配分機関に提出する。

3）　また、調査の過程であっても、不正の事実が一部でも確認された場合には、速やかに認定し、配分機関に報告する。

4）　上記のほか、配分機関の求めに応じ、調査の終了前であっても、調査の進捗状況報告及び調査の中間報告を当該配分機関に提出する。

5）　また、調査に支障がある等、正当な事由がある場合を除き、当該事案に係る資料の提出又は閲覧、現地調査に応じる。

（４）　不正に係る調査に関する規程等の運用については、公正であり、かつ透明性の高い仕組みを構築する。

（５）　懲戒の種類及びその適用に必要な手続等を明確に示した規程等を定める。

（実施上の留意事項）

①　不正の告発等の制度を機能させるため、機関の構成員に対しては、コンプライアンス教育等で具体的な利用方法を周知徹底する。また、取引業者等の外部者に対しては、相談窓口及び告発等の窓口の仕組み（連絡先、方法、告発者の保護を含む手続等）について、ホームページ等で積極的に公表し、周知を図る。その際、告発等の取扱いに関し、告発者の保護を徹底するとともに、保護の内容を告発者に周知することが必要である。このほか、告発者保護の観点から、第三者機関等に窓口を設置することも望まれる。

②　誹謗中傷等から被告発者を保護する方策を講じる。

③　顕名による告発の場合、原則として、受け付けた告発等に基づき実施する措置の内容を、告発者に通知する。

④　不正に係る調査の体制・手続等の規程は、原則として、「研究活動における不正行為への対応等に関するガイドライン」の手続（再実験に係る部分等を除く。）に準じて整備・見直しを行う。不正に係る調査体制については、公正かつ透明性の確保の観点から、当該機関に属さない第三者（弁護士、公認会計士等）を含む調査委員会を設置することが必要である。この調査委員は、機関及び告発者、被告発者と直接の利害関係を有しない者でなければならない。

⑤　懲戒規程等は、不正の背景、動機等を総合的に判断し、悪質性に応じて処分がなされるよう、適切に整備する。

　例えば、不正を行った者又はその管理監督に適正を欠いた者に対する懲戒処分等が内部規程に明確に位置付けられていない場合は、処分等が公正かつ厳正に行えないことにもなりかねない。

　このため、研究者の役割や責任（告発等に対する説明責任を含む）を明確にすることはもとより、機関としての責任や役割について、第1節の各責任者の役割や責任の範囲を定めた必要な規程や体制を整備した上で、懲戒規程等の内部規程に明確に位置付け、構成員に周知徹底しておくことが必要である。

　更に、私的流用など、行為の悪質性が高い場合には、刑事告発や民事訴訟があり得ることなど、法的な手続に関しても内部規程上、明確に位置付け、構成員に周知徹底しておくことも必要である。

⑥　機関は、調査の結果、不正を認定した場合は、速やかに調査結果を公表する。公表する内容は、少なくとも不正に関与した者の氏名・所属、不正の内容、機関が公表時までに行った措置の内容、調査委員の氏名・所属、調査の方法・手順等が含まれているものとする。ただし、合理的な理由がある場合は、不正に関与した者の氏名・所属などを非公表とすることができる。

　また、これらの公表に関する手続をあらかじめ定め、構成員に周知徹底しておくことが必要である。

⑦　機関において発生した不正の調査結果は、再発防止の観点から、処分も含めて、構成員に周知することも必要である。

第3節　不正を発生させる要因の把握と不正防止計画の策定・実施

　不正を発生させる要因を把握し、具体的な不正防止計画を策定・実施することにより、関係者の自主的な取組を喚起し、不正の発生を防止することが必要である。

　不正防止計画の着実な実施は、最終的には最高管理責任者の責任であり、実際に不正が発生した場合には、最高管理責任者の対応が問われることとなる。

1　不正防止計画の推進を担当する者又は部署の設置

（機関に実施を要請する事項）

（1）　機関全体の観点から不正防止計画の推進を担当する者又は部署（以下「防止計画推進部署」という。）を置く。

（2）　防止計画推進部署は、統括管理責任者とともに機関全体の具体的な対策（不正防止計画、コンプライアンス教育・啓発活動等の計画を含む。）を策定・実施し、実施状況を確認する。

（3）　防止計画推進部署は監事との連携を強化し、必要な情報提供等を行うとともに、不正防止計画の策定・実施・見直しの状況について意見交換を行う機会を設ける。

（実施上の留意事項）

①　防止計画推進部署は、統括管理責任者がその役割を果たす上での実働部門として位置付けるとともに、最高管理責任者の直属として設置するなどにより、機関全体を取りまとめることができるものとする。

　また、機関の内部監査部門とは別に設置し、密接な連絡を保ちつつも内部監査部門からのチェックが働くようにすることが必要である。なお、機関の規模によっては既存の部署を充て、又は既存の部署の職員が兼務することとしても差し支えない。

②　防止計画推進部署には、研究経験を有する者を含むことが望ましい。

2 不正を発生させる要因の把握と不正防止計画の策定及び実施

（機関に実施を要請する事項）

（1） 防止計画推進部署は、内部監査部門と連携し、不正を発生させる要因がどこにどのような形であるのか、機関全体の状況を体系的に整理し評価する。

（2） 最高管理責任者が策定する不正防止対策の基本方針に基づき、統括管理責任者及び防止計画推進部署は、機関全体の具体的な対策のうち最上位のものとして、不正防止計画を策定する。

（3） 不正防止計画の策定に当たっては、上記（1）で把握した不正を発生させる要因に対応する対策を反映させ、実効性のある内容にするとともに、不正発生要因に応じて随時見直しを行い、効率化・適正化を図る。

（4） 部局等は、不正根絶のために、防止計画推進部署と協力しつつ、主体的に不正防止計画を実施する。

（実施上の留意事項）

① 不正を発生させる要因の把握に当たっては、一般的に以下のようなリスクに注意が必要である。その他、各機関の実態に即した特有のリスクにも留意する。

- ・ルールと実態の乖離（発注権限のない研究者による発注、例外処理の常態化など）
- ・決裁手続が複雑で責任の所在が不明確
- ・予算執行の特定の時期への偏り
- ・業者に対する未払い問題の発生
- ・競争的研究費等が集中している、又は新たに大型の競争的研究費等を獲得した部局・研究室
- ・取引に対するチェックが不十分（事務部門の取引記録の管理や業者の選定・情報の管理が不十分）
- ・同一の研究室における、同一業者、同一品目の多頻度取引、特定の研究室のみでしか取引実績のない業者や特定の研究室との取引を新規に開始した業者への発注の偏り
- ・データベース・プログラム・デジタルコンテンツ作成、機器の保守・点検など、特殊な役務契約に対する検収が不十分
- ・検収業務やモニタリング等の形骸化（受領印による確認のみ、事後抽出による現物確認の不徹底など）

・業者による納品物品の持ち帰りや納品検収時における納品物品の反復使用
・非常勤雇用者の勤務状況確認等の雇用管理が研究室任せ
・出張の事実確認等が行える手続が不十分（二重払いのチェックや用務先への確認など）
・個人依存度が高い、あるいは閉鎖的な職場環境（特定個人に会計業務等が集中、特定部署に長い在籍年数、上司の意向に逆らえないなど）や、牽制が効きづらい研究環境（発注・検収業務などを研究室内で処理、孤立した研究室など）

②　不正には複数の要因が関わる可能性があることに留意する。

③　具体的な要因を把握するに当たっては、組織全体の幅広い関係者の協力を求め、実際に不正が発生する危険性が常にどこにでもあることを認識させ、自発的な改善の取組を促す。

④　不正を発生させる要因に対する不正防止計画は、優先的に取り組むべき事項を中心に、明確なものとするとともに、内部監査を含むモニタリングの結果やリスクが顕在化したケースの状況等を活用し、定期的に見直しを行うことが必要である。

⑤　不正防止計画の策定に当たっては、経理的な側面のみならず、ルール違反防止のためのシステムや業務の有効性、効率性といった側面についても検討する。

⑥　不正防止計画への取組に部局等によるばらつきが生じないよう機関全体の観点からのモニタリングを行う。

第4節　研究費の適正な運営・管理活動

　第3節で策定した不正防止計画を踏まえ、適正な予算執行を行う。業者との癒着の発生を防止するとともに、不正につながりうる問題が捉えられるよう、第三者からの実効性のあるチェックが効くシステムを作って管理することが必要である。また、研究費の執行に関する書類やデータ等は機関の定めた期間保存し、後日の検証を受けられるようにする必要がある。

（機関に実施を要請する事項）

（1）　予算の執行状況を検証し、実態と合ったものになっているか確認する。予算執行が当初計画に比較して著しく遅れている場合は、研究計画の遂行に問題がないか確認し、問題があれば改善策を講じる。

（2）　発注段階で支出財源の特定を行い、予算執行の状況を遅滞なく把握できるようにする。

（3）　不正な取引は構成員と業者の関係が緊密な状況で発生しがちであることに鑑み、癒着を防止する対策を講じる。このため、不正な取引に関与した業者への取引停止等の処分方針を機関として定め、機関の不正対策に関する方針及びルール等を含め、周知徹底し、一定の取引実績（回数、金額等）や機関におけるリスク要因・実効性等を考慮した上で誓約書等の提出を求める。

（4）　発注・検収業務については、原則として、事務部門が実施することとし、当事者以外によるチェックが有効に機能するシステムを構築・運営し、運用する。

（5）　ただし、研究の円滑かつ効率的な遂行等の観点から、研究者による発注を認める場合は、一定金額以下のものとするなど明確なルールを定めた上で運用する。その際、研究者本人に、第2節3の「実施上の留意事項」④に示す権限と責任についてあらかじめ理解してもらうことが必要である。

（6）　また、物品等において発注した当事者以外の検収が困難である場合であって、一部の物品等について検収業務を省略する例外的な取扱いとする場合は、件数、リスク等を考慮し、抽出方法・割合等を適正に定め、定期的に抽出による事後確認を実施することが必要である。

（7）　特殊な役務（データベース・プログラム・デジタルコンテンツ開発・作成、機器の保守・点検など）に関する検収について、実効性のある明確なルールを定めた上で運用する。

（8）　非常勤雇用者の勤務状況確認等の雇用管理については、原則として事務部門が実施する。

（9）　換金性の高い物品については、適切に管理する。

（10）　研究者の出張計画の実行状況等を事務部門で把握・確認できる体制とする。

（実施上の留意事項）
①　予算執行が年度末に集中するような場合は、執行に何らかの問題がある可能性があることに留意し、事務職員は必要に応じて研究者に対して執行の遅れの理由を確認するとともに必要な場合は改善を求める。

②　取引業者に求める誓約書等に盛り込むべき事項を以下に示す。

> ＜誓約書等に盛り込むべき事項＞
> ・機関の規則等を遵守し、不正に関与しないこと
> ・内部監査、その他調査等において、取引帳簿の閲覧・提出等の要請に協力すること
> ・不正が認められた場合は、取引停止を含むいかなる処分を講じられても異議がないこと
> ・構成員から不正な行為の依頼等があった場合には通報すること

　　また、取引業者が過去の不正取引について、機関に自己申告した場合には、情状を考慮し、取引停止期間の減免を行うことがあることなどを含めた処分方針の周知徹底を図る。

③　発注・検収業務を含む物品調達に係るチェックシステムは、不正の防止と研究の円滑かつ効率的な遂行を両立させるよう配慮する。上記「機関に実施を要請する事項」（5）の取扱いとする場合であっても、事務部門の牽制が実質的に機能する仕組みとして、発注に関し、定期的に予算執行・取引状況・内容を検証（是正指導）することが必要である。また、検収業務についても、上下関係を有する同一研究室・グループ内での検収の実施などは避け、発注者の影響を完全に排除した実質的なチェックが行われるようにしなければならない。
　　このほか、過去に業者による納品物品の持ち帰りや納品検収時における納品物品の反復使用などによる不正が認められた機関においては、それらを防止するための具体的な対策（例：業者の入出構管理、納品物品へのマーキング、シリアル番号の付記など）を講じることも必要である。

④　書面によるチェックを行う場合、形式的な書類の照合ではなく、ルールや

研究内容等との整合性を確認するように実施し、必要に応じて照会や現物確認を行う。

⑤　発注業務を柔軟にすることを目的として一定金額以下のものについて研究者による直接の発注を認める場合であっても、従来の慣行に関わらず、発注の記録方法や発注可能な金額の範囲等について、機関として可能な限り統一を図る。

⑥　検収の際は、発注データ（発注書や契約書等）と納入された現物を照合するとともに、据え付け調整等の設置作業を伴う納品の場合は、設置後の現場において納品を確認する。

⑦　正当な理由により、研究費の執行が当初計画より遅れる場合等においては、繰越制度の積極的活用等、ルールそのものが内蔵する弾力性を利用した対応を行う。また、研究費を年度内に使い切れずに返還しても、その後の採択等に悪影響はないことを周知徹底することも必要である。

⑧　上記「機関に実施を要請する事項」（7）の特殊な役務についても検収対象とし、原則として、有形の成果物がある場合には、成果物及び完了報告書等の履行が確認できる書類により、検収を行うとともに、必要に応じ、抽出による事後チェックなどを含め、これに係る仕様書、作業工程などの詳細をこれらの知識を有する発注者以外の者がチェックする。また、成果物がない機器の保守・点検などの場合は、検収担当者が立会い等による現場確認を行うことが必要である。

⑨　非常勤雇用者の勤務状況確認等の雇用管理については、研究室任せにならないよう、事務部門が採用時や定期的に、面談や勤務条件の説明、出勤簿・勤務内容の確認等を行うことが必要である。

⑩　換金性の高い物品については、競争的研究費等で購入したことを明示するほか、物品の所在が分かるよう記録することなどにより、適切に管理する。特に、パソコンについては適切に管理することが望ましい。

⑪　研究者の出張計画の実行状況等の把握・確認については、用務内容、訪問先、宿泊先、面談者等が確認できる報告書等の提出を求め、重複受給がないかなども含め、用務の目的や受給額の適切性を確認し、必要に応じて照会や出張の事実確認を行う。

⑫　旅費の支払に当たっては、コーポレートカードの活用や旅行業者への業務委託等により、研究者が支払に関与する必要のない仕組みを導入することが望ましい。

⑬　このほか、コンプライアンス推進責任者等は、自己の管理監督する部局等において、研究者と業者の関係が過度に緊密にならないよう、オープンなスペースでの打合せを推奨することや、孤立又は閉鎖的な環境とならないよう、業務支援を推進する体制や相談しやすい環境の醸成に努め、円滑なコミュニケーションが図られるような仕組みを組織的に推進することが望まれる。

第5節　情報発信・共有化の推進

　ガイドラインの趣旨に沿って、多様な機関がそれぞれの規模や特性に応じた実効性ある体制を整備する上では、機関内での情報共有はもとより、各機関の取組や事例の主体的な情報発信による機関間での情報共有が必要かつ有効である。また、このことは、競争的研究費等に対し、広く国民の理解と支援を得る上でも必要不可欠である。

（機関に実施を要請する事項）

（1）　競争的研究費等の使用に関するルール等について、機関内外からの相談を受け付ける窓口を設置する。

（2）　競争的研究費等の不正への取組に関する機関の方針等を外部に公表する。

（実施上の留意事項）

①　不正を事前に防止するためには、研究者が日常的な研究活動において、自らの行為がルール等に抵触するのか否かを事前に相談できる体制（相談窓口の設置など）を整備することが必要である。また、これらの窓口が適切に機能し、統一的な対応が行われるよう、担当者間の情報共有・共通理解の促進のための研修の実施など、組織的な取組を推進することが望まれる。

　　また、日常の相談を通じて蓄積された事例を整理・分析し、構成員間で共有する仕組みを整備するとともに、必要に応じ、モニタリングの結果などとともに、最高管理責任者に報告し、基本方針・内部規程の見直しやコンプライアンス教育の内容にフィードバックできる体制も必要である。

②　機関の不正への取組に関する基本方針等の公表は、機関の不正防止に対する考え方や方針を明らかにするものであり、社会への説明責任を果たす上でも重要である。

　　このため、「行動規範」、「管理・運営体制」はもとより、機関間での情報共有の観点から、「マニュアル」、「不正防止計画」、「相談窓口」、「通報窓口」、「処分（取引停止等の取扱いを含む。）」、「機関における諸手続」などとともに、これらに関係する諸規程を内外の利用者の視点に立って、分かりやすく体系化・集約化してホームページ等に掲載し、積極的な情報発信を行うことが求められる。

③　企業等において、企業活動上、社内規程等を外部に公表することが困難な場合は、配分機関への報告をもって公表に代えることができる。

第6節　モニタリングの在り方

　不正の発生の可能性を最小にすることを目指し、機関全体の視点から実効性のあるモニタリング体制を整備・実施することが重要である。また、これらに加え、機関の実態に即して、不正が発生する要因を分析し、不正が発生するリスクに対して重点的かつ機動的な監査（リスクアプローチ監査）を実施し、恒常的に組織的牽制機能の充実・強化を図ることが必要である。

（機関に実施を要請する事項）

（1）　競争的研究費等の適正な管理のため、機関全体の視点からモニタリング及び監査制度を整備し、実施する。

（2）　内部監査部門は、最高管理責任者の直轄的な組織としての位置付けを明確化するとともに、実効性ある権限を付与し強化する。

（3）　内部監査部門は、毎年度定期的に、ルールに照らして会計書類の形式的要件等が具備されているかなど、財務情報に対するチェックを一定数実施する。また、競争的研究費等の管理体制の不備の検証も行う。

（4）　内部監査部門は、上記（3）に加え、第3節1の防止計画推進部署との連携を強化し、同節2「実施上の留意事項」①に示すリスクを踏まえ、機関の実態に即して要因を分析した上で、不正が発生するリスクに対して、重点的にサンプルを抽出し、抜き打ちなどを含めたリスクアプローチ監査を実施する。

（5）　内部監査の実施に当たっては、過去の内部監査や、統括管理責任者及びコンプライアンス推進責任者が実施するモニタリングを通じて把握された不正発生要因に応じて、監査計画を随時見直し、効率化・適正化を図るとともに、専門的な知識を有する者（公認会計士や他の機関で監査業務の経験のある者等）を活用して内部監査の質の向上を図る。

（6）　内部監査部門は、効率的・効果的かつ多角的な内部監査を実施するために、監事及び会計監査人との連携を強化し、必要な情報提供等を行うとともに、機関における不正防止に関する内部統制の整備・運用状況や、モニタリング、内部監査の手法、競争的研究費等の運営・管理の在り方等について定期的に意見交換を行う。

（7）　機関は、第7節1「文部科学省が実施すべき事項」（3）に掲げる調査について協力することとする。

（8）　内部監査結果等については、コンプライアンス教育及び啓発活動にも
　　活用するなどして周知を図り、機関全体として同様のリスクが発生しな
　　いよう徹底する。

（実施上の留意事項）

①　内部監査部門の体制を強化するため、高い専門性を備え、機関の運営を全
　体的な視点から考察できる人材を配置することが望ましい。

②　内部監査は、機関全体のモニタリングが有効に機能する体制となっている
　か否かを確認・検証するなど、機関全体の見地に立った検証機能を果たすこ
　とが重要である。調達業務を例にとると、発注・検収・支払の現場における
　チェック及び防止計画推進部署によるそれらのモニタリングがともに機能し
　ているか否かを内部監査により確認する。また、内部監査では、ルールその
　ものにも改善すべきことがないか検証することも必要である。

③　リスクアプローチ監査の具体的な方法については、以下のような手法が考
　えられる。

　　・研究者の一部を対象に、当該研究者の旅費を一定期間分抽出して先方に確
　　　認、出勤簿に照らし合わせるほか、出張の目的や概要について抜き打ちで
　　　ヒアリングを行う。
　　・非常勤雇用者の一部を対象に勤務実態についてヒアリングを行う。
　　・納品後の物品等の現物確認
　　・取引業者の帳簿との突合

④　内部監査の質を一定に保つため、監査手順を示したマニュアルを作成し、
　随時更新しながら関係者間で活用する。

⑤　財政上の制約から、独立した専属の内部監査部門を設置することが困難な
　場合、以下のような対応を行うことも考えられる。

　　・経理的な側面に対する内部監査は、担当者を指定し、その取りまとめ責任
　　　の下に、複数の組織から人員を確保してチームとして対応する。
　　・ルール違反防止のためのシステムや業務の有効性、効率性といった側面に
　　　対する内部監査は、防止計画推進部署等が兼務して実施する。

⑥　内部監査部門は、防止計画推進部署から不正発生要因の情報を入手した上
　で、監査計画を適切に立案するとともに、防止計画推進部署においては、内
　部監査結果等を不正防止計画に反映させる。

⑦　内部監査部門及び監事は、監査の効果を発揮できるよう、機関のコンプラ
　イアンスを包括する部署や外部からの相談を受ける窓口等、機関内のあらゆ
　る組織と連携するとともに、不正に関する通報内容を把握し、機関内で適切
　な対応がとられているかを確認することが望ましい。

第7節　文部科学省による研究機関に対するモニタリング等及び文部科学省、配分機関による体制整備の不備がある機関に対する措置の在り方

　文部科学省は、機関が、第1節から第6節に記載した対策の実施状況について、次のように確認、評価及び措置を行う。

1　基本的な考え方

　　文部科学省は、資金配分先の機関においても研究費が適切に使用・管理されるよう所要の対応を行う責務を負っている。文部科学省は、機関における管理体制について、ガイドラインの実施状況を把握し、所要の改善を促す。

（文部科学省が実施すべき事項）

> （1）　有識者による検討の場を設け、ガイドラインの実施等に関してフォローアップするとともに、必要に応じてガイドラインの見直し等を行う。
>
> （2）　文部科学省は、機関側の自発的な対応を促す形で指導等を行う。管理体制の改善に向けた指導や措置については、緊急の措置が必要な場合等を除き、研究活動の遂行に及ぼす影響を勘案した上で、段階的に実施する。
>
> （3）　上記（1）及び（2）を実施するため、調査機能の強化を図り、機関に対し、以下の調査（書面、面接、現地調査を含む）を実施する。
>
> 　ア　履行状況調査（毎年、一定数を抽出）
> 　イ　機動調査（履行状況調査以外に、緊急・臨時の案件に機動的に対応）
> 　ウ　フォローアップ調査（履行状況調査、機動調査における改善措置状況をフォローアップし、必要に応じ措置を講じる）
> 　エ　特別調査（不正発覚後の状況把握・指導）
>
> （4）　上記（3）の調査結果等により収集した不正防止のための実効性ある取組事例を活用し、研修会の開催やコンテンツ教材の作成等を行い、機関における研究費の管理・監査体制の構築に向けた支援を行う。

（実施上の留意事項）

　①　従来も配分機関により額の確定調査やその他の確認が個別の競争的研究費等で行われている。文部科学省はそれらの手段を有効に組み合わせて、研究者及び機関の負担を可能な限り増やさずに効率的・効果的な検証を行うよう努める。

　②　機関が不正を抑止するために合理的に見て十分な体制整備を図っている場

合には、文部科学省は、構成員個人による意図的かつ計画的な不正が発生したことをもって、直ちに機関の責任を問うものではない。

③　機関の問題は、個別の部局等にある場合もあるが、部局等も含めた体制整備の責任は、機関の長にある。したがって、体制整備の不備に関する評価、及び評価結果に基づき行われる措置の対象は原則として機関全体とする。

2 具体的な進め方

（文部科学省、配分機関、機関が実施すべき事項）

（1）実態把握のためのモニタリング

　　文部科学省は、ガイドラインに基づく体制整備等の実施状況について、書面等による報告を機関に求め、機関は、書面等による報告を文部科学省に提出する。

（2）措置のためのモニタリング等

　ア　文部科学省は、毎年度、履行状況調査の実施方針等を定め、一定数を抽出し、機関におけるガイドラインに基づく体制整備等の状況について調査を実施し、ガイドラインの「機関に実施を要請する事項」等について確認する。また、配分機関において、不正が確認された機関も当該調査の対象とする。

　イ　文部科学省は、上記アの調査以外にも、緊急・臨時の案件に機動的に対応するため、必要に応じて機動調査を実施し、ガイドラインに基づく体制整備等の実態把握を行う。

　ウ　文部科学省が有識者による検討も踏まえ、上記ア、イの調査の結果において機関の体制整備等の状況について不備があると判断する場合は、当該機関に対して、文部科学省は以下の 1)の措置を講じ、その結果を受けて、配分機関は 2)及び 3)の順に段階的な措置を講じる。また、文部科学省は調査結果及び措置の状況を公表する。

　　　ただし、文部科学省が機関における体制整備に重大な不備があると判断した場合又は機関における体制整備の不備による不正と認定した場合は、必要に応じて、段階的な措置によらず、文部科学省が 1)を講じると同時に、配分機関は 2)の措置を講じることとする。

　　　なお、措置の検討に当たっては、機関からの弁明の機会を設けるものとする。

　　1)　管理条件の付与

　　　　文部科学省は、機関に対し、体制整備等の不備について、改善事項及びその履行期限（1年）を示した管理条件を付す。また、文部科学省は、管理条件の履行状況について毎年度フォローアップ調査を実施し、調査結果を機関及び配分機関に通知する。

　　2)　間接経費の削減

　　　　配分機関は、文部科学省がフォローアップ調査の結果において、管理条件の履行が認められないと判断した場合は、当該機関に対する競争的研究費等における翌年度以降の間接経費措置額を一定割合削減する。

　　　　間接経費措置額の削減割合については、フォローアップ調査の結果に応じて、段階的に引上げ、上限を間接経費措置額の15％とする。

3)　配分の停止
　　間接経費を上限まで削減する措置を講じている間においても文部科学省が管理条件の履行が認められないと判断した場合は、配分機関は、当該機関に対する翌年度以降の競争的研究費等の配分を停止する。

　エ　ウの 1)から 3)の措置の解除は、以下によるものとする。
　　・1)の措置は、機関において管理条件を着実に履行していると文部科学省が判断した時点で、文部科学省が解除する。
　　・2)の措置は、機関において管理条件を着実に履行又は履行に進展があると文部科学省が判断した場合、配分機関がその翌年度に解除する。
　　・3)の措置は、機関において管理条件を着実に履行又は履行に進展があると文部科学省が判断した時点で、配分機関が解除する。

（実施上の留意事項）
①　管理条件を付与した翌年度に、機関において当該管理条件を着実に履行していると文部科学省が判断した場合は、当該機関に対するフォローアップ調査を終了する。また、機関において当該管理条件の着実な履行に至らずとも、文部科学省が履行に進展があると判断した場合は、経過観察として、継続的にフォローアップ調査を実施する。

②　間接経費措置額の削減割合の基準については、文部科学省が別に定めることとする。

第8節　文部科学省、配分機関による競争的研究費等における不正への対応

　機関が告発等を受け付けし、配分機関が機関から調査の要否の報告を受けた際は、機関に対して当該事案の速やかな全容解明を要請し、機関から提出される報告書等を踏まえ、当該機関に対して改善を求めることが必要である。また、本ガイドラインでは、研究費の管理は機関の責任において行うこととしているため、文部科学省及び配分機関は、競争的研究費等における不正を確認した場合は、研究者だけでなく、機関に対しても措置を講じることとする。

（配分機関が実施すべき事項）

> （1）　配分機関は、機関から調査実施の要否について報告を受けた場合は、機関に対して必要な指示を行うこととする。
>
> （2）　配分機関は、機関における調査が適切に実施されるよう、調査方針、調査対象及び方法等の報告を受け、必要に応じて指示を行うとともに、当該事案の速やかな全容解明を要請する。
>
> （3）　配分機関は、調査の過程であっても、機関から不正の一部が認定された旨の報告があった場合は、必要に応じ、不正を行った研究者が関わる競争的研究費等について、採択又は交付決定の保留、交付停止、機関に対する執行停止の指示等を行う。
>
> （4）　配分機関は、機関から不正を認定した最終報告書が提出され、それを確認した場合は、当該報告書の内容を踏まえ、以下の措置を講じることとする。
>
> 〈機関に対する措置〉
> ・第7節2（2）参照
>
> 〈機関・研究者に対する措置〉
> ・不正に係る競争的研究費等の返還等
> 　　不正があった競争的研究費等において、配分機関は、機関又は研究者に対し、事案に応じて、交付決定の取消し等を行い、また、研究費の一部又は全部の返還を求める。
>
> 〈研究者に対する措置〉
> ・競争的研究費等への申請及び参加資格の制限
> 　　不正があった競争的研究費等において、配分機関は、不正を行った研究者及びそれに共謀した研究者等に対し、事案に応じて、競争的研究費等への申請及び参加資格を制限する。
>
> （5）　配分機関は、機関が告発等を受け付けた日から210日以内に最終報告書の提出がない場合、当該機関に対して、状況に応じて、報告遅延に係る以下の措置を講じることとする。

　　　ただし、報告遅延に合理的な理由がある場合は、当該理由に応じて配
　　分機関が別途、最終報告書の提出期限を設けるものとする。

ア　配分機関は、当該機関の不正に関する告発等があった競争的研究費等
　における翌年度以降の１か年度の間接経費措置額を一定割合削減する。
　　間接経費措置額の削減割合については、提出期限を過ぎた日数に応じ
　て、段階的に引上げ、上限を間接経費措置額の１０％とする。

イ　被告発者が自らの責任を果たさないことにより最終報告書の提出が遅
　延した場合、配分機関は、当該研究者が関わる競争的研究費等について、
　採択又は交付決定の保留、交付停止、機関に対する執行停止の指示等を
　行う。

（実施上の留意事項）
①　配分機関は、研究者の責任により最終報告書の提出が遅延した場合をもっ
　て、直ちに機関の責任を問うものではない。

②　配分機関は、研究者に対する措置として、競争的研究費等への申請及び参
　加資格の制限を行う場合は、「競争的資金の適正な執行に関する指針」（平
　成１７年９月９日　競争的研究費に関する関係府省連絡会申し合わせ）に基づ
　き、措置を講じることとする。

③　機関から提出された最終報告書について、配分機関との必要な協議を経な
　かったことなどにより、調査方法及び報告書の内容等に重大な問題があった
　場合は、配分機関は、機関に対し、最終報告書の再提出を求めることとする。

④　報告遅延に係る合理的な理由としては、研究者の機関に対する申立てによ
　り、機関内の再調査が必要となる場合、捜査当局により関連資料が押収され
　ている場合や、不正を行った研究者が関連資料を隠蔽するなど調査への協力
　を拒否する場合等が該当する。

⑤　最終報告書の報告遅延に係る間接経費措置額の削減については、原則、翌
　年度の当該競争的研究費等における間接経費を対象とするが、最終報告書が、
　翌年度の当該競争的研究費等の交付決定後に機関から提出された場合など、
　翌年度の当該競争的研究費等における間接経費を削減することが困難な場合
　は、配分機関は、翌々年度の当該競争的研究費等における間接経費を削減す
　ることとする。

⑥　間接経費措置額の削減割合の基準については、文部科学省が別に定めるこ
　ととする。

⑦　最終報告書の提出以外に、第２節４における必要な手続を行わなかった場
　合は、配分機関は機関に対し、その他の必要な措置を講じることとする。

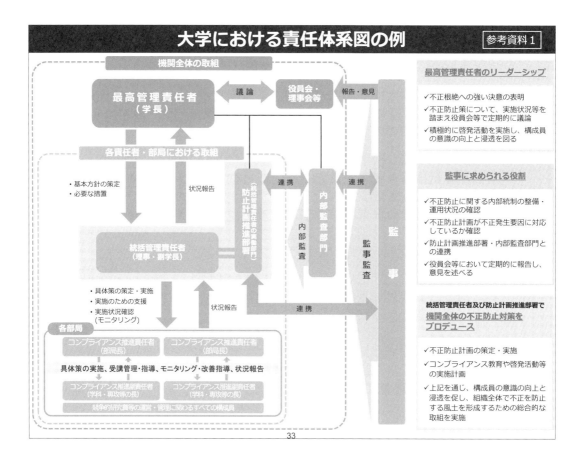

コンプライアンス教育と啓発活動 ① 　　参考資料2

◆コンプライアンス教育・啓発活動の概要

不正使用防止計画やルールを理解し、不正を起こさせない組織風土を形成するために、
コンプライアンス教育と啓発活動を相互に補完する形で実施する。

コンプライアンス教育

対象：競争的研究費等の運営・管理に関わる全
ての構成員

目的：自身が取り扱う競争的研究費等の**使用
ルールやそれに伴う責任、自らのどのよ
うな行為が不正に当たるのかなどを理解**
させること

頻度：新規着任時　及び
機関が定める一定の期間ごと

方法：対面又はオンラインでの研修・説明会、
e-ラーニングによる学習等

※受講状況及び理解度について把握し、必要に
応じてフォローアップを行う。

啓発活動

対象：全ての構成員

目的：**不正を起こさせない組織風土を形成**する
ために、不正防止に向けた**意識の向上と
浸透**を図ること

頻度：少なくとも四半期に１回程度
（繰り返し頻繁に実施することで意識付
けを図る）

方法：既存の会議やリスクマネジメントを通じ
た意識啓発、会議体・Webサイト・メー
ル等による情報共有、ポスターの掲示、
意識調査の実施等

※啓発活動を通して構成員の意識の変化を把握
する等、適宜PDCAサイクルに活用する。

➤ 「何を」「誰に」「いつ」実施するのか、年間を通した全体的な計画を策定
➤ 実施の効果を適宜確認し、実効性・効率性の観点から必要な見直しを行う

34

コンプライアンス教育と啓発活動 ②

◆コンプライアンス教育・啓発活動の実施内容の主な例

コンプライアンス教育

●**コンプライアンスの基本的理解**
・自機関の行動規範（理念、背景、考え方等）
・自機関の不正防止の取組（相談窓口、告発制度、
モニタリングの観点、懲戒制度等）

●**研究費使用ルールの理解**
・自身の権限や責任
・各研究費制度のルール
・自機関の研究費使用ルール
・不正使用事例とペナルティ

●**事例を踏まえたディスカッション**
・具体的な不正使用事例の分析
・自機関におけるリスクと対策の検討

啓発活動

●**意識啓発**
・役員会や各部局の定例会議等の場で、最高管理責
任者の不正防止のビジョンを周知
・リスクマネジメント（抽出・分析・評価・対策）
を通じた危機意識の醸成
・「コンプライアンス推進月間」等の実施

●**情報の周知・認識の共有**
・不正防止計画に基づく取組内容の周知
・相談窓口、告発制度の周知
・内部監査結果の周知と認識の共有
・不正使用事例の周知と認識の共有
（関連する自機関のルールの点検）

●**意識調査の実施・活用**
・公的研究費の使用に関する意識調査の実施
・PDCAサイクルに活用するための分析
・分析した意識調査結果のフィードバック

➤ 各機関の状況を踏まえ、内容や性質に応じた適切な方法で実施すること
➤ すべての内容をすべての対象者に対して実施する必要はなく、権限や責任・職務に
応じた適切な内容を実施することが望ましい

35

報告書に盛り込むべき事項

☐　経緯・概要
　　○　発覚の時期及び契機　　（※「告発（通報）」の場合はその内容・時期等）
　　○　調査に至った経緯等

☐　調　査
　　○　調査体制　　（※　第三者〔当該機関に属さない弁護士、公認会計士等〕を含む調査委員会の設置）
　　○　調査内容
　　　・　調査期間
　　　・　調査対象　　（※　対象者（研究者・業者等）、対象経費〔物品費、旅費、謝金等、その他〕）
　　　　　　　　　　　（※　当該研究者が関わる他の競争的研究費等も含む。）
　　　・　調査方法　　（例：書面調査〔取引業者の売上げ元帳との突合等〕、
　　　　　　　　　　　　　　　ヒアリング〔被告発者及び関係者からの聴き取り〕等）
　　　・　調査委員会の開催日時・内容等

☐　調査結果（不正等の内容）
　　○　不正等の種別　　（例：架空請求〔預け金、カラ出張、カラ雇用〕、代替請求等）
　　○　不正等に関与した研究者　　（※　共謀者を含む。）
　　　・氏名（所属・職（※現職））、研究者番号
　　○　不正等が行われた研究課題
　　　・研究種目名、　研究期間、　研究課題名
　　　・研究代表者氏名（所属・職（※現職））、　研究者番号
　　　・交付決定額又は委託契約額
　　　・研究組織（研究分担者氏名（所属・職（※現職）・研究者番号））
　　○　不正等の具体的な内容　　（※　可能な限り詳細に記載すること。）
　　　・動機・背景
　　　・手法
　　　・不正等に支出された競争的研究費等の額及びその使途
　　　・私的流用の有無
　　○　調査を踏まえた機関としての結論と判断理由

☐　不正等の発生要因と再発防止策　　（※　当該研究者が関わる他の競争的研究費等も含む。）
　　○　不正等が行われた当時の競争的研究費等の管理・監査体制
　　○　発生要因　　（※　被告発者側の要因、機関の管理体制の要因も含め可能な限り詳細に記載すること。）
　　○　再発防止策

☐　添付書類
（例：交付申請書、交付決定通知書又は委託契約書、収支決算報告書、確定通知書、競争的研究費等の受取
　　　口座の写し、その他参考資料（証憑類等）等）

■　その他（機関における当該事案への対応）
　　（例）関係者の処分、交付中又は委託契約中の競争的研究費等の取扱い、刑事告発等

　　＊必ずしも当該報告書に盛り込む必要はないが、機関における当該事案への対応が決
　　　定次第、速やかに配分機関に報告することとする。

（報告書作成例）

※「報告書に盛り込むべき事項」を満たしていれば、必ずしもこの様式による必要はありません。

〇〇〇〇〇第〇号
令和〇年〇月〇日

（配分機関　殿）

〇〇〇〇〇大学
学長　〇　〇　〇〇

〇〇〇の不正等について（報告）

　〇〇年度「〇〇〇〇〇〇事業（競争的研究費等の名称）」において〇〇〇が行われたことが判明しましたので、下記のとおり報告します。

記

1　経緯・概要
　　　発覚の時期及び契機　　（※「告発（通報）」の場合はその内容・時期等）
　　　調査に至った経緯等

2　調　査
　（1）調査体制
　　　　調査委員会の構成
　　　　（※ 第三者〔当該機関に属さない弁護士、公認会計士等〕を含む調査委員会の設置）

　（2）調査内容
　　　　調査期間
　　　　調査対象者　　（※対象者（研究者・業者等））
　　　　調査対象研究課題・経費　　（※ 当該研究者が関わる他の競争的研究費等も含む。）
　　　　　　　　　　　　　　　　　　（※ 経費〔物品費、旅費、謝金等、その他〕）
　　　　調査方法　　（例：書面調査〔取引業者の売上げ元帳との突合等〕、
　　　　　　　　　　　　　ヒアリング〔被告発者及び関係者からの聴き取り〕等）
　　　　調査委員会の開催日時・内容等

3　調査結果（不正等の内容）
　（1）不正等の種別
　　　　※　例：架空請求〔預け金、カラ出張、カラ雇用〕、代替請求等

　（2）不正等に関与した研究者　　（※ 共謀者を含む。）

氏　　名　（所属・職（※現職））	研究者番号

（３）不正等が行われた研究課題　（※該当する研究課題分作成）

研究種目名	研究期間

研究課題名
研究代表者氏名（所属・職（※現職））
研究者番号

交付決定額又は委託契約額					（単位：円）
○○年度	○○年度	○○年度	○○年度	○○年度	○○年度

研究組織（研究分担者氏名（所属・職（※現職）・研究者番号））

（４）不正等の具体的な内容　（※ 可能な限り詳細に記載すること。）
- ・　動機・背景
- ・　手法
- ・　不正等に支出された競争的研究費等の額及びその使途
- ・　私的流用の有無

（５）調査を踏まえた機関としての結論と判断理由

（６）不正等に支出された競争的研究費等の額　（※ 該当する研究課題ごとに該当する年度分作成）
　　○○年度（内訳）　　　　　　　　　　　　　　　　　　　　　　　（単位：円）

費　目	交付決定額又は委託契約額	実績報告額	適正使用額	不正使用・不適切使用額
物品費	－			
旅　費	－			
謝金等	－			
その他	－			
直接経費計				
間接経費				
合　計				

4　不正等の発生要因と再発防止策　（※ 当該研究者が関わる他の競争的研究費等も含む。）
　（１）不正等が行われた当時の競争的研究費等の管理・監査体制
　（２）発生要因（※被告発者側の要因、機関の管理体制の要因も含め可能な限り詳細に記載すること）
　（３）再発防止策

5　添付書類一覧
　　（例：交付申請書、交付決定通知書又は委託契約書、収支決算報告書、確定通知書、競争的研究費等の
　　　　受取口座の写し、その他参考資料（証憑類等）等）

研究機関における公的研究費の管理・監査のガイドライン
「機関に実施を要請する事項」一覧

　自己点検シートは、本ガイドラインの第 1 節から第 6 節の「機関に実施を要請する事項」を取りまとめたものである。これらの要請事項が実施されているか、各節の「実施上の留意事項」も踏まえ、機関において再点検を行うことが必要である。

第 1 節　機関内の責任体系明確化		
No.	実施内容	チェック欄
	機関が、競争的研究費等の運営・管理を適正に行うためには、機関内の運営・管理に関わる責任者が不正防止対策に関して機関内外に責任を持ち、積極的に推進していくとともに、その役割、責任の所在・範囲と権限を明確化し、責任体系を機関内外に周知・公表することが必要である。	☐

1　競争的研究費等の運営・管理に関わる責任体系の明確化		
No.	実施内容	チェック欄
(1)	機関全体を統括し、競争的研究費等の運営・管理について最終責任を負う者として「最高管理責任者」を定め、その職名を公開する。最高管理責任者は、原則として、機関の長が当たるものとする。 <役割> 　ア　最高管理責任者は、不正防止対策の基本方針を策定・周知するとともに、それらを実施するために必要な措置を講じる。また、統括管理責任者及びコンプライアンス推進責任者が責任を持って競争的研究費等の運営・管理が行えるよう、適切にリーダーシップを発揮する。 　イ　不正防止対策の基本方針や具体的な不正防止対策の策定に当たっては、重要事項を審議する役員会・理事会等（以下「役員会等」という。）において審議を主導するとともに、その実施状況や効果等について役員等と議論を深める。 　ウ　最高管理責任者が自ら部局等に足を運んで不正防止に向けた取組を促すなど、様々な啓発活動を定期的に行い、構成員の意識の向上と浸透を図る。 （実施上の留意事項③） 　最高管理責任者は、研究費不正根絶への強い決意を掲げ、不正防止対策を実効性のあるものとするために定期的に各責任者から報告を受ける場を設けるとともに、強力なリーダーシップの下、必要に応じて基本方針の見直し、必要な予算や人員配置などの措置を行う。	☐
(2)	最高管理責任者を補佐し、競争的研究費等の運営・管理について機関全体を統括する実質的な責任と権限を持つ者として「統括管理責任者」を定め、その職名を公開する。 <役割>統括管理責任者は、不正防止対策の組織横断的な体制を統括する責任者であり、基本方針に基づき、機関全体の具体的な対策を策定・実施し、実施状況を確認するとともに、実施状況を最高管理責任者に報告する。	☐

（実施上の留意事項④）

統括管理責任者が行うべき対策として、不正防止計画の策定だけでなく、コンプライアンス教育や啓発活動等を通じて構成員の意識の向上と浸透を促し、組織全体で不正を防止する風土を形成するための総合的な取組が重要である。

そのため、統括管理責任者には、競争的研究費等の運営・管理に関わる構成員を対象としたコンプライアンス教育や啓発活動等の具体的な計画を策定・実施することが求められる。コンプライアンス教育や啓発活動の実施計画については、対象、時間・回数、実施時期、内容等を具体的に示すものとする。

(3)	機関内の各部局等（例えば、大学の学部、附属の研究所等、一定の独立した事務機能を備えた組織）における競争的研究費等の運営・管理について実質的な責任と権限を持つ者として「コンプライアンス推進責任者」を定め、その職名を公開する。 <役割>コンプライアンス推進責任者は、統括管理責任者の指示の下、 　ア 自己の管理監督又は指導する部局等における対策を実施し、実施状況を確認するとともに、実施状況を統括管理責任者に報告する。 　イ 不正防止を図るため、部局等内の競争的研究費等の運営・管理に関わる全ての構成員に対し、コンプライアンス教育を実施し、受講状況を管理監督する。 　ウ 自己の管理監督又は指導する部局等において、定期的に啓発活動を実施する。 　エ 自己の管理監督又は指導する部局等において、構成員が、適切に競争的研究費等の管理・執行を行っているか等をモニタリングし、必要に応じて改善を指導する	☐

2　監事に求められる役割の明確化

No.	実施内容	チェック欄
	監事は、機関の業務運営等を監査し、機関の長に直接意見を述べる立場にあることから、競争的研究費等の運営・管理についても重要な監査対象として確認し、役員会等において定期的に意見を述べることが求められる。	☐
(1)	監事は、不正防止に関する内部統制の整備・運用状況について機関全体の観点から確認し、意見を述べる。	☐
(2)	監事は、特に、統括管理責任者又はコンプライアンス推進責任者が実施するモニタリングや内部監査によって明らかになった不正発生要因が不正防止計画に反映されているか、また、不正防止計画が適切に実施されているかを確認し、意見を述べる。	☐

第2節　適正な運営・管理の基礎となる環境の整備
1　コンプライアンス教育・啓発活動の実施（関係者の意識の向上と浸透）

No.	実施内容	チェック欄
(1)	コンプライアンス推進責任者は、統括管理責任者が策定する実施計画に基づき、競争的研究費等の運営・管理に関わる全ての構成員を対象としたコンプライアンス教育を実施する。	☐
(2)	コンプライアンス教育の内容は、各構成員の職務内容や権限・責任に応じた効果的で実効性のあるものを設定し、定期的に見直しを行う。	☐
(3)	実施に際しては、あらかじめ一定の期間を定めて定期的に受講させるとともに、対象者の受講状況及び理解度について把握する。	☐
(4)	これらの内容を遵守する義務があることを理解させ、意識の浸透を図るために、競争的研究費等の運営・管理に関わる全ての構成員に対し、受講の機会等に誓約書等の提出を求める。	☐
(5)	コンプライアンス推進責任者は、統括管理責任者が策定する実施計画に基づき、競争的研究費等の運営・管理に関わる全ての構成員に対して、コンプライアンス教育にとどまらず、不正根絶に向けた継続的な啓発活動を実施する。	☐
(6)	競争的研究費等の運営・管理に関わる全ての構成員に対する行動規範を策定する。	☐

2　ルールの明確化・統一化

No.	実施内容	チェック欄
(1)	競争的研究費等の運営・管理に関わる全ての構成員にとって分かりやすいようにルールを明確に定め、ルールと運用の実態が乖離していないか、適切なチェック体制が保持できるか等の観点から常に見直しを行う。	☐
(2)	機関としてルールの統一を図る。ただし、研究分野の特性の違い等、合理的な理由がある場合には、機関全体として検討の上、複数の類型を設けることも可能とする。また、ルールの解釈についても部局等間で統一的運用を図る。	☐
(3)	ルールの全体像を体系化し、競争的研究費等の運営・管理に関わる全ての構成員に分かりやすい形で周知する。	☐

| (4) | 競争的研究費等により謝金、旅費等の支給を受ける学生等に対してもルールの周知を徹底する。 | ☐ |

3　職務権限の明確化

No.	実施内容	チェック欄
(1)	競争的研究費等の事務処理に関する構成員の権限と責任について、機関内で合意を形成し、明確に定めて理解を共有する。	☐
(2)	業務の分担の実態と職務分掌規程の間に乖離が生じないよう適切な職務分掌を定める。	☐
(3)	各段階の関係者の職務権限を明確化する。	☐
(4)	職務権限に応じた明確な決裁手続を定める。	☐

4　告発等の取扱い、調査及び懲戒に関する規程の整備及び運用の透明化

No.	実施内容	チェック欄
(1)	機関内外からの告発等（機関内外からの不正の疑いの指摘、本人からの申出など）を受け付ける窓口を設置する。	☐
(2)	不正に係る情報が、窓口の担当者等から迅速かつ確実に最高管理責任者に伝わる体制を構築する。	☐
(3)	以下のアからオを含め、不正に係る調査の体制・手続き等を明確に示した規程等を定める。 　ア　告発等の取扱い 　イ　調査委員会の設置及び調査 　ウ　調査中における一時的執行停止 　エ　認定 　オ　配分機関への報告及び調査への協力等	☐
(4)	不正に係る調査に関する規程等の運用については、公正であり、かつ透明性の高い仕組みを構築する。	☐
(5)	懲戒の種類及びその適用に必要な手続き等を明確に示した規程等を定める。	☐

第3節　不正を発生させる要因の把握と不正防止計画の策定・実施 　1　不正防止計画の推進を担当する者又は部署の設置		
No.	実施内容	チェック欄
(1)	機関全体の観点から不正防止計画の推進を担当する者又は部署（以下「防止計画推進部署」という。）を置く。	☐
(2)	防止計画推進部署は、統括管理責任者とともに機関全体の具体的な対策（不正防止計画、コンプライアンス教育・啓発活動等の計画を含む。）を策定・実施し、実施状況を確認する。	☐
(3)	防止計画推進部署は監事との連携を強化し、必要な情報提供等を行うとともに、不正防止計画の策定・実施・見直しの状況について意見交換を行う機会を設ける。	☐

2　不正を発生させる要因の把握と不正防止計画の策定及び実施		
No.	実施内容	チェック欄
(1)	防止計画推進部署は、内部監査部門と連携し、不正を発生させる要因がどこにどのような形であるのか、機関全体の状況を体系的に整理し評価する。 （実施上の留意事項①） 　一般的に想定されるリスクのほか、各機関の実態に即した特有のリスクにも留意する。	☐
(2)	最高管理責任者が策定する不正防止対策の基本方針に基づき、統括管理責任者及び防止計画推進部署は、機関全体の具体的な対策のうち最上位のものとして、不正防止計画を策定する。	☐
(3)	不正防止計画の策定に当たっては、上記(1)で把握した不正を発生させる要因に対応する対策を反映させ、実効性のある内容にするとともに、不正発生要因に応じて随時見直しを行い、効率化・適正化を図る。	☐
(4)	部局等は、不正根絶のために、防止計画推進部署と協力しつつ、主体的に不正防止計画を実施する。	☐

No.	対策の内容	チェック欄
	第4節　研究費の適正な運営・管理活動	
	第3節で策定した不正防止計画を踏まえ、適正な予算執行を行う。業者との癒着の発生を防止するとともに、不正につながりうる問題が捉えられるよう、第三者からの実効性のあるチェックが効くシステムを作って管理することが必要である。	☐
	研究費の執行に関する書類やデータ等は機関の定めた期間保存し、後日の検証を受けられるようにする必要がある。	☐
(1)	予算の執行状況を検証し、実態と合ったものになっているか確認する。予算執行が当初計画に比較して著しく遅れている場合は、研究計画の遂行に問題がないか確認し、問題があれば改善策を講じる。	☐
(2)	発注段階で支出財源の特定を行い、予算執行の状況を遅滞なく把握できるようにする。	☐
(3)	不正な取引は構成員と業者の関係が緊密な状況で発生しがちであることに鑑み、癒着を防止する対策を講じる。このため、不正な取引に関与した業者への取引停止等の処分方針を機関として定め、機関の不正対策に関する方針及びルール等を含め、周知徹底し、一定の取引実績（回数、金額等）や機関におけるリスク要因・実効性等を考慮した上で誓約書等の提出を求める。	☐
(4)	発注・検収業務については、原則として、事務部門が実施することとし、当事者以外によるチェックが有効に機能するシステムを構築・運営し、運用する。	☐
(5)	ただし、研究の円滑かつ効率的な遂行等の観点から、研究者による発注を認める場合は、一定金額以下のものとするなど明確なルールを定めた上で運用する。その際、研究者本人に、第2節3の「実施上の留意事項」④に示す権限と責任についてあらかじめ理解してもらうことが必要である。	☐*
(6)	また、物品等において発注した当事者以外の検収が困難である場合であって、一部の物品等について検収業務を省略する例外的な取扱いとする場合は、件数、リスク等を考慮し、抽出方法・割合等を適正に定め、定期的に抽出による事後確認を実施することが必要である。	☐*
(7)	特殊な役務(データベース・プログラム・デジタルコンテンツ開発・作成、機器の保守・点検など)に関する検収について、実効性のある明確なルールを定めた上で運用する。	☐
(8)	非常勤雇用者の勤務状況確認等の雇用管理については、原則として事務部門が実施する。	☐
(9)	換金性の高い物品については、適切に管理する。	☐
(10)	研究者の出張計画の実行状況等を事務部門で把握・確認できる体制とする。	☐

---

* 教員発注又は検収の例外的な取扱いを行っていない場合は、不要。

第5節　情報発信・共有化の推進

No.	対策の内容	チェック欄
(1)	競争的研究費等の使用に関するルール等について、機関内外からの相談を受け付ける窓口を設置する。	☐
(2)	競争的研究費等の不正への取組に関する機関の方針等を外部に公表する。	☐

第6節　モニタリングの在り方

No.	対策の内容	チェック欄
(1)	競争的研究費等の適正な管理のため、機関全体の視点からモニタリング及び監査制度を整備し、実施する。	☐
(2)	内部監査部門は、最高管理責任者の直轄的な組織としての位置付けを明確化するとともに、実効性ある権限を付与し強化する。	☐
(3)	内部監査部門は、毎年度定期的に、ルールに照らして会計書類の形式的要件等が具備されているかなど、財務情報に対するチェックを一定数実施する。また、競争的研究費等の管理体制の不備の検証も行う。	☐
(4)	内部監査部門は、上記(3)に加え、第3節1の防止計画推進部署との連携を強化し、同節2「実施上の留意事項」①に示すリスクを踏まえ、機関の実態に即して要因を分析した上で、不正が発生するリスクに対して、重点的にサンプルを抽出し、抜き打ちなどを含めたリスクアプローチ監査を実施する。	☐
(5)	内部監査の実施に当たっては、過去の内部監査や、統括管理責任者及びコンプライアンス推進責任者が実施するモニタリングを通じて把握された不正発生要因に応じて、監査計画を随時見直し、効率化・適正化を図るとともに、専門的な知識を有する者（公認会計士や他の機関で監査業務の経験のある者等）を活用して内部監査の質の向上を図る。	☐
(6)	内部監査部門と監事及び会計監査人との連携を強化し、必要な情報提供等を行うとともに、効率的・効果的かつ多角的な監査を実施できるよう、機関における不正防止に関する内部統制の整備・運用状況や、モニタリング、内部監査の手法、競争的研究費等の運営・管理の在り方等について定期的に意見交換を行う。	☐
(7)	機関は、第7節1「文部科学省が実施すべき事項」(3)に掲げる調査について協力することとする。	☐
(8)	内部監査結果等については、コンプライアンス教育及び啓発活動にも活用するなどして周知を図り、機関全体として同様のリスクが発生しないよう徹底する。	☐

※ページ数は本書に合わせて修正

研究機関における公的研究費の管理・監査のガイドラインに関する FAQ （令和 3 年 2 月 1 日版）

　このFAQは、「研究機関における公的研究費の管理・監査のガイドライン（実施基準）（平成19年2月15日文部科学大臣決定。令和3年2月1日改正）」（以下「ガイドライン」という。）について関係者の方々により良く理解していただくため、文部科学省がこれまで実施してきた研修会や現地調査、ガイドラインの改正案に関する意見募集等を通じて寄せられた質問等に対する回答を Q & A 形式でまとめて掲載しているものです。ガイドラインに基づく管理・監査体制の整備・運用に当たり参考にしてください。

　また、今後、随時更新していきますので、ガイドラインに関して御不明な点がございましたら、文部科学省研究振興局振興企画課競争的資金調整室まで御質問をお寄せいただきますようお願いします。

目　次

はじめに

（本ガイドラインの目的と改正の背景）

Q001　ガイドラインの改正に当たっての基本的な考え方を教えてください。

A001　今回の改正に当たっては、平成２６年２月の改正以降、各機関において管理・監査体制の整備が進む中で、依然として研究費不正が発生している要因を踏まえ、研究費不正の防止に関する高い意識を持った組織風土の形成という観点から、①ガバナンスの強化、②意識改革、③不正防止システムの強化の３項目の取組を強化するため改正を行いました。また、これまでの各機関の取組状況も考慮しつつ、より実効的な取組を促すために従前のガイドラインの記述の更なる具体化・明確化を図っています。

Q002　他府省や他府省所管の独立行政法人が配分する競争的研究費等については、どのように管理すればよいですか？

A002　他府省等が配分する競争的研究費等の管理については、別途他府省から示されるガイドライン等に基づき管理していただくことになります。なお、文部科学省のガイドラインの改正内容については関係府省間で共有し、可能な限り統一的な運用等がなされるよう働きかけを行う予定です。

Q003　PDCA サイクル（Plan（計画）・Do（実施・実行）・Check（点検・評価）・Action（改善））を徹底することが求められていますが、その趣旨を教えてください。

A003　文部科学省はこれまで、ガイドラインに基づく体制整備等の実施状況について現地調査を行ってきましたが、特に不正が発生した機関においては、機関の構成員が不正防止計画やルールで定められている事項の目的・必要性、さらには内容自体について十分に把握しておらず計画等を確実に実施できていない、計画等の実施状況について点検・評価していない、内部監査等において問題が指摘されたにもかかわらず改善がなされていない、改善すべき事項が不正防止計画の見直しに反映されていない、といった PDCA サイクルが形骸化している状況が多く確認されました。

　　不正使用を防止するためには、機関において適切な管理体制を整備するだけでなく、実効性のある運用が重要であることから、PDCA サイクルを徹底することを求めています。

（適用）

Q004　第１節から第６節までについては、令和３年度中に、順次、各節に係る取組を行うこととしていますが、どういうことですか？

A004　改正後のガイドラインは令和３年４月から運用を開始しますが、令和３年度は各機関でこれまでの取組の再点検を行い、体制整備を推進するための「不正防止対策強化年度」と位置付けています。

Q005　第７節、第８節における措置は、平成 26 年度当初予算以降（継続も含む。）における競争的研究費を対象とするとありますが、平成 25 年度以前の予算における競争的研究費の不正事案が発生した場合は措置の対象とならないのですか？

A005　平成 25 年度以前の予算における競争的研究費の不正事案が発生した場合、配分機関が、ガイドラインに基づき、第 7 節における間接経費の削減、第 8 節における不正が一部認定された場合の採択又は交付決定の保留、交付停止、機関に対する執行停止の指示、間接経費の削減の措置を講じることはありません。ただし、配分機関がそれぞれのルール等に基づきこれらの措置を講じることを妨げるものではありません。

　　なお、第 8 節における「不正に係る競争的研究費の返還等」、「競争的研究費への申請及び参加資格の制限」は、平成 25 年度以前の予算における競争的研究費の不正事案が発生した場合でも、補助金等に係る予算の執行の適正化に関する法律や当時の配分機関との委託契約等に基づき、措置が講じられることになります。

Q006　第 7 節、第 8 節における措置は、平成 26 年度当初予算以降（継続も含む。）における競争的研究費を対象とするとありますが、「継続も含む」とはどういうことですか？

A006　平成 25 年度以前の予算が平成 26 年度に繰り越されていた場合や平成 25 年度以前の予算が基金を通じて平成 26 年度以降に配分されていた場合など、平成 25 年度以前の予算であっても、平成 26 年度以降に管理されていた競争的研究費については対象に含まれるということです。

（用語の定義）

Q007　「不正」は「故意若しくは重大な過失による競争的研究費等の他の用途への使用又は競争的研究費等の交付の決定の内容やこれに付した条件に違反した使用」とされていますが、「重大な過失」とは、どのような過失が該当しますか？

A007　ほとんど故意に近い著しい注意欠如の状態が該当します。当事者が故意であることを認めないなど故意と認定することはできないが、他の状況から、当事者がわずかの注意さえすれば、たやすく「競争的研究費等の他の用途への使用又は競争的研究費等の交付の決定の内容やこれに付した条件に違反した使用」の結果を予見することができた場合であるのに、漫然とこれを見過ごしたような場合は、重大な過失があったとして「不正」になります。

Q008　「管理条件」として、どのような条件が考えられますか？

A008　管理条件は、機関の体制整備等の状況について調査した結果、ガイドラインが求める事項を実施するための規程等が整備されていない場合、また、規程等は整備されているが、それに基づき実施されていない場合に、個別に改善事項とその履行期限を示して付与するものです。例えば、コンプライアンス推進責任者が明確に定められていない場合、「〇〇規程等において、コンプライアンス推進責任者の役割を担う者を明確に定め、適切に運用すること」、また、コンプライアンス教育の受講管理について、機関の規程等には定められているが実施されていない場合、「コンプライアンス教育の受講管理について、□□規程等に基づき適切に実施すること」などの改善事項を示した管理条件を付与することが考えられます。

（本ガイドラインの構成と留意点）

Q009　「機関に実施を要請する事項」及び「実施上の留意事項」は全て実施しなければならない事項ですか？

A009　文末が「望ましい」という表現になっている事項を除き、「機関に実施を要請する事項」及び「実施上の留意事項」は全て、機関の性格や規模、コストやリソース等を考慮して実効性のある対策として実施されることが必要です。例えば、小規模機関において、独立した専属の内部監査部門として人員を配置することが困難な場合は、最高管理責任者の直轄的な組織として位置付けることや実効性ある権限を付与することなどを規程において明確に定めた上で、他の部署の職員を監査担当者に任命し、監査チームを編成するなどの対応が考えられます。

第1節　機関内の責任体系の明確化

Q101　改正の概要には「ガバナンスの強化」が掲げられていますが、最高責任者の強力なリーダーシップと監事の役割を明確にすることがガバナンスの強化につながるというのはどういうことですか？

A101　ガイドライン第1節1（1）で示すように最高管理責任者がリーダーシップを発揮することや、第1節2で示すように監事がその役割（ガイドライン内部統制の整備・運用状況の確認等）を果たすこと等の個々の取組により、機関全体としてのガバナンスの強化につながるものと考えます。リーダーシップにより機関全体のガバナンスを統括する最高管理責任者と、機関全体のガバナンスの状況をチェックする立場にある監事がそれぞれの役割を果たすことにより、ガバナンスの強化や適正化を図ることが出来ると考えられます。

Q102　最高管理責任者は、原則として機関の長が当たるものとするとありますが、大学を設置する学校法人の場合、学校法人の理事長と大学の学長のどちらを最高管理責任者とすべきですか？

　　　また、複数の高等専門学校を設置する独立行政法人国立高等専門学校機構や複数の大学共同利用機関を設置する大学共同利用機関法人の場合はどうすべきですか？

A102　競争的研究費等を適正に管理する上で、実質的にその責任を担うべき組織単位の長という責務を考慮し適切に最高管理責任者を定めていただければ、どちらを最高管理責任者としていただいても構いません。独立行政法人国立高等専門学校機構や大学共同利用機関法人の場合も同様に考えてください。

Q103　最高管理責任者の役割として、「不正防止対策の基本方針や具体的な不正防止対策の策定に当たっては、重要事項を審議する役員会・理事会等（以下「役員会等」という。）において審議を主導するとともに、その実施状況や効果等について役員等と議論を深める。」とありますが、具体的にどのようなタイミングでの審議を想定しているのでしょうか？

　　　また、実施上の留意事項③において「各責任者から報告を受ける場を設ける」をありますが、各責任者とは誰を指しているのでしょうか？

A103　不正防止計画の策定時に審議を行うほか、不正防止のPDCAサイクルを徹底する観点から、不正防止対策の取組状況や効果等の点検・評価やその結果を踏まえた改善の検討の際には、役員会等においても単に報告を受けるのみでなく議論を行っていただくことが重要であると考えます。

　　　また、「各責任者」とは、統括管理責任者及びコンプライアンス推進責任者を指しています。

Q104　ガイドラインでは最高管理責任者の強力なリーダーシップが強調されていますが、最高管理責任者にガイドラインに掲げるような取組を行わせるためには、強力な権限の付与と国から機関の長に対して指導する等の取組が必要ではないでしょうか。

A104　競争的研究費等の運営・管理について最終責任を負うのは最高管理責任者です。研究費不正根絶に向けて機関全体で取り組むためには、最高管理責任者がリーダーシップを発揮し、必要な予算措置や人員配置などを行って取組を促していくことが重要であると考えます。

　　　また、最高管理責任者の下で機関の管理責任が果たされていない場合には、機関に対して管理条件を付し、その対応状況に応じて段階的に間接経費を削減する等の措置を講じることとしています。

Q105　機関の管理責任者がその責任を十分果たさず、結果的に不正を招いた場合は処分の対象とすることが求められていますが、どのような場合が考えられますか？

A105　機関の管理責任者がガイドラインに基づき適切に管理体制を整備・運用していたとしても、不正が発生することは十分に起こり得ると考えます。そのため、不正が発生したという結果のみをもって、処分の対象とすべきであるとは考えていません。機関において、不正を招いた原因を分析・特定した結果、ガイドラインが求める事項を適切に実施していれば、その不正の発生を防ぐことができたと考えられる場合（例えば、コンプライアンス教育の受講管理や指導等が適切に行われていなかった場合）に処分の対象とすべきであると考えます。このほか、一般的に、機関の懲戒処分規程等に照らして、管理監督者としての指導監督に適正を欠いていた場合などが考えられます。

Q106　統括管理責任者には、コンプライアンス教育や啓発活動の具体的な計画を策定・実施することが求められていますが、具体的にどのような実施計画を示せば良いでしょうか。

A106　コンプライアンス教育と及び啓発活動の実施計画においては、対象、時間・回数、実施時期、内容等を具体的に示す必要があります。以下に示す実施計画の例を参考に、各機関の性格や規模、コストやリソース等を考慮し、実効性のある計画を策定・実施してください。
参考：大学におけるコンプライアンス教育・啓発活動の実施計画の例

Q107　不正に関与していない部局等や構成員の研究活動の遂行に影響を及ぼさないよう、必要な措置を講じなければならないとありますが、必要な措置とはどのような措置が考えられますか？

A107　例えば、配分機関から一定割合の間接経費の削減措置を受けた場合に、機関内で間接経費を部局等に再配分する際、全ての部局等に一律に同じ割合の間接経費の削減措置を講じるのでなく、不正に関与していない部局や構成員に対する削減割合を小さくする（あるいはゼロにする）などの措置が考えられます。こうした措置を講じる前提として、機関の間接経費の配分ルール等をあらかじめ整備しておくことも必要となります。

第 2 節　適正な運営・管理の基盤となる環境の整備

Q201　これまでのガイドラインで求められていたコンプライアンス教育と、新たに加わった啓発活動の違いについて教えてください。また、啓発活動は「少なくとも四半期に 1 回程度」の実施が求められていますが、頻度が高すぎるとかえって単調なものとなり啓発効果が薄らぐおそれがあるのではないでしょうか。

A201　コンプライアンス教育では、これまでも、研究費の使用ルールやそれに伴う責任、自らのどのような行為が不正に当たるのかなどの内容について理解を促すための教育を実施していただいたところですが、啓発活動は、不正防止に向けた意識の向上と浸透を図ることを目的として、コンプライアンス教育と併用・補完する形で、より広く、頻繁に、繰り返し実施することが求められています。

　　また、毎回同じ内容を実施するのではなく、各機関における不正防止対策の取組状況を踏まえ、対象者の権限、責任、職務に応じた適切な内容を実施してください。具体的な実施の時期・内容については、以下の例も参考にしてください。

参考：大学におけるコンプライアンス教育・啓発活動の実施計画の例

Q202　コンプライアンス教育や啓発活動には、どのような効果があると考えていますか？

A202　コンプライアンス教育はルールの遵守につながると考えています。ルールが遵守されるためには、単にルールの内容を知っているだけでなく、ルールの目的・必要性について理解、納得すること、さらには、ルールを遵守しなければ処分の対象になることについて十分認識することが必要です。そのための機会としてコンプライアンス教育を位置付けています。そのほか、不正を事前に防止する対策が整っていることなどを説明し、機関が不正に対して断固たる姿勢で臨んでいることを示すことにより、不正に対する意識の向上などが期待できます。

　　また、啓発活動では、不正防止に向けた機関の制度や取組の周知、事例の共有、意識調査等を通じて、全ての構成員に対して不正防止意識の浸透を図ることにより、不正を起こさせない組織風土の形成につながると考えています。

　　なお、コンプライアンス教育における説明内容の例として、「自らの過去の不正について機関に自己申告した場合には、懲戒処分等において情状が考慮されることがあること」を挙げていますが、処分が不当に軽減されることを推奨するものではありません。

Q203　コンプライアンス教育や啓発活動は、機関の実情を踏まえて適切に実施すべきものであると考えますが、各機関に共通する事項もあると考えます。これに関して、国からの支援として、どのようなことを予定していますか？

A203　コンプライアンス教育や啓発活動に関する支援策として、文部科学省ホームページで公開しているコンプライアンス教育用コンテンツの更新を予定しています。そのほか、不正使用の事例や各機関の特徴的な取組事例等、機関における啓発活動を推進するための情報提供を行っていく予定です。

　　なお、文部科学省が提供するコンプライアンス教育用コンテンツは各機関に共通すると考えられる事項に関するものであり、機関においてはそれぞれの実情を踏まえたコンプライアンス教育及び啓発活動を実施する必要があります。

Q204　構成員から誓約書等の提出を求めるのはどうしてですか？また、提出を拒否された場合、どのように対応すればよいですか？

A204　一般的に、構成員は機関に対し、雇用契約に基づき、又は雇用契約に付随する信義則上の義務として、機関の規則等を遵守しなければならないなどの義務を既に負っていますが、不正の問題の重要性に鑑み、別途その内容を誓約書等に明確に示した上で提出を求めることにより、構成員の不正に対する意識の向上が一層図られると考えられることから、誓約書等の提出を求めることとしています。

　　また、誓約書等の提出が拒否されたことのみをもって、何らかの処分を講じることは不当な処分とみなされる可能性があります。そうした場合は、機関内において、構成員のコンセンサスを形成した上で、誓約書等の提出について、内部規程やその他適切な方法で明確に定めておくことが必要となります。

　　なお、誓約書等が提出されない場合には、機関の管理責任が果たされているかという観点から、少なくともコンプライアンス教育の受講管理の記録などを整理しておくことが必要です。

　　そのほか、配分機関が別途、誓約書等の提出を求めている場合は、配分機関の指示に従ってください。

Q205　構成員に提出を求める誓約書等は一度提出されれば、誓約書等の内容が同じであれば、再度提出を求める必要はありませんか？また、本人の自署である必要がありますか？

A205　意識付けの観点から、ルールやコンプライアンス教育の内容等を見直した際、また、昇格や配置転換等による業務の変更時など特定の機会に、改めて提出を求めることが望ましいと考えます。

　　また、誓約書等は、構成員に対して遵守事項等の意識付けを図るために提出を求めているものであることから、原則は本人の自署としています。ただし、本人が内容を確認していること、本人の意思に基づいて誓約されたことが担保でき、実効性のある方法であれば、自署に限るものではありません。

Q206　コンプライアンス教育の受講や誓約書等の提出を求める対象を「競争的研究費等の運営・管理に関わる全ての構成員」としていますが、学生や派遣労働者についてはどのように対応すればよいですか？

A206　ガイドラインでは、リサーチアシスタントなど、機関と雇用関係を有する学生については構成員と位置付けていることから、競争的研究費等の運営・管理に関わる場合は、他の構成員と同様に対応してください。機関と雇用関係を有しない学生についても、研究プロジェクトに参画するなど競争的研究費等の運営・管理に関わる立場かどうかを機関で判断した上で、適切に対応することが望ましいと考えます。

　　また、競争的研究費等の運営・管理に関わらない場合であっても、競争的研究費等により給与、謝金、旅費等の支給を受ける学生等に対しては、必要なルールの周知を徹底する必要があるほか、啓発活動と対象とすることが望ましいと考えます。

　　なお、派遣労働者については、競争的研究費等の運営・管理に関わる場合は、派遣元事業主との契約等において、派遣元事業主が派遣労働者から誓約書等の提出を受けるなどして派遣元事業主が機関に対して誓約するかたちにするなど適切に対応することが望ましいと考えます。

Q207　啓発活動やルールの周知は「競争的研究費等により給与、謝金、旅費等の支給を受ける学生等」に対しても実施することとなっていますが、「学生等」には学生以外にどのような立場の者が含まれるのですか？

A207　学生のほか、機関に所属するポストドクターやその他の研究協力者などを想定しています。

Q208　機関の行動規範に不正防止対策の基本方針における考え方を反映させるものとしているのはなぜですか？

A208　機関としての目指す方向や目的、使命、考え方など、機関の活動方針の基礎を内外に示すものとして各機関の基本理念や経営理念があり、その基本理念を達成するために、構成員が取るべき行動の指針を示すものが「行動規範」ということになります。

　　　最高管理責任者が策定した不正防止対策の基本方針における考え方を、「行動規範」に反映させることによって、機関の目的達成のためには不正防止が必要な行動であり、当然行うべき行動として明確に位置付けられることを意図しています。

Q209　ルールの策定や周知に当たり、「分かりやすい」ことが求められていますが、この点について機関として対応できていることを説明するために、どのような方法が考えられますか？

A209　研究者、事務職員など、それぞれの職務に応じた視点からハンドブックやマニュアル等を作成することが考えられます。また、ルールの理解度を把握し、全ての構成員について高い理解度が確認できれば、「分かりやすい」ルールであることの一つの証左になると考えられます。ただし、理解度の把握方法が適切であることが前提です。

Q210　「各段階の関係者の職務権限を明確化する」ことが求められていますが、具体的にはどのような対応が必要でしょうか？

A210　機関における事務処理の各段階において、事務処理に関わる構成員の権限を明確化することを求めています。例えば物品の購入においては、物品の購入依頼、発注、検収、支払い等の各段階において、それぞれ誰にどのような権限があるのかを明確にしてください。

Q211　調査対象とすべき告発の要件として、どのような要件が考えられますか？

A211　1. 悪意に基づく告発を防止するため、また、必要に応じて調査への協力を求めるため、原則として顕名による告発であること、2. 不正に関与した者（研究者、業者等）、不正が行われた時期（会計年度等）、不正が行われた研究資金名など調査対象が特定できること、3. 不正とする合理的な根拠が示されていることなどが考えられますが、匿名による告発など、これらの要件を全て満たさない告発であっても、可能な限り調査対象とするなど、国民の貴重な税金を原資とする競争的研究費等を管理する機関として誠実に対応することが求められます。なお、会計書類の保存年限を超える過年度の不正に関する告発については、適正な調査の実施が困難な場合も考えられますが、上記と同様に可能な範囲で調査を行うことが望まれます。

　　　これらの取扱いについては、調査規程等において明確に定め、機関の内外に周知しておくことも必要です。そのほか、他機関への異動者や退職者など既に機関に所属していない者からも調査への協力が得られるよう事前に備えておくことも必要です。

Q212　告発等を受け付けた場合は、告発等の受付から 30 日以内に配分機関に報告することが求められていますが、起算日はいつですか？また、30 日目が土日祝日等で配分機関の執務が行われていない日に当たる場合、報告期日はいつになりますか？

A212　告発等を受け付けた日を起算日としてください。また、30 日目が、報告先の配分機関において執務が行われていない日に当たる場合は、その翌日以降最初の執務が行われている日が報告期日になります。最終報告書あるいは中間報告書の提出期限である 210 日以内についても同様に考えてください。

Q213　告発が寄せられた場合の手続として、単に事務的に受け付けることを「受付」、受け付けた告発が調査すべき内容であると判断した後に正式に受け付けることを「受理」として区別しているのですが、この場合、ガイドラインの「受付」はどちらに当たると考えればよいですか？

A213　前者の「受付」が、ガイドラインの「受付」に当たります。

Q214　告発等の受付から配分機関への調査の要否の判断結果の報告までの期限及び最終報告書の提出までの期限がそれぞれ定められていますが、大変厳しい期限設定であると考えます。また、不正に関与した者の多寡等によりこれらに要する日数は変わってくると考えますが、一律に期限を定めたのはどうしてです

A214　競争的研究費等は国民の貴重な税金を原資としています。競争的研究費等の不正事案が発覚した場合、国民の信頼をいち早く回復させるためには早期の全容解明が必要であることから、調査がいたずらに長期化しないよう一律の期限を設定しています。また、合理的な理由がある場合は、報告が遅延することも認められます。報告遅延に係る合理的な理由としては、第 8 節の（実施上の留意事項）の④のとおりです。

　　不正に関与した者（研究者や業者等）が多数に上るなど不正の規模が大きい場合も合理的な理由と認められ得るものと考えますが、機関において管理体制が適切に整備、運用されていれば不正の発生は一定規模に抑制できると考えられること、また、構成員や業者等の協力が得られる体制を構築し、会計書類を適切に保管しておくなど十分な準備をしておくことにより、所定の期限内での対応は十分可能であると考えられることから、合理的な理由として積極的に認めるべきものではないとも考えます。

　　なお、各期限の設定に当たっては、「研究活動における不正行為への対応等に関するガイドライン」（平成 26 年 8 月 26 日文部科学大臣決定）等を参考にしています。

Q215　報道による場合に、告発等の受付の場合と同様の取扱いを求めているのはどうしてですか？

A215　機関が管理する競争的研究費等の使用に関して疑義があるなどの報道がなされた場合、機関は国民や配分機関に対し、その内容の真偽について説明する責任があると考えるからです。

Q216　調査の要否を配分機関に報告すること、また、調査の実施に際し、調査方針、調査対象及び方法等について配分機関に報告して協議することを求めているのは、どうしてですか？また、配分機関と協議することで調査の迅速性が損なわれるおそれはないですか？

A216　調査の要否や調査方針等について機関単独で判断するよりも、配分機関と協議することで、より適正な調査が実施できると考えられるからです。また、機関独自の判断で調査を実施した後、配分機関の判断と齟齬が生じ、再調査を求めざるを得なくなり、結果として調査の迅速性が損なわれるおそれもあることから、配分機関との協議を求めています。なお、配分機関は、機関が実施する調査の迅速性が損なわれないよう配慮する必要があります。

Q217　不正の調査は配分機関が実施すべきではないですか？

A217　競争的研究費等は、機関がその責任において適正に管理することを前提に配分されるものであり、不正の疑義が生じた場合の対応についても、その管理の一環であると考えます。

Q218　調査中における一時的執行停止について、必要に応じて、被告発者等の調査対象となっている者に対し、調査対象制度の研究費の使用停止を命じることが求められていますが、必要がある場合とはどのような場合ですか？また、調査対象以外の制度の研究費については使用停止を命じる必要はないですか？

A218　調査を進めていく過程で、被告発者等の調査対象となっている者が不正に関与している可能性が極めて高いと判断される事実が明らかとなった場合などが考えられます。また、一時的執行停止の対象を調査対象制度に限定しているのは最低限として要請しているものであり、調査対象以外の制度の研究費であっても機関として使用停止を命じるべき状況であると判断した場合、また、調査対象以外の制度の研究費の配分機関から指示があった場合は、調査対象制度の研究費と同様に使用停止を命じることも考えられます。調査中における一時的執行停止については、機関の規程を踏まえるとともに、配分機関と十分に協議して対応するようにしてください。

Q219　調査の過程であっても、不正の事実が一部でも確認された場合には、速やかに認定し、配分機関に報告することが求められていますが、どうしてですか？

A219　不正の事実が一部でも確認、認定された場合に、配分機関が必要に応じ、採択又は交付決定の保留、交付停止、機関に対する執行停止の指示等、必要な措置を講じることができるようにするためです。なお、機関に対して、一部の認定をもって懲戒処分を実施することを求めているわけではありません。

Q220　競争的研究費等の不正の調査が終了した場合に配分機関に対して報告すべき事項としては、調査報告書ひな形（参考資料3）で示されている事項が含まれていれば十分であると考えてよいですか？

A220　調査報告書ひな形（参考資料3）は、調査結果の報告に当たって共通して求めるべきと考えられる事項を示しているものであり、配分機関によっては別途追加の情報が必要となる場合もありますので、報告書の作成に当たっては、配分機関と十分に協議してください。なお、このひな形は、今後、必要に応じて見直すことを考えています。

第3節　不正を発生させる要因の把握と不正防止計画の策定・実施

Q301　防止計画推進部署には研究経験を有する者を含むことが望ましいとされていますが、中小規模の大学では、防止計画推進部署が「ルールの明確化・統一化（第2節）」も担っている場合が多くあります。そのため、特定の分野の研究経験を有する者だけを含んでしまうと、ルール作りにおいて他の分野における事情が考慮されにくいといった弊害が出てくる恐れがありますが、研究経験者を入れることは必要でしょうか？

A301　不正防止の対策を策定・実施するに当たり、研究現場の意見を取り入れることで実効性を高める観点から、研究経験を有する者を含むことが望ましいと考えます。防止計画推進部署は、統括管理責任者の実働部門として、機関全体と具体的な対策を策定・実施するための部署であることから、それぞれの機関の実態を踏まえて適切な人員を配置してください。

　　なお、各機関におけるルールの策定においては、特定の研究分野に偏ったものとなっていないかも含め、モニタリング等の結果も踏まえて点検・見直しを行っていく必要があると考えます。

Q302　「不正防止計画」、最高管理責任者が策定する「基本方針」、統括管理責任者が策定する「機関全体の具体的な対策」及び防止計画推進部署が策定する「機関全体の具体的な対策」は相互にどのような関係にあるのですか？

A302　ガイドラインが想定する責任体系として、統括管理責任者がその役割を果たす上での実働部門に相当する機関として防止計画推進部署を位置付けています。そのため、統括管理責任者が策定する「機関全体の具体的な対策」と防止計画推進部署が策定する「機関全体の具体的な対策」は同一のものです。また、「不正防止計画」は、統括管理責任者が「基本方針」に基づき策定する「機関全体の具体的な対策」のうち最上位のものとして位置付けています。

Q303　不正を発生させる要因に対応する具体的な不正防止策を策定することが求められていますが、不正防止策として、不正を行う動機をなくすための取組も必要であると考えます。競争的研究費等の使い勝手が向上すれば、不正を行う動機の一部はなくすことができるのではないですか？

A303　不正は、動機、機会、正当化の3つの要素が全てそろったときに発生すると言われているように、動機をなくすための取組が重要であること、そのために各制度の使用ルール等の統一化及び簡素化・合理化など、競争的研究費等の使い勝手を向上させることが必要であることについては認識しており、検討や改善を進めているところです。しかしながら、競争的研究費等を適切に配分するためになくすことができない手続もあるなど、機関や研究者からの要望に対応することができないこともあります。そのため、機関が対応できることについては積極的に取り組んでいただきたいと考えます。例えば、競争的研究費等に採択され、研究を開始することが認められたが、実際に競争的研究費等が配分されるまでには一定期間を要する場合、その間の研究活動に支障が出ないよう、機関として財源を措置して一時的に立て替えるということは不正の動機をなくすために取り組んでいただきたいことの一つです。

Q304　同一の研究室における、同一業者、同一品目の多頻度取引、特定の研究室のみでしか取引実績のない業者や特定の研究室との取引を新規に開始した業者への発注の偏りがある場合は注意が必要であるとしていますが、どうしてですか？

A304　過去の不正事案において、不正が行われていたときの取引の傾向として、このような状況が確認できたことから、不正のリスクが高い例として挙げています。なお、このような取引を認めないとしているわけではなく、機関の所在地による地理的条件から業者の選択肢が限られている、同じ物品を多量に使用する研究計画であるなど合理的な理由が確認できれば認められるものであると考えます。

Q305　個人依存度が高い、あるいは閉鎖的な職場環境（特定個人に会計業務等が集中、特定部署に長い在籍年数、上司の意向に逆らえないなど）や、牽制が効きづらい研究環境（発注・検収業務などを研究室内で処理、孤立した研究室など）については注意が必要であるとしていますが、どうしてですか？

A305　過去の不正事案において、不正を行った人が置かれていた環境として、このような状況が確認できたことから、不正のリスクが高い例として挙げています。

第4節　研究費の適正な運営・管理活動

Q401　予算執行が当初計画に比較して著しく遅れているか否かを確認するためには、当初計画を事前に把握しておく必要があると考えられますが、どの程度の内容を把握しておくとよいですか?

A401　例えば、月ごとあるいは四半期ごとなどの一定期間ごとに、物品費などの費目別の執行予定額をあらかじめ把握しておき、財務会計システム等を利用して発注段階の執行実績と照合するだけでも計画的な執行の確認に有用であると考えられます。

Q402　業者から誓約書等の提出を求めるに当たっては、一定の取引実績(回数、金額等)や機関におけるリスク要因・実効性等を考慮することとしていますが、どのような対応が考えられますか?

A402　例として、以下のような対応が考えられます。このほか、機関の実情を踏まえて適切に対応してください。

　　○取引実績の少ない業者まで対象とすると、業者数が膨大となり、事務コストに見合うだけの効果が期待できないことが想定される場合、過去の取引実績を分析し、一定の取引実績(回数、金額等)がある業者に限定して提出を求める。その際、機関全体の取引実績のみでなく、研究室単位の取引実績にも着目する。

　　○特定の物品や技術について独占(寡占)状態にある業者に対して提出を求める。

　　○事務部門が見積書を徴するなど業者選定・発注に研究者が一切関与しない(研究者と業者が一切接触しない)場合、また、電子商取引の形態を採用している業者など業者との接触自体が困難な場合は、研究者と業者が癒着するリスクは極めて低いと考えられることから、そのような業者については対象から除外する。

Q403　業者から誓約書等の提出を断られた場合、どのように対応すればよいですか?

A403　リスク評価等の結果に基づき提出を求めるべき対象と判断した業者からは可能な限り誓約書等の提出について協力を求めるようにしていただきたいと考えます。しかしながら、誓約書等の提出を断られた場合、また、誓約書等に盛り込まれた事項の修正を求められた場合であっても、そのことのみをもって業者に何らかの処分を行うことを推奨するものではありません。なお、誓約書等が提出されない場合には、機関の管理責任が果たされているかという観点から、少なくともルールの周知徹底を行った記録などは整理しておくことが必要です。

Q404　「誓約書等に盛り込むべき事項」にある内容が担保されていれば、誓約書等の提出を求める以外の方法を採用することはできますか?

A404　できます。代替的な措置が講じられていれば結構です。取組例として、業者から誓約書等の提出を求める代わりに、業者と取引基本契約を締結している機関もあります。

Q405　業者に提出を求める誓約書等は一度提出されれば、誓約書等の内容が同じであれば、再度提出を求める必要はありませんか?

A405　不正対策に関する方針やルール等を見直した際には、改めて提出を求めることが望ましいと考えます。

Q406　上下関係を有する同一研究室・グループ内での検収の実施などは避けることが求められていますが、どうしてですか？

A406　過去の不正事案によれば、研究室ぐるみで不正が行われることがあること、また、上下関係を有している場合、たとえ不正と分かっていても上からの指示があれば従わざるを得ない状況があることから、同一研究室や同一グループ内のチェックは実効性が極めて低いと考えられるためです。

Q407　検収の際は発注データ（発注書や契約書等）と納入された現物を照合することが求められていますが、発注方法によっては必ずしも発注書が存在しない場合も考えられます。また、発注データと照合するためのシステム構築などが多大な負担となることも考えられるため、一定の金額以下の場合には納品書での検収を認めることはできないのでしょうか？

A407　検収は、発注内容どおりの物品が納入されているかを確認するために実施するものであり、発注方法に関わらず、発注データを把握していなければ適切な検収は実施できないと考えます。また、発注書等の書面によるものでなくとも、検収時には正しい発注内容を把握しておくことが必要です。

Q408　一部の物品等について検収業務を省略する例外的な取扱いとする場合は、定期的に抽出による事後確認を実施することが求められていますが、事後確認の対象として、どのような物品を想定していますか？

A408　遠隔地で取得して使用するなど当事者以外の検収が困難と考えられる物品等を想定しています。なお、例外的な取扱いとする場合でも、その取扱いが一般化することがないよう、やむを得ないケースに限定するなど取扱いのルールを厳格に定めて運用してください。

Q409　過去に業者による納品物品の持ち帰りや納品検収時における納品物品の反復使用などによる不正が認められた機関においては、それらを防止するための具体的な対策を講じることが求められており、その対策例として、納品物品へのマーキング、シリアル番号の付記が挙げられていますが、全ての物品を対象とすることは多大な事務コストがかかることから現実的ではないと考えます。どのように対応すればよいですか？

A409　過去の不正事案において持ち帰り等の対象とされた物品や持ち帰り等を行った業者が納品する物品に限定するなど不正のリスクを考慮して対象を決めることが考えられます。

Q410　役務の検収については、どのようなことが求められるのでしょうか？

A410　役務の検収については、物品と同様、検収対象となりますが、プログラムやデジタルコンテンツの作成など、役務が完了して成果物を確認したとしても、専門的な知識がなければ、成果物の適否を判断することが困難な場合に、必要に応じ、発注者以外の専門的な知識を有する者がチェックすることを求めています。

Q411　特殊な役務に関する検収について、必要に応じ、発注者以外の専門的な知識を有する者がチェックすることが求められていますが、必要がある場合とはどのような場合ですか？また、発注者以外の専門的な知識を有する者については、発注者と同一研究室・グループ内の者を充ててもよいですか？

A411　受注業者が特定の研究室のみとしか取引実績がない、受注業者と発注者の間に特別な利害関係がある、受注業者の選定理由が弱いなど受注業者の選定に疑義がある場合が考えられます。また、発注者以外の専門的な知識を有する者の選定に当たっては、発注者と上下関係を有する同一研究室・グループ内の者は避けてください。

Q412　面談や勤務条件の説明、出勤簿・勤務内容の確認の方法として、どのような方法が考えられますか？

A412　面談や勤務条件の説明については、非常勤雇用者の採用時に、勤務内容や賃金の支払方法等を説明し、支払に当たっては事実に基づき適正に賃金を算定することが必要であり、そのためには事実に基づく勤務報告が求められることについての理解を促すとともに、不正の事例や相談窓口等を紹介して、不正の誘いを受けたり、不正が疑われる事態に遭遇した場合は相談窓口等に連絡するよう伝えておくことなどが考えられます。

　　　また、出勤簿・勤務内容の確認については、非常勤雇用者の勤務場所に近い学部事務室等に出勤簿を備え置き、非常勤雇用者に、出退勤の際に学部等事務室を訪れて出勤簿にサインしてもらうなど事務部門が勤務事実の確認を行うこと、また、事務部門があらかじめ非常勤雇用者の勤務日時・場所等を把握した上で、一定割合の抽出による勤務場所の巡回を行うなどして勤務事実の確認を行うことなどが考えられます。

Q413　適切に管理すべき換金性の高い物品については、パソコンを除き例示がないことから、機関の判断で対象物品を定めるべきと考えられますが、既に取り組んでいる機関があれば、どのような物品を対象と定めているか教えてください。

A413　既に取り組んでいる機関の例としては、パソコン、タブレット型コンピュータ、デジタルカメラ、ビデオカメラ、テレビ、録画機器、金券類が挙げられます。

Q414　物品管理規程等で管理対象の物品を一定金額以上の物品に限定している場合、換金性の高い物品であっても、一定金額未満の物品については管理する必要はないと考えてよいですか？

A414　コストやリソース等を考慮しつつ、一定金額未満であっても、転売や私的使用などのリスクが高いと考えられる物品については、可能な限り管理してください。

Q415　換金性の高い物品の管理について、毎年度、過去に取得した全ての物品を現物確認することは多大な事務コストがかかることから現実的な方法ではないと考えますが、適切な管理方法として、どのような方法が考えられますか？

A415　物品を取得した際に、「品名・型番など物品が特定できる情報」及び「取得日・耐用年数・管理者・管理場所・支出経費などその他管理に必要な情報」をデータ管理しておき（物品には管理番号を印字したシール等を貼付）、そのデータを基に、内部監査等のモニタリングの一環として、耐用年数等を考慮の上、定期的に一定割合を抽出して現物確認を行うことなどが考えられます。

Q416　研究者の出張計画の実行状況等の把握・確認について、必要に応じて宿泊先等への照会など出張事実を確認することが求められていますが、宿泊先等への照会は個人情報保護の観点から対応することが難しいと考えます。どのように対応すればよいですか？

A416　宿泊先等への照会については、出張した当事者を通じて宿泊証明書を徴するなど当事者の協力を得て行うことにより対応可能であると考えます。

第5節　情報発信・共有化の推進

Q501　競争的研究費等について広く国民の理解と支援を得るためには、競争的研究費等を管理する機関が、ガイドラインの要請する実施事項等の対応状況について積極的に情報発信を行う必要があると考えますが、どのように公表するのがよいですか？

A501　ガイドラインの要請する実施事項等の対応状況については、機関独自で工夫して分かりやすい形で公表することを想定していますが、第7節の機関が提出する「書面による報告」についても機関のホームページ等に掲載することが望まれます。

Q502　企業等において、その活動上、社内規程等を外部に公表することが困難な場合は、配分機関への報告をもって公表に代えることができるとありますが、報告先をモニタリング主体である文部科学省でなく配分機関としているのはどうしてですか？

A502　配分機関は、競争的研究費等を配分するに当たり、配分先の機関においてガイドラインに基づく管理体制の整備・運用が適切に実施されていることを確認する必要があると考えることから、配分機関に対して報告することとしています。なお、文部科学省による機関に対するモニタリングの具体的な進め方は第7節の2のとおりですが、「書面による報告」を基にしつつ、履行状況調査等の対象機関に対しては、必要に応じて関係資料の提出を求める予定です。

第6節　モニタリングの在り方

Q601　内部監査部門は最高管理責任者の直轄的な組織として位置付けることとされていますが、統括管理責任者の職務の執行についても内部監査の対象ですか？

A601　対象です。ガイドラインが想定する責任体系としては、内部監査部門は最高管理責任者を除く全ての構成員の職務の執行について監査する機関として位置付けています。そのため、内部監査部門には、被監査部門からの独立性が確保されていること、監査に必要な強い権限が付与されていること、監査に必要な高い専門性を備えていることが求められています。最高管理責任者は、統括管理責任者等からの報告とそれらのチェック機関である内部監査部門からの報告を受け、双方の報告内容を点検・評価することにより、統括管理責任者等の職務の執行の適否を判断できると考えます。

Q602　内部監査部門は最高管理責任者の直轄的な組織として位置付けることとされていますが、多くの私立大学においては、最高管理責任者は学長としているが、内部監査部門は「私立大学を設置、運営している学校法人の理事長」の直轄的な組織として位置付けています。この責任体系を見直す必要はありますか？

A602　ガイドラインが想定する責任体系としては、統括管理責任者や内部監査部門からの報告が集約される最上位の機関として最高管理責任者を位置付けていますが、内部監査部門を最高管理責任者よりも更に上位の機関（この質問の場合の理事長）の直轄的な組織として位置付けたとしても、内部監査部門の独立性等が阻害されるおそれはないと考えられることから、内部監査部門の独立性等が担保され、かつ、内部監査部門の報告内容が最高管理責任者に正確に伝わる仕組みが構築されていれば、見直す必要はありません。

Q603　内部監査の実施に当たっては、専門的な知識を有する者（公認会計士や他の機関で監査業務の経験のある者等）を活用して内部監査の質の向上を図ることが求められていますが、必ず公認会計士を参画させる必要があるのでしょうか？

A603　公認会計士や他の機関で監査業務の経験のある者等は例として挙げているものであり、これらに限定するものではありません。

　　実効的な内部監査を機能させることを求める趣旨ですので、自機関において監査業務の経験がある者を活用することや、研究機関間相互で人材を活用すること、外部の専門家等に研修・指導を受けた上で自機関の職員による内部監査を実施することなども考えられます。機関の性格や規模、コストやリソース等を考慮して実効性のある対策として実施することが必要です。

Q604　リスクアプローチ監査の具体的な方法として、「取引業者の帳簿との突合」が挙げられていますが、業者に協力を求めたところ、帳簿自体の提出については協力できないが、帳簿にある情報と同種の情報が記載された資料の提出については協力できると言われました。帳簿自体でなければいけないですか？

A604　「取引業者の帳簿との突合」の目的は、機関が保有、把握する取引情報（物品の納品日など）と業者が保有、把握する取引情報（物品の売上計上日など）の間に齟齬がないかを確認することです。その目的に適うのであれば、必ずしも帳簿自体でなくて結構です。

　また、内部監査を実施する段階になってから業者に協力を依頼するよりも、第4節の「業者から提出を求める誓約書等」に、内部監査や不正調査等の際に帳簿等の提出に協力する旨の事項を盛り込むことで、あらかじめ業者の同意を取り付けておくのがよいと考えます。

Q605　内部監査について、不正が発生するリスクに対して重点的にサンプルを抽出することが求められていますが、抽出するサンプルの数・割合をどのように考えたらよいですか？

A605　抽出すべきサンプルの数・割合については、機関の規模や競争的研究費等の受給状況等によって変わるものであることから、一律に定めることは難しいと考えます。そのため、抽出に当たっての基本的な考え方について説明させていただきます。内部監査その他のモニタリングについては、構成員に対して、自身が内部監査等の対象になる可能性が確かにあることを十分に認識してもらうことが重要です。内部監査等の対象となる可能性が極めて小さいと認識されてしまえば、内部監査等の不正に対する牽制効果は極めて小さいものになると考えられるからです。

　また、ガイドラインでは、リスクアプローチ監査としてリスクの高い状況に対し重点的に監査を行うことを求めていますが、一見リスクが低いと考えられる状況であっても、絶対に不正がないと断定することはできないことから、いつでも誰でも内部監査等の対象になりうるという意味で無作為抽出の観点も補完的に考慮すべきであると考えます。そのほか、研究室ぐるみで不正が行われることもあることから、研究室単位で内部監査等の対象を選定し、一定周期で機関の全ての研究室の内部監査等が実施できるように監査計画を立てることも有用であると考えます。

第 7 節　文部科学省による研究機関に対するモニタリング等及び文部科学省、配分機関に
よる体制整備の不備がある機関に対する措置の在り方
第 8 節　文部科学省、配分機関による競争的研究費制度における不正への対応

Q701　「書面による報告」を文部科学省に提出することが求められていますが、この報告の詳細に
　　　ついては別途お知らせがあるのですか？
A701　「書面による報告」の様式や時期等の詳細については別途お知らせします。

Q702　履行状況調査と機動調査について、対象機関の選定方法や実施時期等の定めはあるのです
　　　か？
A702　履行状況調査の実施方針等については、毎年度、定めることとしています。対象機関の選定
　　　に当たっては、配分機関において不正が確認された機関のほか、競争的研究費等の受給状況等
　　　を基に、一定数を抽出して実施することを考えています。実施時期については、調査対象とな
　　　った機関の準備期間等を考慮して適切に定める予定です。履行状況調査では、ガイドラインの
　　　「機関に実施を要請する事項」及び「実施上の留意事項」の全ての事項についての実施状況が
　　　調査対象となります。
　　　　また、機動調査は、定例調査でなく、緊急・臨時の案件の発生状況に応じて実施するもので
　　　あり、緊急・臨時の案件に応じて実施方針等を定めます。
　　　　なお、配分機関が実施する額の確定調査等とは別に実施される調査です。

Q703　「管理条件の付与」等の措置を講じるに当たっては、その妥当性等について慎重な検討が必
　　　要であると考えますが、この点についてどのように考えていますか？
A703　措置を講じるに当たっては、不備の内容等を踏まえた慎重な検討が必要であると考えます。
　　　そのため、措置の検討に当たり、有識者による検討を踏まえること、機関に対して弁明の機会
　　　を付与することとしています。

Q704　「間接経費の削減」措置について、間接経費は競争的研究費の管理に必要な経費にも充当さ
　　　れていることから、間接経費を削除することは機関の管理体制を弱体化させことにつながるの
　　　で適切な措置でないと考えます。この措置を定めたのはどうしてですか？
A704　競争的研究費は国民の貴重な税金を原資としていることから、その配分先である機関におい
　　　て適切に使用・管理されることが確認できない場合は、当該機関に競争的研究費を配分するべ
　　　きではないと考えます。
　　　　しかしながら、機関において体制整備上の不備が確認された場合であっても、直ちに配分を
　　　停止するのではなく、猶予措置を設けて改善に向けた指導をすることが適切な対応であると考
　　　え、「配分の停止」措置の前段階の措置として「管理条件の付与」と「間接経費の削減」の措置
　　　を定めました。
　　　　間接経費がガイドラインに基づく体制整備等のために使用されていること、間接経費が削減
　　　されることで削減対象となった機関がより厳しい状況に置かれるおそれがあることは理解し
　　　ています。その意味では、猶予措置である「管理条件の付与」の次の措置は「配分の停止」を
　　　位置付けるべきという考え方もできますが、両者の間にもう一つ猶予措置を設けることとし、
　　　改正前のガイドラインで既に定められていた「間接経費の削減」措置を採用しました。

Q705　機関の体制整備等の状況に不備がある場合に講じられる間接経費の削減措置と、報告遅延の場合に講じられる間接経費の削減措置について、削減する対象に違いはありますか？

A705　機関の体制整備等の状況に不備がある場合の間接経費の削減措置は、「全ての競争的研究費制度」の間接経費に対して講じられることになります。一方、報告遅延の場合の間接経費の削減措置は、「不正の調査対象とされている競争的研究費制度」の間接経費に対して講じられることになります。

Q706　間接経費の削減措置が講じられている期間中（年度途中）に管理条件を着実に履行又は履行に進展があると判断された場合、当該年度の間接経費の削減措置はどうなりますか？また、間接経費の削減割合が年度途中に変わることはありますか？

A706　間接経費の削減措置は年度を通して行うものなので、年度途中に措置が解除されることや削減割合が変わることはありません。

報告遅延に係る措置のフローチャート

対象制度 ： 競争的資金
対象機関 ： 平成26年度以降に配分した競争的資金の不正が発覚した機関

研究機関における手続　　　　配分機関における手続

不正に係る告発等を受理　　（報告、協議）→　**報告の受理**

●告発等の受付から30日以内に、調査の要否を
　配分機関に報告。

●調査方針、調査対象及び方法等について、
　必要に応じて指示を行う。

●調査方針、調査対象及び方法等について
　配分機関に報告、協議

調査委員会の設置、調査
調査中における一時的執行停止　　（中間報告）→　**調査中における一時的**
執行停止

●必要に応じて、被告発等、調査の対象となっている者に対し、
　調査対象制度の研究費の使用停止を命ずる。

●不正の一部が認定された場合は、必要に応じて、
　不正を行った研究者が関わる競争的資金について、
　執行停止等を行う。

●不正の事実が一部でも認定された場合、速やかに認定し、
　中間報告書を配分機関に提出する。

認定　　（最終報告又は中間報告）→　**調査未完了**　又は　**調査完了**

●告発等の受付から210日以内に最終報告書を
　配分機関に提出。

（原則）

●期限までに調査が完了しない場合であっても、
　中間報告書を配分機関に提出。

（例外）

配分機関において、事案に応じて期限を設定
（調査の遅延に合理的理由がある場合のみ）

報告遅延ペナルティ

●不正の告発等があった競争的資金の翌年度
　以降の1か年度の間接経費措置額を、一定
　割合削減。

●被告発者が自らの責任を果たさないことにより
　最終報告書の提出が遅延した場合、当該被告
　発者に対する競争的資金の執行停止等を行う。

継続調査・認定　　（最終報告）→　**調査未完了**　又は　**調査完了**

報告遅延ペナルティ

＜NEXT STEP＞

機関に対するペナルティ　　　　**個人に対するペナルティ**

●研究費の返還等
●管理条件の付与、間接経費の削減等

●研究費の返還等
●競争的資金への申請制限

● 編著者・監修者・筆者の紹介

【編　　著】　EY 新日本有限責任監査法人　公認会計士　濵口　慎介

【法務監修者】　TMI 総合法律事務所　弁護士　大河原　遼平

【筆 者 一 覧】　TMI 総合法律事務所　弁護士　伊藤　那美

EY 新日本有限責任監査法人 (五十音順)

江見　拓馬	老川　純子
大熊　俊也	川﨑　奏海
川辺　恵子	工藤　貴仁
河野　和可子	佐藤　恵利華
島村　路子	庄田　真樹
高崎　裕太朗	髙橋　宏延
土屋　紗喜子	平尾　貴則
福竹　徹	宮本　香

本書は一般的な参考情報の提供のみを目的に作成されており、会計、税務及びその他の専門的なアドバイスを行うものではありません。EY 新日本有限責任監査法人および他の EY メンバーファームは、皆様が本書を利用したことにより被ったいかなる損害についても、一切の責任を負いません。具体的なアドバイスが必要な場合は、個別に専門家にご相談ください。

ey.com/ja_jp

詳細解説　研究機関の公的研究費 管理・監査ガイドラインQ&A

2021（令和3）年11月30日　初版発行

編　　著　　EY新日本有限責任監査法人

発 行 所　　特定非営利活動法人 学校経理研究会
　　　　　　　理事長 小野 元之
　　　　　　　〒102-0074　東京都千代田区九段南4-6-1-203
　　　　　　　E-mail　gaku@keiriken.net　Tel 03-3239-7903　Fax 03-3239-7904
　　　　　　　URL　　http://www.keiriken.net

発 売 元　　㈱ 霞出版社
　　　　　　　〒102-0074　東京都千代田区九段南4-6-1-203
　　　　　　　E-mail　info@kasumi-p.net　Tel 03-3556-6022　Fax 03-3556-6023
　　　　　　　URL　　http://www.kasumi-p.net

ISBN978-4-87602-900-6　C3034　¥3200E

印刷・製本 ヨシダ印刷㈱